もういちど自分らしさに出会うための10日間
リーダーズマニュアル

―自尊感情をとりもどすためのプログラム―

著
デビッド D. バーンズ

監修・監訳
野村総一郎
中島美鈴

訳
林　建郎

星 和 書 店

Seiwa Shoten Publishers

2-5 Kamitakaido 1-Chome
Suginamiku Tokyo 168-0074, Japan

TEN DAYS TO SELF-ESTEEM
The LEADER'S MANUAL

by

David D. Burns, M.D.

Translated from English

by

Souichiro Nomura, M.D.

and

Misuzu Nakashima

and

Takeo Hayashi

English Edition Copyright © 1993 by David D. Burns.

Japanese Edition Copyright © 2009 by Seiwa Shoten Publishers, Tokyo

published by arrangement with HarperCollins publishers

序　文

認知療法の基本原理は，以下のように極めて簡明なものです。

- 外的事象ではなく，私たちの思考が，私たちの気分をつくる。
- 歪んだ非論理的思考と自虐的思い込みが，うつ状態，不安，怒りなどの苦痛を伴う感情をもたらす。
- こうした否定的思考を変えることで，私たちの感じ方を変えることができる。

　私は多年にわたり，これらの原理を実際の臨床現場でどうしたら活用できるかを考えてきました。患者さんの考え方，感じ方，行動の仕方の重要な関連性を，患者さん自身に認識してもらうには，どうするのが最良でしょうか？　抑うつを克服し，幸せで生産性の高い人生をもたらすこの新しいプログラムを，どうすれば患者さんにとって使いやすくすることができるのでしょうか？

　私の友人であり同僚のデビッド D. バーンズ博士から，「もういちど自分らしさに出会うための10日間」のグループプログラムを共同で開発したいとの提案を聞き，私はとても嬉しく思いました。フィラデルフィアのプレスビテリアン医療センターにおいて，1年半前からこのプログラムが実施されて以来，それは思いがけない形で実を結びました。落胆し希望のもてなかった患者さんたちが，今日までに600人以上もこのプログラムに参加したのです。

　私たちが「もういちど自分らしさに出会うための10日間」を試験的に初めて実施したのは，ザ・レジデンスと呼ばれる，平均的な滞在期間7日から10日間の短期入院患者治療施設でした。ザ・レジデンスで治療を受ける患者さんの多くは，学校教育を受けた率が比較的低く，重度の感情障害の

みならずアルコールまたは薬物乱用の重複診断がついた人々でした。「もういちど自分らしさに出会うための10日間」が実施される前には，他のより構造化されていない治療モデルが実際されていましたが，効果はごく限られていました。ザ・レジデンスは，まだ始めて間もない施設で，スタッフは試行錯誤を重ねている段階でした。そのため「もういちど自分らしさに出会うための10日間」プログラムの効果を実証する真の挑戦となったのです！

　当初は，多くの患者さんやスタッフは，「もういちど自分らしさに出会うための10日間」プログラムの効果に対する懐疑的な気持ち，率直な不信感などを示しました。バーンズ博士と私も，少々プログラムの効果を確信できずにいました。なぜなら，私たちは，知的レベルが低く読み書きができない患者さんには，プログラムが「複雑すぎる」のではないかと心配していたのです。また，こうした患者さんたちが，日常生活では現実的で過酷な問題と取り組んでいることも私たちは知っていました。そのため，自分自身の歪んだ思考パターンや自虐的態度が否定的な感情を生むという考えを受け入れないのではないかと心配しました。

　しかし，このプログラムが期待をはるかに超えた結果をもたらしたことに，私たちは大変驚きました。ほんの少しの柔軟性，独創性，そして思いやりで，それまで手が届かないと考えられていた，多くの患者さんたちと手をつなぐことができたのです。私たちがひっきりなしに患者さんから受け取る手紙には，なぜ自分たちが抑うつ状態になったのか，そして人生を本当に変えるために，明日ではなく来月あるいは来年でもない，いま現在何ができるのかを理解できたことなどへの感謝がしたためられています。看護師，カウンセラー，その他のスタッフの反応も，同じ様にポジティブなものでした。いまや全員が1つのチームとなって，統合化された効果的なプログラムを用いて治療に取り組んでいます。紹介件数と登録者数が増加したザ・レジデンスは，医療センターの誇りとなりました。

　入院患者さんへのプログラム実施に加えて，私たちは「もういちど自分

らしさに出会うための10日間」を外来患者さんを対象に試験的治療を行いました。このグループの患者さんは，基本的に社会的にも経済的にも高い階層に属する人々です。このセッティングでは，私たちの当初の心配は，入院患者さんを対象とした試験的治療のときとは少し違ったものでした。というのも，プログラムの各セッションが，知的，心理的に複雑な人々にとって十分満足できるような治療的な内容を備えていないのではないか，と考えていたのです。

　しかし，ここでも予想は外れたのです。外来患者さんたちが，熱心にプログラムと取り組んでくれたことは，私たちにとって嬉しい誤算でした。実際に，彼らの意欲は非常に高く，2時間のセッションでも時間が足りないこともしばしばありました。患者さんたちにとって，プログラムの提起する問題点が深く好奇心をそそるため，ひとたび開始するとセッションを終えて帰宅したくなくなるほどだったのです。外来の患者さんも，ザ・レジデンスの入院患者さん同様，ほとんどすべての参加者が，うつ状態の評価スコアの劇的な減少，自尊感情の本質への新たな洞察，態度と思い込みの大きな変化などを報告しています。

　「もういちど自分らしさに出会うための10日間」の，他に類を見ない長所は，認知療法の考え方と技法を，味気ない知的レベルから，より感情的で個人的なレベルに引き上げる点にあります。グループ治療の参加者が，彼らの否定的思考パターンを修正する方法を発見するに従って，彼らはある種の興奮を感じ，より活力に満ちた思いやりのある人生観がそこに生まれます。この過程を観察し，指導していくことは，グループリーダーの私にとって感動的であり，また参加者にとっても等しく実りの多いものでした。患者さんにとってもグループリーダーにとっても，この点での貢献が，もっともやりがいを感じ，長続きするものと感じられることでしょう。

　精神保健サービスの提供におけるより簡便な心理療法とマネジドケアを求める最近の流れとともに，コスト効率が高く期間の短い治療プログラム開発へのプレッシャーは非常に高まりつつあります。「もういちど自分ら

しさに出会うための10日間」に関与する私たちは，これらの状況下での"できない"ことを残念がるかわりに，これらの状況を"できること"に焦点づける挑戦（チャレンジ）だと捉えています。現在は，刺激に満ちた変化の時です。「もういちど自分らしさに出会うための10日間」は，抑うつや不安などの感情障害に悩む人々を治療する，新しい革新的な方法を求める臨床医または教育者にとって，重要なプログラムとなるでしょう。私たちがこのプログラムを多種多様な患者さんたちと実行してきた経験は，リーダーズマニュアルの豊富な情報となって結実しました。グループリーダーとしての経験が浅いか深いかにかかわらず，本書に記述されたガイドライン，助言，提案は，読者にとって貴重なものとなるでしょう。グループリーダーの皆様が，独自の手腕と洞察を加えて，この基本プログラムをさらに発展させて頂きたいと思っています。しかし，グループリーダーが文字どおり「教科書にしたがって」本書を実践しても，グループ自体に弾みがつき，私たちの経験と同じように，エキサイティングでやりがいのあるセッションが実現することと思います。

　本書に記述されたツールを用いて，あなたは，今あらゆる階層の人々と，より大きな自尊感情と幸せに向かう興奮に満ちた旅に出発しようとしています。「もういちど自分らしさに出会うための10日間」の練習課題は多様で数が多く，ほとんどの臨床的要求を満たすと思います。あなたはこれらの練習課題を，味わい深い楽譜を前にした音楽家のように用いてください。このプログラムの解釈にあなた独自の有用性とスタイルを加えることによって，美しいメロディが生まれ，より高い自尊感情が人々にもたらされることの大きな満足感を経験できるよう期待しています。

ブルース・ザーン
心理サービス主任
フィラデルフィア・プレスビテリアン医療センター

監訳者の序

　認知療法はわが国でも広く関心を集め，うつ病治療のみならず，不安障害やパーソナリティ障害，強迫性障害，様々の依存症などの治療法としても幅広く用いられるようになってきました。精神科の外来でも「認知療法を受けたいんですが，いったいどこで受けられるんですか？」「良い認知療法のセラピストを紹介してください」というリクエストを受けることが多くなっています。また，狭い意味での医学領域や臨床の心理での治療手段に留まらず，リハビリテーション，ソーシャルワーク，教育界でも応用される兆しがあります。認知療法への期待はまことに大きいと言わねばなりません。

　このような中で，新しい動きがあります。認知療法はセラピストとクライエント（相談者）が1対1で行われる「個人精神療法」としての性格が強かったのですが，ある面で共通の悩み，症状，病名，問題を抱えた人たちを集めて，集団で認知療法を行おうという動き，つまりグループ・セラピー（集団療法）への方向性が見られることです。

　集団で治療することにはいくつかの利点があります。お互いの間に共通点があることから，理解されている安心感が生まれ，暖かいリラックスした雰囲気が治療的に働きうること，ロールプレイなどで役割を替えながら体験治療を進めうること，意見や互いの経験を交換することから学べる面が大きいこと，グループの中に良い意味での仲間意識，支え合う雰囲気が生まれることなどです。また治療効率という意味では，一度に複数（時にかなりの大人数）の治療を行いうる利点もあります。

　ただ，集団療法にはある面でのリスクもあります。参加メンバーの相互関係や集団力動に配慮しないと，不適当な雰囲気や影響が生まれたり，治療セッション外での人間関係の問題が生じるなど，治療的にマイナスにもなりうるからです。その意味で集団療法を主催する治療者，リーダーの存

在は非常に大きなものとなり，個人精神療法は行えても，集団療法はできないというセラピストが多いのが実情だと思います。ただ認知療法で用いられる様々の技法は，皆で相互に検討しあうことがプラスに働く面が大きく，非常に論理的，構造的に進められる治療であるという意味でも，集団療法には適した精神療法ということができます。このような意味からも，集団認知療法ができる人材の育成は現在まさに要請されていることだと言えましょう。

本書は集団認知療法を主催するセラピストのためのマニュアル本として，初めて出版される書籍です。マニュアルなのですが，専門家を育てるための教科書としての役割も大きいのではないかと思われます。

本書のもととなる「もういちど自分らしさに出会うための10日間」には，(1)抑うつの自己療法，(2)個別治療面接の補助，(3)さまざまなセッティングで行われるCBTグループプログラムとの併用，(4)学校における予防教育への使用，と4つの使い方が提示されており，本書は(3)での使い方に該当し，グループプログラムの実施を望むセラピストや担当者向けに書かれたものです。

「もういちど自分らしさに出会うための10日間」というタイトルで分かるように，10日間のコースをイメージして作られています。認知療法はそもそも期間限定的な治療法であって，漫然とずるずる継続するようなものではないのですが，集団療法についてはさらに明確にそのことが言えます。その意味で，ここでもひとまず期間を区切った上で，このマニュアルにできるだけ忠実に則って治療を進めることにより，集団認知療法が実践できるようなスタイルとなっています。そもそも認知療法ではある目標を定め，それを実現するためにはどうすれば良いのか，という目的志向的で実践的なアメリカ流哲学を基にしており，このマニュアルもその色彩を強く感じます。言い方を変えれば，背景の思想よりも技術論，方法論を重視して，結果がどうなるかを見ようという楽観的で前向きな考え方でもありますが，決して「10日間経てば自動的に悩みが解消する」というようなものではあ

りません。ある意味で根気のいる作業が認知療法には要求されます。そして，その作業を支えるのが，セラピストの大きな役割であることは言うまでもありません。このマニュアルは教育的であり，実践的である，on the job trainingのガイドとして力を発揮してほしい，これを利用した治療集団があちこちで展開されるようになれば素晴らしい，そんな思いで本書の翻訳を行いました。

2009年1月

野村総一郎

目次

序　文　iii
監訳者の序　vii
はじめに　xix

リーダーのための一般的注意事項 …………………………… 1

グループリーダーの必需品　1
参加者の必需品　2
参加者の構成　2
グループへの組み入れおよび除外の基準　2
参加者の事前審査　5
セルフヘルプは本当に有効か？　7
グループはどの程度効果的か？　8
プログラム参加費用　10
預託金制度　11
宿題の割り当て　14
参加者の同意書　18
セッションにかける時間　18
プログラムの長さ　19
プロセス・グループ VS サイコエデュケーショナル・グループ　20
グループダイナミクス（集団力学）　23
専門家のリーダー VS 非専門家のリーダー　24
グループリーダーの教育訓練　25
独創的に考えましょう！ 特別な集団のためのプログラムの開発方法　25
プログラムの宣伝広告方法　35

「もういちど自分らしさに出会うための10日間」サマリーシート … 37

グループリーダーへひと言ご注意 ……………………………… 40

ステップ1　幸せの値段 ———————————————— 41

　　▶リーダーのためのステップ1の準備　41
　　▶ステップ1のチェックリスト　42
　ステップ1の概要　43
　リーダーへのヒント　44
　　始まりにあたって　44
　　事務手続きや管理の問題　45
　　ワークブックの記述　47
　　自己評価テスト（気分測定テスト）　48
　　　〈バーンズうつ状態チェックリスト（BDC）の解釈〉　50
　　　〈バーンズ不安調査表（BAI）の解釈〉　53
　　　〈関係満足度評価（RSAT）の解釈〉　53
　　　●自殺評価表　55
　　セルフヘルプ課題　58
　　　〈宿題のメリット・デメリット分析〉　59
　　　〈セルフヘルプ課題に抵抗する理由〉　62
　　　●宿題のメリット・デメリット分析　64
　　リーダー用データシート　65
　　ストレスの多いできごとを話し合う　66
　　任意選択練習：手助け VS 聞き取り　68
　　ステップ1の反応と評価　74
　　ステップ2のためのセルフヘルプ課題　75
　リーダー用データシートの使い方　76
　　　●あなたの感情を表現しないための10のもっともな理由　77
　経過記録の見本　78
　　　●リーダー用データシート　79
　　　　「もういちど自分らしさに出会うための10日間」経過記録　85

ステップ2　あなたの気分は考え方次第 ———————— 87

▶リーダーのためのステップ2の準備　87

▶ステップ2のチェックリスト　88

ステップ2の概要　89

リーダーへのヒント　89

　データの収集　89

　参加者の反応と評価ならびに宿題の点検　90

　アイデア　その1：あなたの気分は考え方次第　90

　　〈思考，感情，できごとをそれぞれ切り離す〉　93

　　〈棒線画技法〉　94

　アイデア　その2：ほとんどのいやな気分は不合理な思考
　　　　　　　　　（「歪んだ思考」）が原因　97

　　〈技法　その1〉　104

　　〈技法　その2〉　106

　アイデア　その3：あなたは感じ方を変えることができます　107

　ステップ2のまとめ　108

　ステップ2の反応と評価　108

　ステップ3のためのセルフヘルプ課題　109

ステップ3　あなたは感じ方を変えることができます ———— 111

▶リーダーのためのステップ3の準備　111

▶ステップ3のチェックリスト　112

ステップ3の概要　113

リーダーへのヒント　115

　データの収集　115

　参加者の反応と評価ならびに宿題の点検　115

　健全な感情 vs 不健全な感情の練習　116

　感情のメリット・デメリット分析の論理的根拠　118

感情のメリット・デメリット分析の練習　その1　120
　　　感情のメリット・デメリット分析の練習　その2　121
　　　日常気分記録表についての話し合い　122
　　　日常気分記録表の練習　その1　123
　　　日常気分記録表の練習　その2　125
　　　トラブルシューティングを行うには　126
　　　日常気分記録表の任意選択練習　126
　　　ステップ3の反応と評価　129
　　　ステップ4のためのセルフヘルプ課題　129

ステップ4　いやな気分からの抜けだし方 ―――― 131

　　　▶リーダーのためのステップ4の準備　131
　　　▶ステップ4のチェックリスト　132
　　ステップ4の概要　134
　　リーダーへのヒント　135
　　　データの収集　135
　　　参加者の反応と評価ならびに宿題の点検　135
　　　思考の歪みを取り除く15の方法の概要　136
　　　態度のメリット・デメリット分析の練習　その1　143
　　　態度のメリット・デメリット分析の練習　その2〜4　144
　　　　〈第1班〉　144
　　　　〈第2班〉　145
　　　　〈第3班〉　145
　　　実験技法の練習　その1　146
　　　実験技法の練習　その2　147
　　　証拠を探す技法の練習　147
　　　調査技法の練習　148
　　　日常気分記録表の練習　その1　149
　　　日常気分記録表の練習　その2〜3　152

　　　　日常気分記録表の練習　その4　　153
　　　　ステップ4の反応と評価　　156
　　　　ステップ5のためのセルフヘルプ課題　　156

ステップ5　受け入れの逆説 ——————— 159

　　　　▶リーダーのためのステップ5の準備　　159
　　　　▶ステップ5のチェックリスト　　160
　　ステップ5の概要　　161
　　リーダーへのヒント　　162
　　　　データの収集　　162
　　　　ステップ1～4の復習（任意選択）　　162
　　　　参加者の反応と評価ならびに宿題の点検　　164
　　　　声の外在化　　166
　　　　鏡の技法　　171
　　　　自己弁護と受け入れの逆説　　172
　　　　ステップ5の反応と評価　　177
　　　　ステップ6のためのセルフヘルプ課題　　178

ステップ6　根本原因と取り組みましょう ——————— 179

　　　　▶リーダーのためのステップ6の準備　　179
　　　　▶ステップ6のチェックリスト　　180
　　ステップ6の概要　　181
　　リーダーへのヒント　　182
　　　　データの収集　　182
　　　　参加者の反応と評価ならびに宿題の点検　　182
　　　　自虐的思い込みとは？　　183
　　　　垂直矢印技法　　183

　　　　自虐的思い込み尺度　　190
　　　　態度のメリット・デメリット分析を使った自虐的思い込みの修正方法　　192
　　　　自虐的思い込みの練習　　196
　　　　ステップ6の反応と評価　　197
　　　　ステップ7のためのセルフヘルプ課題　　198

ステップ7　自尊感情とはどんなもの？　どうすれば得られるのだろう？ ——— 199

　　　　▶リーダーのためのステップ7の準備　　199
　　　　▶ステップ7のチェックリスト　　200
　　ステップ7の概要　　201
　　リーダーへのヒント　　203
　　　　データの収集　　203
　　　　参加者の反応と評価ならびに宿題の点検　　203
　　　　ステップ7の紹介　　204
　　　　自尊感情の練習　その1　　205
　　　　　　〈自尊感情と傲慢〉　　205
　　　　　　〈自尊感情と自信〉　　206
　　　　自尊感情の練習　その2　　207
　　　　自尊感情の練習　その3　　209
　　　　恐れている幻想の技法の練習　　210
　　　　価値のない人とは？　価値のある人とは？　　214
　　　　劣等感の練習　　220
　　　　満足度予想表の用い方　　222
　　　　条件つきの自尊感情 VS 無条件の自尊感情の練習　　226
　　　　ステップ7の反応と評価　　229
　　　　ステップ8のためのセルフヘルプ課題　　229

ステップ8　自虐のための完全主義者の脚本 ———— 231

　　▶リーダーのためのステップ8の準備　231
　　▶ステップ8のチェックリスト　232
ステップ8の概要　233
リーダーへのヒント　238
　　データの収集　238
　　参加者の反応と評価ならびに宿題の点検　238
　　完全主義 VS 優れたものを健全に追求すること　239
　　完全主義の種類　240
　　完全主義の練習　その1　241
　　完全主義の練習　その2　243
　　完全主義の練習　その3　245
　　ステップ8の反応と評価　246
　　ステップ9のためのセルフヘルプ課題　246

ステップ9　先延ばしをする人のための処方箋 ———— 247

　　▶リーダーのためのステップ9の準備　247
　　▶ステップ9のチェックリスト　248
ステップ9の概要　249
リーダーへのヒント　249
　　データの収集　249
　　参加者の反応と評価ならびに宿題の点検　249
　　先延ばしの理由　250
　　先延ばしのメリット　251
　　悪魔の代弁者の技法　256
　　TIC-TOC 技法　260
　　偉大な仕事のための小さなステップ　262
　　プランを作る　265

　　　　ステップ9のまとめ　265
　　　　ステップ9の反応と評価　266
　　　　ステップ10のためのセルフヘルプ課題　266

ステップ10　練習あるのみ！ ──────── 269

　　　▶リーダーのためのステップ10の準備　269
　　　▶ステップ10のチェックリスト　270
　　ステップ10の概要　271
　　リーダーへのヒント　273
　　　　データの収集　273
　　　　参加者の反応と評価ならびに宿題の点検　273
　　　　進歩の評価　273
　　　　予防のための小さな努力　277
　　　　回復への鍵　285
　　　　自尊感情と精神性　286
　　　　練習あるのみ！　288
　　　　もういちど自分らしさに出会うための10日間──復習　289
　　　　「もういちど自分らしさに出会うための10日間」の反応と評価と共有　295
　　　　プログラムの反応と評価　295
　　　　　　●参加者評価用紙　296
　　　　　　●共感の評価表　299

　　付録A：追加のリーダー用データシート　301
　　付録B：事前審査用履歴書用紙　308
　　付録C：追加の経過記録用紙　324
　　付録D：参加者の同意書見本　327

　　グループリーダーの教育訓練　333
　　索　引　335

はじめに

　本書「リーダーズマニュアル」は,「もういちど自分らしさに出会うための10日間」と呼ばれる構造化された短期グループプログラムを実施するための指導書です。「もういちど自分らしさに出会うための10日間」は, 低い自尊感情, 劣等感, 完全主義, 先延ばしなどの問題の原因と治療に焦点を当てた, 10のセッションから構成されています。参加者は, 抑うつを克服し, 日常生活におけるより大きな喜びを育むための具体的技能を学びます。

　心理士, 精神科医, カウンセラー, ソーシャルワーカー, メンタルヘルステクニシャン, スクールカウンセラー, 精神科看護師, パストラル（牧師）カウンセラーなどを含む, メンタルヘルスの有資格者または研修医であれば, 誰でもグループを指導することができます。グループの参加者は, 学生, 精神障害の患者などですが, 実質的には誰もが参加可能です。

　自尊感情トレーニンググループは, 以下のように多様な環境で実施することができます。

1. 高校および大学：抑うつ, 自殺, そして孤独感は, 数多くの若者を悩ませています。「もういちど自分らしさに出会うための10日間」は, 高校における保健の授業や, 大学での自己成長の授業そして心理学の講座などに最適です。また, 高校や大学のカウンセリングセンターにとっても最適です。このグループは, 生涯にわたり抑うつを予防し, 生産性と自尊感情を高めるために必要な態度と技能をもつ新たな若者世代の教育という, 希望にあふれた可能性を象徴します。
2. 大学院および専門家研修プログラム：看護, 社会福祉事業, カウンセリング, 心理学, 精神医学などを専攻した大学院生がまずグループに

参加し，その後患者さんが参加するグループのリーダーとなることができます。この経験は，研修生に自己成長の経験のみならず認知療法，行動療法，対人関係療法などの技法をマスターする機会になります。

3. 病院，居住型治療施設，デイ治療プログラム：豊かでやりがいのある治療環境を創造するために，毎日1～3グループのセッションを組むことができます。プログラムの実施で，患者さんたちに迅速で目に見える変化が観察されることから，スタッフの士気向上を強くうながします。

4. 12ステッププログラムやその他のセルフヘルプグループ：「もういちど自分らしさに出会うための10日間」は，アルコホーリクス・アノニマス（AA），リカバリー・インク，エモーションズ・アノニマス，コディペンダンツ・アノニマス（CODA）など，確立されたセルフヘルプ組織のプログラムに容易に統合化することができます。「もういちど自分らしさに出会うための10日間」は，こうしたグループと競合する意図で作られたものではありません。これらグループの活動は，アルコール依存症，薬物依存症，感情障害などに悩む多くの人々にとって，大きな助けとなってきました。むしろ，「もういちど自分らしさに出会うための10日間」に記述された実践的な対処技能は，こうしたグループのメンバーにより豊富で刺激的なメニューを提供し，グループを強化する機会をもたらすことでしょう。

5. マネジドケア：米国保健維持機構（HMO）などの，マネジドケア実行組織への財政削減圧力が日々強まりつつある中で，多くの保険会社が心理療法の費用担保範囲を極度に限定しています。「もういちど自分らしさに出会うための10日間」は，心理療法に使えるお金の1ドル当たりのセラピーの質と量を劇的に改善する可能性をもたらします。

6. 私設および公設の外来クリニック：「もういちど自分らしさに出会うための10日間」は，治療の質を高め，クライアントにとってクリニックを魅力的なものとします。抑うつ，不安，夫婦間の衝突，依存症な

どの具体的問題を標的とした，短時間の楽しいプログラムには多くの人が参加を望んでいます。

7. 教会およびシナゴーグ：心理療法と宗教は，20世紀のほとんどを通じて対立した関係にありました。しかし，「もういちど自分らしさに出会うための10日間」を構成する考え方と技法は，ほとんどすべての宗教と調和し両立します。あらゆる会衆で，メンバーならびに周囲のコミュニティへの福祉の一環として「もういちど自分らしさに出会うための10日間」プログラムを提供することができます。リーダーにとって，プログラム内容を聖書からのさまざまな引用と関連づけることは，比較的容易なことと思います。

8. 企業内研修：「もういちど自分らしさに出会うための10日間」は，感情的問題や対人関係問題に悩む社員のための従業員援助計画として有用です。また，専門職の教育とスタッフの自己成長を目的に，ワークショップ形式でこれを行うこともできます。

9. 刑務所および矯正施設：「もういちど自分らしさに出会うための10日間」は，刑務所や指定精神科病院でも実施することができます。プログラムの技法は理解が容易で，常識に基づいた実際的なものです。グループが伝えるメッセージは中立的であり，こうした集団に共通する自尊感情や対人関係の欠如と直接的に取り組むことができます。

10. 高齢者養護施設：アルツハイマー病によって重度に障害された人々は，「もういちど自分らしさに出会うための10日間」に適した参加者とは言えませんが，高齢者養護施設の多くの入居者が，グループプログラムによる便益を享受することができます。グループの一員であることで士気を高め，多くの高齢者が悩んでいた孤独感と孤立の悪循環を断ち切ることができます。患者さんとその家族が共に毎週参加することで，コミュニケーションが改善され，罪悪感，欲求不満，拒絶などの減少に役立ちます。

「もういちど自分らしさに出会うための10日間」は，私が開発した3つのモジュールの内，最初のものです。残り2つのモジュールのリーダーズマニュアルと参加者用ワークブックは，追って出版予定です。

2番目のモジュールは，親近感と対人関係の問題を中心に構成されています。グループの参加者は，配偶者，家族，友人，職場の同僚などと，より満足感のある関係を築くことができるよう，自己表現と聞き取り技能の集中トレーニングを受けます。

3番目のモジュールは，不安障害に焦点を当てます。参加者は，以下の問題を克服する方法を学びます。

- 慢性の心配と緊張
- 不安とパニック発作
- 内気と社会不安
- 演説不安（スピーチ不安）
- 試験と成績の不安（テスト不安）
- 広場恐怖，高所恐怖などの病的恐怖
- 強迫性障害
- その他

メンタルヘルスの専門家にとって，現代は挑戦の時代です。HMO，メディケア（高齢者向け医療保険制度），メディケイド（低所得者と身障者を対象とする医療扶助制度）を始めとするマネジドケア・プログラム，そして保険会社からの心理療法および精神科医療への，かなりの資金拠出削減に私たちは直面しています。セラピストは，重度に障害された患者さんを，わずか5～10日間の治療で退院させ，外来の治療面接を限られた回数にとどめることを余儀なくされています。同時に治療者側は，治療が効果的であることを示す確かなエビデンスを求められているのです！ 私たちは，こうした劇的な変化を恐れたり，それに抵抗するのではなく，むしろこの

状況を，大多数の患者さんたちにとって真の助けとなる，革新的で費用効果が高い，短期間の治療を開発する好機と捉えることができます。

　私は，あなたが「もういちど自分らしさに出会うための10日間」に興味をもったことを嬉しく思います。このプログラムによって，抑うつ，孤独感，不安，依存症に悩み，生活を豊かにしたい，もう一度良い気分を感じたいと願う人々とともに，あなたは新たな世界を開くことでしょう。

〈**本書で使われる略語**〉

略　語	意　味	定　義
BDC	バーンズうつ状態チェックリスト	あなたがどの程度抑うつ状態にあるかを測定するテスト
BAI	バーンズ不安調査表	ある人がどの程度不安を感じているかを測定するテスト
RSAT	関係満足度評価	ある人の個人的人間関係の満足度を測定するテスト
DML	日常気分記録表	動揺させるできごと，感情，思考を記録する用紙

リーダーのための一般的注意事項

このリーダーズマニュアルには,「もういちど自分らしさに出会うための10日間」プログラムの各セッションの,明確で詳細な注意事項が記述されています。そのため,本書に述べた技法の経験が不十分であっても,初めてのプログラム指導は,かなりスムーズに行くと思います。

本節には,「もういちど自分らしさに出会うための10日間」グループの,準備段階での注意事項が含まれています。41頁（ステップ1）から始まるリーダーズマニュアルの記述を数ステップ分読んでから,このセクションに戻ることもできます。読み進むにつれて,あなたはグループを指導する自分の姿を想像することができるようになります。本節で取りあげるグループの運営や管理に関する詳細は,指導している自分を想像することにより,現場での文脈に置きかえられるようになります。

各ステップの注意事項は,わかりやすいもので,私や同僚たちのさまざまなセッティングでの適用経験から生まれたものです。ひとたび指導を始めれば,あなたが担当するグループでは,何がうまく行き,何がうまく行かないのか,感じがつかめるでしょう。グループの指導が進むにつれ,指導する集団の要求に合致した構成に修正するためにはどのようにしたらよいか,あなたは建設的アイデアを数多く考えつくと思います。

グループリーダーの必需品

グループを上手に指導するために必要なものは,静かな部屋と参加者用の椅子,それに休憩用のコーヒーポットだけです。ときどき課題を練習するので,グループを2名から6名までの班に分けることができる大きさが

あれば，部屋としては理想的です。また必要に応じて，発表用紙，黒板，OHP などを用意します。

参加者の必需品

参加者用ワークブックは，「もういちど自分らしさに出会うための 10 日間」と題されています。このワークブックには，すべての練習課題，自己評価テスト（気分測定テスト），セルフヘルプ用紙，およびその他の補助教材が記載されています。参加者は，このワークブックを各セッションで用います。また，セッションの合間には，セルフヘルプ課題の自習にも用います。ワークブックの練習課題と図表は，リーダーによるグループの円滑で専門的な指導に有用です。

参加者の構成

リーダーは，グループ参加者の個人的特徴を考慮する必要があります。このプログラムは，異なる年齢，診断，知的レベル，社会的・経済的背景の男女に，幅広く効果的に適用できますが，あらゆるグループには，合理的範囲での均一性が望まれます。参加者には，絆とラポールの形成が可能となるような類似性が必要です。例えば，重度の感情障害（統合失調症など）を呈した参加者を，自己成長を目的に参加を希望する軽度の障害をもつ人たちと一緒にすることは，賢明ではありません。

グループへの組み入れおよび除外の基準

グループへの参加以外に個別治療が必要な個人かどうかを決定するには，下記のガイドラインを用います。このガイドラインは，「もういちど自分らしさに出会うための 10 日間」の参加には適さない参加希望者の特定にも

役立ちます。

　このガイドラインは，基本的に外来患者さんを対象としたセッティングでのグループを想定しています。入院治療，居住型治療またはデイ治療の患者さんを対象としたグループの場合，これよりも重症な方（患者さん）の組み入れが可能です。例えば，フィラデルフィアのプレスビテリアン医療センターで行ったのは，統合失調症，薬物依存症，重度の気分障害やパーソナリティ障害などを含むきわめて重症の入院患者さんを対象としたグループプログラムでしたが，良好な成果をおさめました。患者さんの多くは，熱心にプログラムへ参加し，グループを指導したスタッフに感謝の意を表してくれました。しかし，比較的重症の集団を対象とする場合，25頁に記述するように，グループの簡素化が必要となるでしょう。

　一般に，外来患者さんを対象のセッティングでは，下記の障害をもつ人は除外します。

1. 精神病症状：妄想，現実離れした言動，幻聴，幻覚，不適切な行動などがここには含まれます。しかし，この基準にも例外があります。デイケアの患者さん，または全員が外来の統合失調症患者さんのグループでは，必要な場合の投薬が可能な個別精神科治療を受けている限り，簡素化されたプログラムが有効に適用できます。
2. 慢性：うつまたは不安が長期化している人たちは，グループに適した集団ですが，やはり個別の心理療法および薬物療法またはそのいずれかを必要とする場合があります。
3. 重症度：うつ，不安，罪悪感，怒りなどの感情を抑えきれない参加者には，個別治療面接が適応となる場合があります。
4. 機能の低下：もし気分障害が，対人関係構築能力，あるいは家庭，学校，職場等における適切な機能に干渉するような場合は，専門家による治療が適応となります。例えば，うつがひどく，ベッドから起き上がることを拒否するような参加者は，グループから得られる便益は少

なく，他の参加者の負担となることが考えられます。
5. 低いモチベーション：グループは，参加を希望する人のためのものです。強制されて参加していると感じる人は，怒りを感じ，グループを妨害しかねません。そのために，参加者にはプログラム開始時に，グループでの大きな約束をしてもらいます。例えば，参加者用ワークブックの25頁にある参加者のセルフヘルプ契約書によって，メンバーは，セッションの合間にセルフヘルプ課題（ホームワーク）に熱心に取り組むことを明確にします。
6. 希望がもてないこと，そして自殺衝動：うつ状態にある人は，問題の解決がみつからないと信じ込んでいるために，希望を諦めがちです。積極的に自殺を考えている人は，誰であれ直ちに個別治療が，また場合によっては入院が必要となります。このような参加者は，自分自身にとって危険なばかりか，グループとそのリーダーにとっても持続的な苦痛の原因となります。抑うつ感情をもつ人の多くは，ときに人生が生きるに値せず，死んだほうがましと考えることがあります。こう考えることはまったく自然で，グループからこの考えの人を排除する必要はありません。判断の分かれ目は，ある個人が自殺する意図と計画を実際にもっているかどうか，にかかっています。もしある人が，死への強い願望をもち，自殺を阻む強い理由（宗教的信念または家族への責任など）がない場合は，直ちに精神科医または心理士の診療が必要となります。
7. 薬物またはアルコールの乱用：薬物またはアルコールの乱用で治療中の人は，グループへの参加に適していますが，酩酊状態でセッションに参加することはできません。回復中のアルコール依存症者および薬物依存症者は，「もういちど自分らしさに出会うための10日間」の参加に併せ，AAまたはNA（ナーコティックス・アノニマス）におけるミーティングへの参加が推奨されます。

参加者の中には，すでに個別の治療面接を受けている人もいることでしょう。その場合，担当のセラピストから「もういちど自分らしさに出会うための10日間」への参加に同意を得ておくことが得策と思われます。他のセラピストの治療によって，双方の治療効果を増強することができます。2人のセラピストのチームワークを参加者が理解することは，非常に有益です。このことは，参加者の治療からの脱落を防ぎ，参加者が，あなたと他のセラピストを競わせるのを防ぎます。

参加者の事前審査

付録Bに履歴書用紙が添付されています。これを使って，参加を希望する個人の適否を事前に評価してください。用紙の記入には約1時間が必要です。用紙には下記の事項が含まれています。

- 基本データ：最初の項目に，参加希望者個人の氏名，年齢，婚姻区分，学歴，収入，健康保険加入の有無などを記入します。また，誰の紹介か，などの質問もあります。
- 事前心理検査：参加希望者のうつ状態，不安，関係満足度をそれぞれ自己評価する3つのテストのスコアを記入します。これによって，参加希望者の症状の重症度が直ちに読み取れます。
- 治療を求める理由：参加希望者の受療理由を記入します。なぜ参加希望者が，この時期に治療を求めているのか，治療に対するモチベーションはどのくらい高いか，などを記入します。
- グループ療法の理解：この参加希望者は，過去のグループ療法への参加経験をどのように理解しているか，否定的な経験があるか，などの情報を記入します。参加者に，「もういちど自分らしさに出会うための10日間」と他のグループ療法との違いを説明してください。「もういちど自分らしさに出会うための10日間」では，他の多くのグループ

療法とは異なり，直面化や長く気まずい沈黙はないこと，短時間の楽しい支持的なグプログラムであることなどです。

- 治療薬の使用と以前の心理療法の調査：あなたは，現在および過去の治療薬服用および以前に受けた心理療法の治療効果を聞き取り，記入します。
- 家族歴：参加希望者の血族に，いままでに精神障害を患った人はいますか？
- 性的履歴：あなたは，参加希望者の性的志向およびあらゆる性的問題について尋ねます。
- 性的，身体的，または心理的虐待：あなたは，参加希望者の児童期または成人期における虐待経験について尋ねます。
- 履歴情報の質：あなたは，この参加希望者が完全に誠実と考えますか？
- 治療の目標：あなたは参加希望者に，具体的な治療目標をリストアップするよう求めます。彼または彼女が達成を希望している目標は何か？ もしあなたに魔法の杖があり，彼らの個人的問題がすべて解決できるなら，どのような項目がリストアップされますか？ より高い自尊感情をもち，仕事での生産性向上を望んでいますか？ より良い対人関係を望んでいますか？ この参加希望者がこうした目標を達成するために，どの程度努力する意欲があるでしょうか？
- 診断要約記録：あなたは，DSM-III-Rの第Ⅰ軸および第Ⅱ軸診断を，第Ⅲ軸，Ⅳ軸およびⅤ軸診断とともに記録します。
- 管理チェックリスト：あなたは，事務手続きやグループ管理上必要となる条件，そして参加者に期待することなどを説明します。その中には，欠席したセッションへの参加費支払い，個人の希望により中途脱退する場合の参加費支払い，参加費支払い時期，セッションの合間に宿題をすること，緊急事態への対応などが含まれます。322頁にあるサンプル管理チェックリストを今すぐ参照してください。メンタルヘ

ルス専門家の中には，慎重を要するこうした問題を避けたがる人がいます。私は，リーダーが各参加者と，事前にこうしたことがらについて協議するした方が，ずっと良い結果を生むと確信しています。その方が，あなたはグループからの尊敬をより多く集め，誤解の余地もずっと減るはずです。

セルフヘルプは本当に有効か？

　セルフヘルプの有効性については意見が大きく分かれていますが，アラバマ大学のフォレスト・スコギン博士らによる最近の研究では，優れたセルフヘルプ本による抗うつ作用が確認されています。「Journal of Consulting and Clinical Psychology」に発表されたその研究論文は，私の著書「Feeling Good: The New Mood Therapy（邦題「いやな気分よ，さようなら」）」あるいは，ピーター・レウィンソン博士のうつを主題とした著書を読むよう求められたうつ状態にある高齢者群の2／3に，他の心理療法や薬物療法の併用なく，回復または大幅な改善が，僅か4週で観察されたことを報告しています。対照的に，この4週を無治療で過ごした対照高齢者群は，改善を示しませんでした。次に研究者らは，無治療であった対照高齢者群に，上記セルフヘルプ本の1冊を読むように求めたところ，その2／3に改善が示されたのです。さらに印象的なのは，これらの被験者が，2年間の追跡研究期間にも，改善の維持のみならず増加を示したことです。研究者らは，心理療法を併用せず読書療法（セルフヘルプ本を読むこと）のみの単独療法が，うつ状態にある人々の多くに，かなりの気分高揚作用を及ぼす可能性があると結論づけました。私は彼らの研究が，その効果を初めて実証した優れた科学的比較研究だと思います。
　こうした研究結果には非常に勇気づけられますが，示された改善が読書という行為自体によるものか，またはセルフヘルプ本固有の内容が被験者のうつ克服をうながしたのかを知ることは，不可能でした。そのため，ス

コギン博士らは，ヴィクトール・フランクルの著作，「*Man's Search for Meaning*（邦題：「夜と霧」）」を読むよう求められたうつ状態の人々を対象に，さらに試験を行いました。高い評価を受けているこの本には，より高い自尊感情を育てる方法に関する情報は含まれていません。その結果，この本を読んだうつ状態の群は，改善を示しませんでした。研究者らは，読書療法は非常に有効な可能性はあるが，どんな本でも効果を生むものではないと結論づけました。改善効果を求めるには，うつからの回復に役立つ情報を含んだ著書でなければならないのです。

私は，セルフヘルプに関するスコギン博士の先駆的研究に，とても熱意をかきたてられました。彼の行った研究の結果は，私にとって『もういちど自分らしさに出会うための10日間』を書く刺激となりました。拙書『いやな気分よ，さようなら』を読むことが，うつからの回復に役立つのなら，読書療法とグループセッションは，さらに良い結果を生むと私は考えたのです。なぜなら，グループの体系的構造，セッションごとの具体的なステップ・バイ・ステップ・トレーニングと実験的練習，グループメンバーやリーダーとの間に生じるラポールや絆などが，付加的便益を生むことが期待できるからです。

グループはどの程度効果的か？

「もういちど自分らしさに出会うための10日間」プログラムの，前述したフィラデルフィアのプレスビテリアン医療センターでのセッティングのような特定のセッティングにおいて見られた効果が，その他のいろいろな場面でプログラムを始めようとする時にも同じように見られると一般化することは難しいです。なぜなら，プログラムに参加するメンバーやリーダーはグループごとに異なるからです。しかし，ほとんどのグループは，うつ，不安，関係満足度をそれぞれ自己評価する3つの気分測定テストでかなりの改善を示すはずです。プレスビテリアン医療センターで行った

セッションでは，非常に重症の患者さんの集団においてさえ，高い改善率が示されました。入院患者さんたちは，毎日2つあるいはそれ以上のグループセッションに参加したのですから，かなりの集中プログラムでした。この集中度が，医療センターでの「もういちど自分らしさに出会うための10日間」の効果を高めた可能性はあります。

あなたが担当するグループがどれだけ効果的であっても，10回のセッション終了時にうつの症状がまだ残っている参加者は何人かいると思います。これは異常なことではありません。実質的に，どのような介入にも非常に迅速に反応する集団がある一方で，いかに優れた治療に対しても抵抗性がより強く，変化を示しにくい集団があります。

私は，参加者が非現実的な期待を抱かないように，この考えを参加者用ワークブックの冒頭で説明しました。しかし，あなたが参加者と共に，事前審査および第1回目のセッションでこの点を話し合っておくことは，有用でしょう。参加者に率直に接し，彼らにとって現実的な目標を立てておくことで，あなたの信頼度は増加します。また，比較的反応が遅い人たちのあいだに生じる絶望感や怒りの感情を，最小限に抑えることにつながります。

「もういちど自分らしさに出会うための10日間」終了後もさらに治療を望む参加者には，数多くの選択肢があります。

- 個別の心理療法および抗うつ薬による薬物療法，またはそのいずれかへの紹介。
- 「もういちど自分らしさに出会うための10日間」に続く，不安のモジュールまたは対人関係上の衝突のモジュールへの移行（「はじめに」参照）。
- 「もういちど自分らしさに出会うための10日間」をもう一度繰り返す。
- National Depressive and Manic Depressive Association の地方支部などが行うセルフヘルプグループへの参加。

もっとも大切なことは，熱意と思いやりをもつこと，そして希望をもつよう鼓舞することです。「もういちど自分らしさに出会うための10日間」は，すべての参加者にとって，回復への道のりの重要なステップとなります。しかし，あなたは，参加者にとってグループが唯一のアプローチであるとか，最後に残された頼みの綱であるかのような態度は，とるべきではありません。忍耐と決意が，変化の鍵となります。時間をかけ努力を怠らないことで，うつ状態にあるほとんどすべての人が，最終的に喜びと自尊感情を再び経験することができると私は信じています。

プログラム参加費用

　「もういちど自分らしさに出会うための10日間」は有期限プログラムなので，一式の費用請求を私は薦めます。初回セッション開始前，いつでも可能なときに50％の前渡し金を受領し，さらに，参加者がすべてのセッションに参加しなくても，あるいは中途脱落しても，参加費用は全額徴収することを薦めます。将来誤解を生じないために，事前審査時に，こうした方針を明確にしておきます。
　こうした取り決めは，厳し過ぎるように思われるかもしれませんが，外来治療グループの参加者には，セッション間際のキャンセル，宿題の不遵守，中途脱落などの傾向が，残念ながらあるのです。確固とした明快な金銭的取り決めが，コンプライアンスを高めます。参加者が，グループに対してより強い責任をもつからです。
　教会，病院，学校，刑務所，セルフヘルプグループ，その他の地域組織などでは，このプログラムの無償提供を希望する場合があるでしょう。AAおよび12ステッププログラムのように，諸経費はボランティアや任意の寄付によってまかなうことが可能です。参加費が無料であることは，この技法が真に有用で，プログラムの目的は搾取や事業にないことが，強力で思いやりのこもったメッセージとして参加者に伝わります。

また、「もういちど自分らしさに出会うための10日間」を支持するための助成金申請も可能です。このプログラムに組み込まれた体系的データ収集によって、スポンサー企業へのグループの効果を示す統計的報告書の作成などが容易に行えます。

預託金制度

参加費無料で提供する場合の潜在的欠点は、費用が発生しないことから参加者がプログラムを低く評価し、参加の義務感が低下する可能性があることです。前述したように、参加者の中には、参加頻度に一貫性のない人、セッションの合間に宿題をやらない人、受身の態度でやり過ごす人、ただのおつき合いで参加する人などが見られます。こうした参加者は、このプログラムから得られるはずの便益を自ら放棄するのみならず、誠実に参加し、宿題もきちんとやる他のメンバーの士気を低下させます。

> 私は、この問題の重要性をここで強調したいと思います。グループを指導して行く上で、それがあなたにとってもっとも重要な問題となる可能性があるからです。この問題の発生を防ぐ手立てを十分に取らない限り、それがあなた自身の士気をくじく原因となるかもしれません。そうなると、遅かれ早かれあなたは欲求不満を感じ活力が失せてしまいます。そして「なぜ自分はこんな苦労をしなければならないのだろう？」と自問するようになります。
>
> 「もういちど自分らしさに出会うための10日間」グループの育成は、大きな熱意と献身を必要とします。参加者から何らかの反応が得られない限り、あなたのモチベーションを維持し、燃料タンクを満タンにすることはできません！ 指導にこころよくのぞむことができれば、あなたはグループにより多く貢献することができるのです！

1つの試みとして,「もういちど自分らしさに出会うための10日間」開始時に各参加者から預託金を集める方法があります。額は任意に設定してください。例えば,平均的な収入の人たちであれば100ドル,低収入の人たちであればそれより低額とします。参加者は,各セッションに時間どおり出席する度に2ポイント,宿題をきちんとやってくれば3ポイント(完成度にもよります)を受け取ります。出席と宿題のポイント制度に関しては,76頁に詳述してあります。私が作成したリーダー用データシート(79～84頁)は,参加者各自のこうしたデータを,3つの自己評価テスト(気分測定テスト)の得点とともに各セッション開始時に記録するためのものです。

　セッションは10回あるので,各参加者は最大50ポイント受け取ることができます。プログラム終了時は,セッション中に獲得したポイントに応じて,還付金を受け取ります。例えば,預託金が100ドルの場合,1ポイントは2ドル相当とします。この預託金制度は,一貫して出席し,積極的に宿題に取り組むことが,グループの成功と各参加者の自己成長に欠かせないとの考えを増強します。

　この制度は,際立った利点をもっています。グループ参加を希望する時にどんなことを言おうとも,参加者の多くは,宿題をせず,開始時間には遅れ,出席は一貫しません。預託金制度は,絶え間なく続くこの問題を資産に変えてくれます。グループから脱落したり,宿題を忘れたりする参加者は,他の参加者の費用支払いを援助することになるからです！ これにより,グループのために努力しているリーダーや他の参加者の士気が高まる可能性があります。リーダーにとっても,指示に従わない参加者に欲求不満や苛立ちをあまり感じなくてすみます。あなたからのメッセージは,「消極的態度で参加することもできますが,その場合は僅かな手数料が発生することになりますよ。反対に,セルフヘルプ課題を積極的にこなして,きちんと出席すれば,その努力に対して金銭的そして感情的報酬を得ることができます」というものです。

リーダー用データシートを使うことで，プログラム終了時に各参加者がどれだけ報酬を得られるかが計算しやすくなるでしょう。加えて，各参加者の経過の追跡と，グループの効果の評価が容易に行えます。各参加者におけるうつ，不安そして対人関係満足度の改善の推移を，あなたは正確に把握できるでしょう。

　「もういちど自分らしさに出会うための10日間」のパイロット試験を行ったリーダーたちは，当初この提案に反対しました。彼らの懸念は，「それは，私たちの教会（またはシナゴーグ）では正しいこととされていない」，「連邦政府の規定で，治療に対価は求めることができない」，「われわれの大学では，カウンセリングセンターでの治療は無償ということになっている」，「私たちの刑務所では，受刑者は一般に貧しく，預託金を積むことができない」などというものでした。

　こうした抵抗は，預託金制度が粗野で統制的過ぎるという思い込みに基づいていることがあります。あなたは，参加者に責任を負わせることによる彼らの怒りを恐れているかもしれません。メンタルヘルスの専門家として，患者さんに優しく親切であれば，感謝の念から彼らも回復に努力してくれる，と私たちは感じることがあります。残念ながら，この優しさの哲学は，多くの場合効果がありません！

　当初預託金制度に反対したリーダーの多くは，患者さんのコンプライアンスに失望させられました。2回目以降，彼らは預託金制度の採用により積極的になりました。あなたが身をおく精神科治療提供システムにおいて可能である限り，私はこの制度の採用を強く薦めます。

　フェニックスにあるシェパードオブザバリー・ルーテル教会で行ったパイロット試験のスポンサーは，参加者に預託金を求めずにプログラムを実施しました。その代わりに，各セッションにおいて時間どおりに参加した人，そして課題を完成させた人にはポイントを与えることにしました。そして，プログラム終了時にはグループでもっとも多くポイントを獲得した参加者を表彰することにしたのです。

この独創的で友好的なアプローチは，いくつかの理由からコンプライアンス問題の本質的解決にはつながりません。まず，プログラムの初期段階で脱落した参加者では，追いつくことができないためにモチベーションが低下するからです。さらに，このポイント制度は参加意識の高い人のみに報酬を与え，宿題の実施に抵抗を感じる参加者のモチベーションを高めることはありません。そして最後は，参加者の責任感を向上させない点です。

参加者用ワークブックでは，私は参加費や預託金制度について記述しませんでした。したがって，あなたが指導するグループでは，柔軟性をもって最適なアプローチを選択してください。

宿題の割り当て

セッションの合間に行うセルフヘルプ課題には，読書課題と筆記課題があります。筆記課題は，日常気分記録表を用いた否定的思考の日記，そして前回のセッション以降の，参加者のうつ，不安，対人関係の衝突における変化を測定する自己評価テスト（気分測定テスト）の実施などが含まれます。さらに，新しくより効果的な行動パターンを実験するようなセルフヘルプ課題も参加者に求めることがあります。

参加者用ワークブックの各ステップの終わりには，次回セッションのためのセルフヘルプ課題のリストがあります。例えば，ステップ2のためのセルフヘルプ課題リストは，参加者用ワークブックのステップ1，29頁に表記されています。リーダーは，それぞれの課題を，声を出して読み，参加者に「割り当てられた課題に○を入れます」の欄に○を入れるよう求めます。また，右端の欄には「実施済みの課題に○を入れます」とあります。参加者に，それぞれの課題を完成させた後に○を入れたかどうかを尋ねてください。これによって，各ステップの冒頭に，参加者がどの程度宿題を完成させたかの評価が容易になります。

セルフヘルプ課題は，任意ではありません。それは，このプログラムで

最も重要な構成要素の1つです。おそらく，治療を受けている人たちは，新しい問題解決技能，より生産的な考え方，感じ方，他人との付き合い方などを学ぼうと努力している人たちです。積極的な練習と努力によって，この成長と習得が実現する可能性はずっと高くなります。

テニスを学ぶのに，ボールを打つ練習もレッスン合間の練習もしないで，コーチとおしゃべりしたり，他のプレーヤーを眺めているだけ，ということが考えられるでしょうか？ そんなことでは，テニスの上達に多くは望めないでしょう！

セルフヘルプ課題の重要性にもかかわらず，参加者の中にはこれに抵抗する人がいます。彼らの抵抗には，多くの理由があります。中には，他の参加者の暖かさや支持（あるいはグループリーダーのカリスマ性）があれば，気分の改善には十分と考えている人がいます。慈愛に満ちた親のように，尊敬する権威者が自分の意見を聞き，思いやってくれて，問題を解決してくれると考えることで，心の安らぎを感じるのです。

そして，セッションの合間に宿題を課すことに積極的ではないグループリーダーの存在が，この問題を複雑にします。こうしたリーダーは，参加者の不承認を恐れ，不安に感じているのです。あなたも，参加者から宿題の実施状況を監視する「悪者」と思われたくはないでしょう。宿題をやらない参加者との対立を，ぎこちなく感じるかもしれません。こうした心配は，理解できます。

さらに，リーダーの中には，グループへの激励と支持で十分と考え，宿題は不要と考える人もいるかもしれません。福音派の伝道集会のように，強い激励は，大きな気分高揚をグループに与える可能性はあるものの，それによる改善は，通常かなり一過性のものと思われます。通常最良の学習は，参加者のセッション中およびセッション合間における積極的な参加から生まれます。

宿題に関して完全なコンプライアンスはおそらく得られないでしょうが，参加者のモチベーションを高める，3つの方法があります。第1には，参加

者用ワークブックの19頁から始まる「幸せの値段」と題されたステップ1を全員が読み，筆記課題を確実に済ませることです。この章には，宿題の論理的根拠や参加者が行う宿題の種類を説明してあります。そして，25頁にはセルフヘルプ契約を結ぶことを参加者に求めています。この契約は，宿題が必修科目であることの理解と，セッションの合間にセルフヘルプ課題と取り組む意欲の有無などを参加者に問うことを目的としています。さらに，こうした課題のために1日何分を充てることができるかも明示しなければなりません。この契約を交わした後も宿題をしない参加者は，プログラムへの参加は不許可とすべきかもしれません。

私個人の治療面接では，これと同様のメモを読み，話し合った後も宿題と取り組む意欲を示さない患者さんの治療は，継続しません。その代わり，患者さんの期待に沿う姿勢での治療を行うセラピストを紹介することにしています。

幸いなことに，こうした例はめったにありません。宿題が原因で私の治療面接を継続しないことになった数少ない患者さんは，重度の障害を抱えていて，認知行動療法のような積極的アプローチの適切な候補者ではありませんでした。

「もういちど自分らしさに出会うための10日間」の最初のセッションでは，参加者は，参加者用ワークブックの21頁にある「セルフヘルプ課題に取り組まないための15のもっともな理由」と題された自己評価テストも行います。このテストでは，宿題が望まれない理由を数多くあげ，参加者は自分の考え方や感じ方にもっとも近い記述を選ぶように求められます。このテストによって，宿題に抵抗する理由に関しての生産的なグループ・ディスカッションが触発されることでしょう。

宿題のコンプライアンスを向上させる2つ目の方法は，ステップ終了時に宿題の内容をリーダーが具体的に説明し，次回ステップの冒頭で参加者の宿題実施状況をリーダーが点検することです。この方法をとることによって，宿題が参加者にとって重要であること，リーダーが参加者の努力

に興味をもっていること，参加者が課題を完成させることに責任をもつこと，などのメッセージを明確にすることができます。

　コンプライアンスを向上させる3番目の方法は，本書の11頁に記述した預託金制度の採用です。この制度によって，参加者はセッションに時間どおり参加し，セッションの合間にセルフヘルプ課題を行うことによる金銭的な報酬が得られます。預託金制度はあなたの理想から外れていて，好ましくないと思うかもしれませんが，私はこれを薦めます。この制度は公正であり，明確な方法で参加者に責任感をもたせます。お金の力は強大です！　あなたはその力を，独創的，生産的に使うことができるのです。

　最初のセッションあるいは事前審査で，参加者に宿題の実施義務についての懸念や不安があるかどうかを確認しておいてください。そして，疑問をもつ参加者がいれば，共に話し合います。参加者の多くが，セッション中またはその合間におけるあなたの要求基準のきびしさを理解していないことが考えられます。

　これは，驚くには値しません。私たちの社会では，テレビのように，受身の娯楽が好まれるからです。多くの人が，手っとり早く，手軽な治療を求めています。メディアにより定型化された心理療法の一般的な姿は，非常に受動的なものです。多くの人は心理療法といえば長椅子に横になり，自由連想または感情表出する患者と，パイプをくわえながらそれに深遠で啓発的洞察を加えるセラピストをイメージしています。あなたは，あなたの技能がそのイメージのセラピストよりもずっと低く参加者の根気強い努力が必要なことを，はっきりと理解してもらう必要があります！

　これらの対策は，必ずしも宿題のコンプライアンス向上を約束するものではありませんが，有用な第一歩となります。宿題への期待を明確にリーダーが主張することによって，このプログラムが自分に適しているかどうかを判断する機会が参加者に与えられます。

　あなたの考え方とは異なるかもしれませんが，参加者が定期的参加や宿題の実施をこころよく約束しない場合，初回セッション開始前に，その参

加者にグループから脱退してもらうよう，あなたから勧めることを提案します。この姿勢をとることで，あなたは自信を深め，守るべき明確な境界線を参加者に知らせることができます（個人履歴用紙の最終部分にある322頁の管理チェックリストの項目についても，同様の考えがあてはまります）。

宿題の実施を要求したことで開始前に参加者が脱落する場合は，地域の精神科医，心理士，AA，エモーションズ・アノニマス，リカバリー・インクなどの無料セルフヘルプ・グループ，または地域のメンタルヘルス・クリニックなど，あなたが紹介できる代替選択肢のリストを渡してください。当然，その参加者がすでに支払った残りのプログラム参加費は，払い戻さなければなりません。

参加者の同意書

第1回目のセッションの開始前あるいはそのセッション中に，あなたは参加者に同意書への署名を求めることができます。この同意書は，そこに記述されたグループの性質と方針に沿って参加することの承認を求めるものです。327頁の付録Dには，2種類のサンプルを用意してあります。参加同意書Aは預託金制度の記述が含まれていますが，参加同意書Bにはその記述はありません。

セッションにかける時間

セッションにかける時間は，セッティングと参加者の種類によって柔軟に設定してください。各セッションには，少なくとも1時間半かけること，そして最長2時間半にとどめることを薦めます。

重症の精神科病院入院患者さんを参加対象とする場合は，患者さんの注意の集中時間に限りがあるため，これよりも短いセッション時間を考慮せ

ざるを得ないでしょう。1セッションで履修する教材の分量も，少なくする必要があるかもしれません。1時間半から2時間のセッションで，熱意をかきたてる数多くの課題を伝え理解してもらうかわりに，1時間のセッションで1つの課題に集中しなくてはならないでしょう。さらに，参加者が正規の教育をほとんど受けていない場合，または重度の場合は，技法やアイデアを簡素化する必要があります（簡素化の方法は26頁を参照）。

セッションを長時間行う場合，コーヒーブレーク，またはストレッチング用の休憩時間を途中に設けることができます。この休憩で参加者は緊張をほぐし，互いに気楽な会話を楽しむことができます。

参加者が外来患者さんであれば，セッション時間の設定はいつでも可能ですが，週日は午後7時から9時が理想的です。土曜の午前中および日曜の午後も，選択肢として適当です。

プログラムの長さ

「もういちど自分らしさに出会うための10日間」は，それぞれが「ステップ」と呼ばれる10のセッションから構成されていて，各セッションの予定は見たとおりぎっしりと詰まっています。可能であれば，このプログラムを15から20のセッションに延長することもできます。これは，学校，刑務所，外来クリニック，養護施設など，時間の制約を受けない環境で可能となるでしょう。延長することによって，技法の練習やロールプレイなどに時間をかけることができます。参加者にとっても，学習内容に関する話し合いの時間，そして感情や考え方の共有などの時間が増えます。

入院患者のセッティングでは，参加者の回転がはやい点を考慮した，プログラムの調節が必要となります。新たに入院した患者さんが，いつい かなる時点から参加しても良いように，私は，各セッションを独立させました。もちろんステップ1からステップ10までの10セッションすべてに参加することが理想ですが，絶対的な要件ではありません。

このプログラムは，柔軟性，独創性，そして思いやりなどの精神で修正を加えれば，実質的にどのようなセッティングにも有効です。もちろん，セッティングが理想的でない場合は効果が減じることもありますが，その場合でもこのプログラムの与える衝撃はとてもポジティブです。ときには，たった1つのアイデアでさえも，その人の人生に大きな衝撃を及ぼすことがあります。

プロセス・グループVSサイコエデュケーショナル・グループ

「もういちど自分らしさに出会うための10日間」は，体系的方法で具体的な技能を教育するサイコエデュケーショナル（心理教育的）プログラムです。これは，具体的な予定を設定せずに，各セッションごとの課題や宿題が用意されていない，伝統的「プロセスセラピー」のグループとは異なります。プロセスセラピー・グループでは，参加者の感情共有と各人の交流が奨励されます。こうした自発的相互作用に治療の重点が置かれるのです。

心理教育的グループでは，目標はかなり異なります。リーダーは，熱意をかきたてる数多くのアイデアと技法をもとに，ミーティングごとの完全な予定を立てます。内容を選別し迅速に行っても，各ステップの予定を完全に消化することは難しいかもしれません。

どのグループにも，予定の進行を遅らせかねない予測可能な問題がいくつかあります。第1の問題は，多くのグループ参加者が個人的問題について長々と語りたがる傾向です。

同程度に混乱させる要因となるのは，「助言者」の役を買って出たがる参加者の存在です。これによって，問題はさらに複雑化します。こうした「助言者」は個人的問題を述べた参加者に向かって，あらゆる種類の助言を提供します。不平不満に固執する個人と，困難な状況にある人を救うことに耽溺する個人との間に生じる，激しく非生産的な関係は，時に「共依存」と呼ばれます。

リーダーとしての予定を守る必要性と，参加者としてのお互いの交流のみならず感じ方や問題について話し合うことの正当な必要性とを，どのようにしてあなたは両立させることができるでしょう？　1つの方法は，ステップの開始時に，感情の表出と共有のための時間配分を決めておくことです。あなたは，参加者に15分または30分間，言いたいことを言うよう促します。しかし，この方法をとる場合は，各セッションの時間を延長する必要性が生じることもあります。AAをはじめ多くのセルフヘルプ・グループでは，この共有の時間に，他の参加者の発言に対するコメントを認めていません。この方針は，参加者間の過剰な相互作用を予防するためのものです。同時に，この方針があることによって，セラピストの役を演じたり，断定的な発言をしたりする者がいなくなることから，参加者が心を開くことができます。

　いずれのアプローチも，重要なことは，参加者が発言し心を開くために，控え目で合理的な時間をとる，という点です。参加者は，感情的支持の共有だけでなく，それを受けることを必要としています。これによって，信頼と希望の感情が強化され，結果として治癒が促進されます。しかし，これにかける時間を限定的なものとし，勤勉と努力を通じて具体的技法を習得することと，感情の表出との適切なバランスを維持する必要がリーダーにはあります。

　参加者用ワークブックには，ステップごとに数多くの構造化された練習課題があることにあなたは気づくと思います。参加者は，こうした練習課題を上手にたやすく完成させます。なぜなら，彼らは他人の問題に取り組んでいるからです。自分が個人的に関与していない限り，より客観的でいることができます。自分自身の不合理性を認識するよりも，他人のそれを理解する方がより簡単なのです。

　こうした練習課題によって，参加者は達成感を経験し，プログラムの進行に従いながら体系的な技能習得が可能となります。これにより，参加者自身の否定的思考パターンへの技法の適用がより容易になるのです。構造

化された練習課題による成功が，自信と熱意を刺激し，明るい気分を生み出します。

　これら技法をあなたが実演する際には，ときにはグループ参加者の個人的な問題を集中的に取り上げることがあるでしょう。参加者用ワークブックには，通常自分自身の否定的思考パターンを変えることは，より難しいと書かれています。なぜなら，他人の不合理性よりも，自分の不合理性を認識する方が難しいからです。それにもかかわらず，参加者が自分の否定的思考パターンを変えようと取り組んでいるときには，あなたは彼らの抵抗にあうことが多いのです。彼らは，「この技法は効果がない」あるいは「自分はいまだに敗者と感じている」などと言うかもしれません。

　効果がないと感じた参加者あるいは反抗的な参加者との討論や勢力争いにあなたが巻き込まれてしまうと，周囲はあなたをリーダーとして不適格と見るかもしれません。他の参加者は，欲求不満を感じたり，当惑したりするでしょう。そのようなときには，簡単に以下のような内容の発言を行います。

　　　まあ聞いてください。自分の否定的思考を変えることは，最初のうちはとても難しいことが多いんです。こうした否定的思考のすべてが絶対的真実に思えて，あなたは何も変えることなんてできないと時には感じるかもしれません。事実，絶望感は，うつ病の最悪な症状の1つなんです。他にも何人くらいの方々が，効果がない，希望がもてないと感じていますか？

　もちろん，多くの参加者の手があがると思います。そこであなたは，人生に希望がもてないとき，彼らがどのように考え感じるかを質問します。これによって，討論ではなく，グループの結束，共有，支持などの感情が生まれるでしょう。あなたは，忍耐と辛抱強さによって，ほとんどの人が自尊感情を再び育てられることを伝え，参加者を安心させます。

グループダイナミクス（集団力学）

　集団力学に関するある程度の知識は，グループリーダーにとって有用です。以前にグループの経験がある場合，プログラム実施がよりスムーズに行えると思います。グループトレーニングの経験がない場合は，同僚にスーパーバイザーとして同席してもらうことも可能です。

　どのグループにも起こり得る種類の予測可能な問題には，対処方法を事前に考えておく必要があるでしょう。あなたが潜在的に対処せざるを得ないのは，議論を独占しようとする人，「それはそのとおりなのですが…」と言う人，物怖じして話したがらない人，すべてが期待はずれなために失望する人，他人に忠告や助言を与え続ける「助言者」，ときどき背中を軽くたたいて元気づけなければやる気のでない人，人生がどんなに過酷かを主張し続ける不平家，リーダーとしてのあなたの役割を横取りしようとする競争意識の強い人，怒りと不信感が強くグループの士気を崩そうとする人，宿題をせずに受動的で依存的な人などです。

　精神科医，心理士，カウンセラー，ソーシャルワーカー，看護師，聖職者などの役割をとおして，ほとんどのリーダーはすでにこうした問題を熟知していることでしょう。こうした問題について，本書では詳細に論じません。あなたが，グループの集団力学に懸念を感じるのであれば，同僚に相談することを私は強く薦めます。同僚からの助言や提案は，驚くほど有用なことがあります。

　場合によっては，アシスタント・リーダーあるいはコリーダーを置き，セッションの指導を手伝ってもらうことも可能です。各セッション終了後に，あなたはアシスタントとミーティングを行い，うまく行った点，そうでなかった点について議論します。こうした議論は，常に問題解決に適したアイデアを与えてくれ，次のセッションをやりがいのあるものにしてくれます。次回セッションの冒頭に，グループ参加者とあなたの懸念および

提案する解決策を議論しても良いでしょう。これによって，グループ参加者の問題解決プロセスへの参加を可能にし，躊躇しているかもしれない彼らの懸念の表出を促すことがあるかもしれません。

抵抗する非協力的な参加者への対処法については，下記の著書も参考になります。

1. "Managing Difficult Behaviors," in *Preparing, Designing and Leading Workshops*, by Susan Cooper and Cathy Heenan（Boston: C.B.I. Publishing Co., 1980）.
2. "How to Deal with Difficult Patients," Part VI （Chapters 24-27） in *The Feeling Good Handbook*，（邦題：フィーリング Good ハンドブック：「扱いが難しい患者さんに対応する方法」） by David D. Burns, M.D.（New York: Plume, 1990）.

専門家のリーダー VS 非専門家のリーダー

現時点では，「もういちど自分らしさに出会うための 10 日間」をグループ療法として行う場合，有資格のメンタルヘルス専門家のみがリーダーとなることを条件としています。しかし，思いやりがあり，献身的な人であれば，非専門家であっても，全米うつ病および躁うつ病の会（NDMDA）のような信頼できるセルフヘルプ組織と共同で，サポートグループとしてプログラムを実施するリーダーとなることができます（NDMDA は全米に支部をもつ団体です。読者の地域支部に関する情報は，730 N. Franklin Street, Suite 501, Chicago, Illinois 60610 へ手紙で問い合わせるか，フリーダイヤルで 1-800-826-3632 まで電話連絡してください）。

私は，現在メンフィス州立大のボブ・ネイメイヤー博士，そして彼の同僚らと共同で，メンタルヘルス専門家の指導によるグループと，NDMDAの支部メンバーの指導によるグループとの有効性比較研究を実施していま

す。この研究では，メンタルヘルス専門家が，グループ参加者全員を事前審査し，緊急時あるいは問題発生時には非専門家リーダーに対して助言する体制をとっています。研究はまだ実施中ですが，非専門家リーダーの指導するグループが，専門家指導のグループと同等の有効性を示したとしても，私にとっては驚きではありません。

地域のセルフヘルプ・グループの非専門家が指導する場合の利点は，AAのようにグループ参加費用を完全無料にできる点です。これによって，心理療法を経済的理由から受けられない数多くの人々や受療に積極的ではない人々に，認知行動療法の技法を利用可能にすることができます。

その一方で，リーダーが適切な教育訓練を受けていない場合には，技法が裏目にでる大きな危険性があります。この懸念があるため，体系的で信頼のおける研究を通してプログラムの応用に関する情報が得られるまで，このグループが有資格のメンタルヘルス専門家の監督下でのみ指導されることを私は推奨しているのです。

グループリーダーの教育訓練

グループリーダーには，認知行動療法の教育訓練をある程度受けた人が望ましいでしょう。現在私たちは，フィラデルフィアのプレスビテリアン医療センターにおいて，グループリーダーの1週間教育訓練プログラムを開発中です。あなたが有資格のメンタルヘルス専門家または教育者で，これらのプログラムに興味がある場合は，333頁記載の住所まで私宛の手紙で連絡ください。

独創的に考えましょう！
特別な集団のためのプログラム開発方法

認知行動療法の便益を受けることができるのは，非常に知的で教養のある成人のみと考える人がいます。しかし，これ以上間違った考えはありま

せん！これらの技法は，非常に広範なセッティングで，実質的にあらゆる集団に正しく応用することができます。なぜなら認知行動療法の基本原理は，すべての年齢，文化，社会的階級の人々に応用できるからです。しかし，もしあなたが以下のような人々を対象とするのであれば，技法，用語，グループ構成をそれに適合させる必要があるかもしれません。

- 重度の障害者または精神病者
- 高齢者
- 児童および青年
- 民族的または宗教的に強い自覚をもつ個人

　これには多少の想像力と独創性が必要かもしれませんが，あなたは大きなやりがいを感じると思います。いままでに，私は同僚らと共に，外来および入院患者を対象とした数多くのセッティングで，「もういちど自分らしさに出会うための10日間」のパイロット試験を実施し，かなりの成功をおさめてきました。

　私たちが「もういちど自分らしさに出会うための10日間」プログラムを初めて実施したのは，ザ・レジデンスと呼ばれる，短期入院施設でした。ザ・レジデンスで治療を受ける患者さんの多くは，重複診断（薬物乱用と重度の精神疾患）がついた人々で，ほとんどが公的医療扶助を受け，学校教育を受けた率の低い集団でした。

　このようなセッティングで，私たちは誰もプログラムの効果に確信をもてずにいました。ところが，結果は非常に満足の行くものでした。ザ・レジデンスの患者さんたちは，1日あたり数グループの認知行動療法セッションに参加し，結果的に集中治療を経験したのです。

　私は，参加した患者さんたちの抱える問題が，私の日常臨床における患者さんのそれとは違うものと予期していました。しかし，実際にはほとんど差がないことを知って私は驚きました。彼らの懸念や問題は，私の日常

臨床で遭遇するものと同じだったのです。彼らは，雇用の少ないことを心配したり，人生で達成した業績がわずかなことによる劣等感を抱いていました。ある男性は，福祉事務所で受けた高圧的態度に腹をたてていました。私自身もときどきそうした態度をとられることがあると彼に言い，他の参加者に今まで他人の接し方に腹をたてた人はどれくらいいるかたずねました。すると，ほぼ全員の手があがりました。

多くの参加者が，家族問題や恋愛問題を心配していました。シャーリーンという女性は，ある夜，気分が動揺し婚約者の助けが必要となって，彼に電話をかけました。彼は，彼女のところへ行くと言いました。そして，彼女のアパートまで歩いて来る途中，自動車にひき逃げされ，両足を複雑骨折してしまったのです。シャーリーンの悲しみと罪悪感はとても大きく，「電話をかけた私のせいだ。私が電話しなければ，彼は身体障害者にならずに済んだはずだ」と自分自身に言いつづけていました。

私は，愛する人に罪悪感を抱く参加者はこの中にどのくらいいるかをたずねました。この時も，ほとんど全員の手があがりました。リタという名の女性は，自分の病気が再燃し，再入院したことに罪責感をもつと言いました。彼女は，自分を悪い母親と感じ，子供たちが彼女を嫌い，見捨てられたと感じることを心配していました。

私は，ザ・レジデンスの入院患者さんたちが，極度に重いレベルのうつと不安に悩まされているにもかかわらず，日常臨床で接していた外来患者さんに比べ，治療の取り組みが容易なことに驚きました。彼らのほとんどは，ザ・レジデンスに入院するまで，効果的で思いやりのある治療を受ける機会に恵まれなかった人たちです。彼らは，熱意をもって学ぼうとしているように私には思えました。多くの参加者が，迅速な改善を示しました。

リタを例にとると，彼女は再燃したことに自己批判的な参加者でした。私は彼女に，参加者の輪の中央にジャニスという女性と向き合って腰掛けてもらいました。私はリタに向かい，ジャニスはうつ病で入院したため子

供と離れ離れになり，自分が悪い母親だと考えている女性と仮定するように言いました。ちょうどリタと同じような境遇にある女性，ということです。そしてリタに，自分について考えているのと同じことを，大きな声でジャニスに言うよう伝えました。彼女に，「あなたは悪い母親だ。子供はあなたを嫌うだろう」と言ってみてください，と求めたのです。

リタはこれに抵抗しました。自分はそんな意地の悪い，しかも本当ではないことを他人に向かって言うことはできない，と反論したのです。そんなことを言って，彼女を傷つけたくない，とリタは言いました。

そこで私は，「それなら，ジャニスにはどんなことを言いますか？」とリタに質問しました。するとリタは，ジャニスの子供たちは彼女を間違いなく愛していること，そして治療を受けることは責任ある行為という点を強調するだろう，と彼女は言いました。

次に私は，「もし，あなたが他人を傷つけたくないのなら，自分自身を傷つけることもやめようとは思わないのですか？うつ状態にある友だちに思いやりのこもった話し方をするように，自分自身にも同じ話し方をしたいとは思いませんか？」とたずねました。その後，リタとジャニスは，役割を交替しつつこの状況を10分程度ロールプレイしました。それが終わると，リタは自分の考え方と気分が劇的に変わったと言いました。私はその変化を，彼女自身にうつ状態評価テストをやってもらい，確認することにしました。テストの結果，うつ状態評価点は，39（深刻なうつ）から，ロールプレイ後の11（通常の状態と考えられる範囲をわずかに超える点）へと減少しました。外来患者さん中心の私の日常的診療で，これと同じ改善を得るには，一般に数週間から数カ月の集中治療を必要とするでしょう。

セッション終了後，チャールズという男性が私と個人的に話がしたいと言ってきました。彼は自分がAIDS患者であることを明かしました。そして，他の人たちがその事実を知ったら，自分は軽蔑されるであろうことを彼は心配していました。私たちは約3分間，この心配とどのように対処するかを，「恐れている幻想の技法」を使って，ロールプレイしました。私は

チャールズに，彼の役は私が演ずること，そして彼には，AIDS患者であることを理由にもっとも残酷な方法で彼を排除しようとする，想像上の集団を演ずるよう言いました。私は彼に，自己防衛的にならず，動揺もしないで批判をそらす方法を示したのです。

　チャールズにとって，それは，まさに眼からうろこが落ちるような経験でした。それまで，批判や排除に対処する方法を彼に示した人はいなかったからです。彼は，役割の交替をとてもうまくこなしました。その後，黒人，白人，ユダヤ教徒，モスレム教徒，キリスト教徒，背の高い人，低い人の別にかかわらず，あなたが誰であれまたどのような身分であれ，他人はあなたを好みもしようし，嫌いもするという考えについて，私たちは簡単に話し合いました。これは，私たち誰もが対処しなければならない問題なのです。

　チャールズは，この相互作用が非常に役に立ったと言いました。私も，とてもやりがいを感じました。彼は非常に温かい人柄で，学習意欲も高かったからです。彼のうつ状態評価点は，17（軽いうつ状態）から，8（通常の範囲）へと減少しました。

　ザ・レジデンスでの，このプログラムの成功により，病院の事務局は，同様のプログラムをいくつかの入院患者病棟でも開発することを希望しました。その中にはライト5号棟も含まれていました。この閉鎖病棟は，もっとも重度に障害された精神病患者さんの専門治療を行う場所です。患者さんの多くは，入院時に精神病症状と幻覚を発症した人々です。彼らのほとんどが，個人健康保険には未加入で，多くは小学校から中学校または高校までの学歴の人たちでした。彼らはしばしば錯乱し，思考は非常に具体的で，とくに入院時には，記憶スパンが短期でした。病棟の治療法主任ジョージ・コレット，そしてプレスビテリアン医療センターの心理サービス主任のブルース・ザーンの両氏は，このプログラムをライト5号棟用に適合させるための優れた仕事を成し遂げ，患者さんの多くがグループへの参加を楽しむことができました。

例えば，あるセッションでは，患者さんたちはうつと不安につながる複数の歪んだ思考パターンを特定しました。その中の1つが，「結論の飛躍」と呼ばれるものです。これには，基本的に2つの種類があります。1つは「心の読みすぎ」と呼ばれ，明確な証拠もないのに，人々があなたを見下していると思い込むことを指します。これは，社会不安障害およびうつ状態の人に多く見られる歪みです。2つ目は，「先読みの誤り」と呼ばれ，明確な証拠もないのに，物事が悪い方向に向かうと予測する傾向を指します。先読みの誤りは，希望をもてないと感じる人たち（「私には回復の見込みはない。ずっとこのままうつ状態が続くだろう」など）のみならず，不安と病的恐怖（「この飛行機に乗ったら必ず墜落する」など）に悩む人たちに広く見られます。

この歪みをライト5号棟の患者さんたちに紹介するために，リーダーは参加者に，テーブルに座って，参加者同士互いの良い点を紙に書き出すよう求めました。次に各人は自分について書かれたすべてのコメントを集め，読まずに封筒に入れました。リーダーのジョージ・コレットは，患者さん全員に，どんなコメントが自分について書かれたと思うかを尋ねました。患者さんの多くは，急性の統合失調症や重症のうつ状態にあるため，他の参加者は自分についての否定的な点を記述したものと想像しました。典型的なコメントは以下のようなものでした。

　　ほとんどの人が私のことを嫌っている。なぜなら彼らは，私が彼らよりも状態がいいと考えていると考えているからだ。

　　皆，私と仲良さそうに振る舞っているだけだ。そうやって，私の金鉱脈の権利をだまし取ろうとしているのだ。

その次に，彼らは自分へのコメントが書かれた封筒を開け，内容を声を出して読みました。彼らは，他の参加者が自分に対して優しく好意に満ち

たコメントを書いたことに皆驚きました。その典型例は，以下のようなものでした。

> キャロルは優しく親切な人だ。彼女は私の気分が悪いときにはいつも聞き役になってくれる。

> ジョンは非常に静かな人です。彼はいつも私がわからないことや問題にぶつかったときに，助けてくれます。

心理療法的ゲームのレベルですが，この練習は，2つの有益な結果をもたらします。まず，多くのほめ言葉を一度に聞くことで，患者さんのみならず全員の気分が良くなります。第2には，私たちが自分を不適格と感じるうつ状態にあるとき，否定的思考がいかに不合理になり得るかという点を示してくれます。

練習の終わりには，劣等感を感じたときのこと，他人が自分のことを話していると思ったときのこと，あるいは自分を軽蔑していると思ったときのことを，患者さんに話してくれるようリーダーから求めます。この練習を青少年の参加者と行う場合，リーダーは，星や半月で飾られた背が高く先のとがった占い師用の帽子を持ち込んで，自分が読心術者や占い師と思う参加者にかぶってもらうのも良いでしょう！

ジョージ・コレットは，病棟を退院したある統合失調症患者さんから，最近心あたたまる感謝の手紙を受け取りました。この男性患者さんは，短い入院期間中，「もういちど自分らしさに出会うための10日間」セッションには2度ほど参加しただけでしたが，そのときの経験がとても助けになったと，彼は手紙の中に強調していました。実に，それは感謝と尊敬の念で満ち溢れた手紙でした。

こうした熱意にあふれる反応は，スタッフの士気を非常に高めます。薬物依存症や統合失調症など，重症で慢性の障害をもつ恵まれない人たちと

治療に取り組むスタッフは，たやすく疲れ切ってしまうことがあります。希望の光と楽観主義をもつことは，しばしば大きな差となって現れます。

ライト5号棟におけるグループの成功によって，私たちは，「ウェストヘイブン」への「もういちど自分らしさに出会うための10日間」の導入を開始しました。ウェストヘイブンは，プレスビテリアン医療センターの施設の中でも，非常に重い統合失調症患者さんが入院する長期居住型治療施設です。患者さんの多くは貧困に苦しみ，教育はほとんど受けていません。また，薬物乱用を含む極度に不利な社会背景をもつ人が大多数です。こうした集団に認知療法が役立つとは，考えない人が多いかもしれません。

それにもかかわらず，この病棟での試験的グループ経験に，私たちは非常に勇気づけられました。最初のグループは，ジョージ・コレットとブルース・ザーンが指導し，「ヘイ，ジョージ！」というグループ名がつけられました。開始早々，ブルースとジョージは，フィラデルフィア市の中心部にある少々荒っぽいビジネス街という設定で，ある情景を演じてみせました。それは，通りを歩いているブルースが，反対側を歩くジョージに「ヘイ，ジョージ！」と声をかけますが，ジョージはそれに答えず歩き去るというものでした。

この後ブルースとジョージは，参加者に，もし彼らが「ヘイ，ジョージ！」と声をかけた側だったとしたら，どんなふうに考えますか，と尋ねました。ジョージが自分を無視したという事実を，どう解釈するかという問題です。多くの患者さんたちは，下記の例に示すように，非常に否定的な考えをもちました。

1. ジョージは，私が売春を仲介すると考えて，私を避けている。
2. ジョージは，私が薬物を売りつけようとしているか，金をせびるだろうと考えている。
3. ジョージは，私が彼の悪口を言ったことを根にもって，その仕返しにわざと私を無視している。

他には，それほど否定的ではない反応もありました。
4. たぶん，ジョージは私の声が聞こえなかった。
5. たぶん，ジョージは何か心配事があるのだろう。だから周囲に注意を向けていないのだ。

　すべての参加者が，そのできごとの解釈について意見を交わしたあと，ブルースとジョージは，この質問に正しい答えはないことを説明しました。ジョージがなぜ答えなかったか，全員が違う説をもつことができるからです。そこで，ブルースとジョージは，「どうしたら本当の理由を知ることができるでしょう？　自分の解釈が正しいことを証明するためには，どんな実験を試しますか？」と皆に質問しました。参加者の数名からは，その理由を知るには，ジョージに直接話すしかない，という意見が出されました。
　リーダーらは，次にこの経験を体系的に分析するよう参加者に求めました。何を彼らは学んだのか？　このできごとの要点は何か？　彼らにとって，この経験の好きな点，嫌いな点は何か？
　この実演は，とても地味なものでしたが，参加者は強い熱意をもって取り組みました。彼らの多くは，ロールプレイを楽しんだと語りました。また，境界性パーソナリティ障害に悩むある女性は，ある状況についての自分の考えが間違う可能性について，今までにまったく考えたことはなかったと言いました。彼女は，それまで自分の思考と感情が常に正しいと単純に思い込んでいたのです。自分の思考が間違えることもあるという考え方は，非常に理解しやすい基本的な概念にもかかわらず，今まで考えたことのなかった人にとっては，とても啓発的に映ることがあります。
　ブルースとジョージは，コセラピー・モデルが，この集団にはとても有益なことを発見しました。リーダーの1人がグループの内容に集中している間，もう1人のリーダーはグループのプロセスに集中できるのです。もし，統合失調症の患者さんが退行し始め，つじつまの合わない話をし始めても，リーダーの1人がこれを再構成し，「あなたは疲れを感じているか，

今話していることに動揺を感じていませんか？」といった解釈を行います。ときにこれは，患者さんをギクリとさせて，ふたたびグループへの関与を取り戻させます。このコセラピー・モデルによって，1人のリーダーが行き詰まったときにもう一方が交替できるため，リーダーらが疲れ切ってしまう事態を避けることができます。

「ヘイ，ジョージ！」セッションは，児童や青年あるいは重い気分障害や統合失調症をもち重度に障害された成人を対象としたセッションにおいて重要となる，数多くの原則を例示しています。

1. セッションを短くすること。
2. 1つの単純な考えにセッションの重点をおくこと。
3. セッションを，愉快で楽しいものにすること。
4. クライアントを積極的にグループに関与させ，ただ消極的に座ったまま，あるいは観察するままにしておかないこと。

認知療法の原理は，すべての人々に適用されるものであって，賢く教養のある人々にだけ適用されるものではないことを思い出してください。クライアントが誰であれ，あなたはこうした原理を相手が理解できる言葉で伝達しなければなりません。優れたセラピーは，エデュケーション（教育），パスウェージョン（説得），コミュニケーション（意思伝達）を伴うものであると，私は強く信じています。ある程度それは，娯楽産業なのです！ グループメンバーが理解し共鳴できるイラスト，実演，喩えなどを用いなければなりません。できるだけ独創的になりましょう。

あなたがこうした考え方を念頭に臨むかぎり，実質的にどのような集団であろうとも，グループの効果と有用性は，あなたにとって嬉しい驚きをもたらすでしょう。

プログラムの宣伝広告方法

　外来患者のためのグループといえども，誰も参加しないのでは効果がありません！　地域の人々に，「もういちど自分らしさに出会うための10日間」プログラムの周知をはかるため，マーケティングやPRキャンペーンが必要です。メンタルヘルス専門家として，私たちの多くは，もっとも退屈な方法で自分自身を表現するよう訓練を受けてきました。簡単な言葉で構成された短い文章の方がはつらつとしているのに，私たちは，より難解で冗長な言葉を用いた複雑な文を使いがちです。

　学術的な環境で通常あなたが用いている専門用語には，ほとんど誰もが興ざめするでしょう。テレビやラジオで，人々は常に手短で魅力的な宣伝にさらされているのです。あなたの広告に際立った訴求力がない限り，それは無視されてしまいます。同時に，あなたの広告には威厳と倫理が求められます。この適切なバランスをとることは，なかなか簡単ではありません。

　36頁には，一般向けの「もういちど自分らしさに出会うための10日間」ポスター例を記載しました。これに似た言い回しは，新聞，ブローシュア（小冊子），郵送物，ポスター，ラジオの広告などに使うことができます。これに，笑顔や喜んでジャンプする姿などのイラストを添えても良いでしょう。言葉づかいが簡潔，陽気で，理解しやすいように注意してください。広告は，あなたが対象とする集団に適したものに修正しても良いでしょう。いずれにしても，明るく生命感あふれる調子を維持するように心がけてください。

　参加希望者が詳しい情報を求めてきた場合，また事前審査のインタビューを希望する人には，37〜39頁にあるプログラム内容を詳細に記述したサマリー（パンフレット）を手渡してください。このサマリーは，希望者が参加の意思決定を行うのに役立つ資料となります。

もういちど自分らしさに出会うための10日間

- あなたは，毎朝いやいや起床していますか？
- あなたは，自分の業績にがっかりしていますか？
- あなたは，日常生活により高い自尊感情と生産性，より大きな喜びがほしいと思いますか？

　もしそうなら，あなたの気分を明るくするための，革命的な方法があります。治療薬や長々としたセラピーは要りません。必要なものは，あなた自身の常識と，有名な精神科医で気分障害の専門家デビッド D. バーンズが開発した革新的プログラムに明快に詳しく説明された技法だけです。

　エキサイティングな10回のグループセッションで，
- うつの撃退方法
- いやな気分から抜け出す方法
- 日常生活で自尊感情，生産性，喜びを育成する方法

などが学べます。

　グループセッションは，毎週水曜日午後7時から9時まで，フィラデルフィアのプレスビテリアン医療センターで，1月27日から毎週連続して開かれます。詳しい情報は，215-662-8955 のブルース・ザーンまで電話でお問い合わせください。**あなたは自分に対して，気分を良くする義務があります！**

良い気分はすばらしい気分！

「もういちど自分らしさに出会うための10日間」サマリーシート

　「もういちど自分らしさに出会うための10日間」は，日常生活により高い自尊感情と生産性，より大きな喜びを育てるための革新的なプログラムです。このプログラムは，臨床精神科医で，気分障害と対人関係問題の全米一の権威の1人，デビッド D. バーンズが開発したものです。「もういちど自分らしさに出会うための10日間」は，従来のグループ療法のように，ただ座って自分の気分について話しをするだけのものではありません。このプログラムであなたは，自分の考え方，感じ方，行動の仕方を変えるのに役立つ技法の体系的訓練を受けます。基本的考え方は常識にもとづいていて，適用は非常に簡単です。

　各ステップで学ぶ内容の概要は以下のとおりです。

ステップ1：幸せの値段：あなたの気分を自己測定する方法を学び，プログラムでの個人目標を特定します。あなたは，より高い自尊感情と，より良い対人関係を望んでいますか？　いやな気分を打破する方法を学びたいと思いますか？　こうした目標を達成するために支払うべき代償は何かを学びます。

ステップ2：あなたの気分は考え方次第：罪悪感，怒り，憂うつなどの否定的感情は，実際に起こったいやなできごとが原因で生じるものではなく，こうしたできごとに対する考え方から生じることをあなたは学びます。単純ではあるものの革命的なこの考え方が，あなたの人生を変えるかもしれません！

ステップ３：あなたは感じ方を変えることができます：このステップでは，健全な気分と不健全な気分の違いについて学びます。健全な悲しさと臨床的うつは，同じものでしょうか？ 健全な怒りと不健全な怒りとの間には，どのような違いがあるのでしょうか？ 神経症性罪悪感と健全な後悔の違いは？

ステップ４：いやな気分からの抜けだし方：あなたがなぜそれほど憂うつになるのか，スランプにはまった気分を明るくするにはどうしたら良いか，などを学びます。

ステップ５：受け入れの逆説：気分を高揚させる２つの劇的に異なる技法を学びます。１つは，自己弁護，もう１つは受け入れの逆説と呼ばれます。自己弁護の技法は，西洋の宗教と科学的思考に基づいています。対照的に，受け入れの逆説は，仏教など東洋の哲学に基づいています。この２つの技法を同時に用いることで，自分自身，世界，そして未来に対するあなたの考え方と感じ方は，一変する可能性があります。

ステップ６：根本原因と取り組みましょう：あなたから幸せ，生産性，そして親近感を奪ってしまう自虐的態度を特定します。

ステップ７：自尊感情とはどんなもの？ どうすれば得られるのだろう？：あなたは，このステップでは以下の疑問に対する答えについて学びます。

- 自分の自尊感情は低いという人がいるが，どういう意味か？
- 低い自尊感情がもたらす結果とはどのようなものか？
- 過剰に自尊感情をもつことはあり得るのだろうか？
- 自尊感情と自信とはどう違うのか？
- 自尊感情は，あなたの業績に基づくべきか？

- 自尊感情は，愛情と承認に基づくべきか？
- 無条件の自尊感情は，どのようにして育まれるのか？

ステップ8：自虐のための完全主義者の脚本：あなたは，完全主義者が支払う代償と，完全主義的考え方の隠れた利点について学びます。

ステップ9：先延ばしをする人のための処方箋：私たちはなぜ先延ばしをするのか，その原因について学び，非常に生産的で創造的な人たちの戦略について学びます。

ステップ10：練習あるのみ！：あなたは，このステップで，将来の気分変動を予防する方法と，より大きな幸福感を享受する方法を学びます。また，このプログラムを通じて学んだことと，あなた自身の精神的信念と精神的価値観の共通点について学びます。

グループリーダーへひと言ご注意

　すべてのステップで全部の練習課題をこなすことは，必ずしも可能なことではないし，また望ましいことでもありません。全部をこなそうと努力すると，あなたは参加者に，柔軟性がなく統制的なリーダーと映るかもしれません。質問する機会も，学んだことを体系的に分析する時間もなくなり，参加者の興味はそがれてしまいます。
　あらゆるセッションにおいて，参加者がある考え方に突然興味を示し，それについての議論を望む可能性があります。そうなったときには，強圧的に反対せず，その要望を受けてみてください！　あなたの仕事は，参加者の熱意に火をつけ，構造化された学習を自発的相互作用で調和させる点にあります。参加者は，具体的技法を学ぶことが必要だけでなく，学んでいることに心を開いて，刺激を受け，個人的に熱中する必要もあるのです。
　各ステップの計画を立てる際には，参加者が各セッションの合間にも学習を続けていることを考慮に入れ，各ステップに記載されたそれぞれの練習課題を，あなたが逐一説明する必要はないことを覚えておいてください。あなたがベストと思う練習課題を選び，プログラムに適宜変更を加えることもできます。こうすることは，あなたが関わる個別セッティングでの，もっとも効果的な指導方法の特定に役立ちます。あなたは，ある練習課題が興奮を呼び刺激を与える一方で，それほど効果的ではない課題があることに気づくはずです。試行錯誤が，リーダーとしての技量を育て，あなたのプログラムの全体的な質は，時間の経過とともに向上して行きます。

ステップ1

幸せの値段

リーダーのためのステップ1の準備

準備項目	準備済みの項目に○をつける
1. 参加者用ワークブック（「もういちど自分らしさに出会うための10日間」）のまえがきを読む。	
2. 参加者用ワークブック1頁から始まるステップ1を読む。	
3. リーダーズマニュアルのステップ1にあるチェックリスト（次頁）およびリーダーへのヒント（44頁〜）を学習する。	
4. 『フィーリングGoodハンドブック』の第1章および2章を読む。	

ステップ1のチェックリスト

活動項目	必須または任意選択	最小所要時間(分)	終了した項目に○をつける
1. リーダーおよび参加者の自己紹介を行う。	必須	5	
2.「もういちど自分らしさに出会うための10日間」のための参加者の個人目標を話し合う。	必須	10〜15	
3. 事務的手続きを説明し，参加者用ワークブックの使い方を説明する。	必須	10	
4. バーンズうつ状態チェックリスト，バーンズ不安調査表，関係満足度評価の参加者の得点解釈を行う。	必須	10	
5. セルフヘルプ課題の重要性を話し合う。	必須	15	
6. うつや不安の引き金となるストレスの多いできごとについて話し合う。	必須	10	
7. 手助けと聞き取りの練習を行う。	任意選択	30+	
8. ステップ1についての肯定的および否定的反応と評価を求める。	必須	15	
9. ステップ2のための宿題を割り当てる。	必須	3	

ステップ1の概要

　最初のセッションでの焦点は，各参加者にセルフヘルプ課題の実施が必須であることの周知，そしてグループの参加者間におけるラポールの育成準備にあります。この2点は重要です。最近の研究によると，自分自身の否定的思考パターンや，自虐的行動を変えようと積極的に努力する患者さんは，回復がかなりはやいことが示唆されているからです。これに加えて，セラピスト（または他の人々）から気づかれ，理解されていると感じる患者さんは，受けているセラピーの種類に関係なく，改善がもっとも大きいことが示されています。

　まず，（場の）雰囲気をやわらげるために，参加者に自己紹介を求めます。次に，このプログラムにおける個人目標を定義するよう求めます。この目標の達成に，彼らがどの程度の意欲をもつかは，セッションの合間にセルフヘルプ課題と取り組むことへの約束を求めるときにわかります。同時に，これらの課題に抵抗する（とりかからない）数多くの理由についても周知します。また，預託金制度についても参加者に紹介し，時間どおりにセッションに参加すること，宿題を行うこと，「もういちど自分らしさに出会うための10日間」と題された参加者用ワークブック（以下，ワークブック）を持参することなどによって，ポイントが取得できることを説明します。

　その後，参加者に3つの気分測定テストの解釈方法を示します。3つの気分測定テストとは，うつ状態，不安，関係満足度をそれぞれ測定するためのテストです。これら3つのテストは，参加者自身の感情的問題や対人関係の問題を特定し，ステップごとの彼らの経過記録に役立ちます。

　最後に，参加者の人生に起こるストレスの多いできごとについて，話し合うよう促します。彼らの感情，考え方，個人的問題を皆で共有するのです。そして，セッションの終了時には，否定的および肯定的反応を，具体的にあなたに伝えるよう求めます。

リーダーへのヒント

始まりにあたって

あなたの自己紹介がすんだら，参加者に，各自の職業，どのようにしてこのプログラムを知ったかなどの簡単な説明を含め自己紹介を求めます。

次に，各自が設定した「もういちど自分らしさに出会うための10日間」の目標について，参加者に尋ねます。なぜ彼らはここに参加したのか？ 何を達成したいと思うのか？ 目標の適切な例として，より大きな自信を育てる，より良い人間関係をつくる，うつを克服する，生産性を高め，完全主義を減らす方法を学ぶ，などがあります。

参加者には，ワークブックの18頁に個人目標を書き込むよう求めます。この目標は，最終セッションで各参加者の目標達成度を評価する際に参照します。

あなたが参加者の目標を記録する際には，発表用紙または黒板を使うと良いでしょう。彼らの目標の多くは，以下の3つの種類のいずれかに該当すると思います。

1. 個人的な目標：日常生活におけるより高い生産性とより大きな喜びを育てます。
2. 対人関係の目標：信頼感と親近感に満ちた雰囲気の中で，心を開き相手を知る機会を得ます。
3. 哲学および精神性の範疇：参加者自身の個人哲学を点検し，よりポジティブで現実的な態度および価値観を育てます。

個人目標をまったく記述することができない参加者，目標がやや曖昧であったり，不誠実と思われる参加者に対しては，多少懐疑的になる必要があります。このような人は，その場に臨んで引っ込み思案になったり，緊

張しているだけかもしれませんが，本当に参加したくないと感じているか，グループを妨害するという隠れた動機をもっている可能性もあるからです。誰かに参加を強制されたかもしれません。もし疑問があれば，セッションが終わったあと，参加者と個別に，こうした問題について話し合うのも良いでしょう。一般には，参加に合理的動機が見られない個人には，グループへの継続参加を促すべきではありません。

　事前に「もういちど自分らしさに出会うための10日間」のワークブックを入手した参加者がいる場合，「まえがき」とステップ1をすでに読んだ人は何名いるか，この教材の気に入った点，気に入らない点などについて尋ねてください。理解できない内容，または賛成できない点などはないでしょうか？　特に有益と思われる点，興味深い点はありましたか？　そして，すでに読んだ人のうち，課題の答を記入した人は何人いるか，また3つの気分測定テストを実際に記入済みの人が何人いるかなどを尋ねます。この質問によって，あなたのグループのコンプライアンス，あるいは抵抗がどの程度予想されるか，すぐに判明するかもしれません！　セルフヘルプ課題への抵抗については，この日のセッションの終わりに，（グループを運営する）スタッフ同士で話し合います。

　このプログラムは，参加者自身の気分障害の改善を目的に設計されている点を強調してください。参加者は，このプログラムで学ぶ技法を他人に適用してはなりません。これらの技法が，裏目に出ることがあるからです。例えば，ある参加者が，彼の妻の歪んだ思考パターンを，口論の最中に指摘したとします。その結果は，彼女がさらに腹を立てるだけです！　対人関係の問題を解決する方法は，将来開発されるコミュニケーションと親密さに関するモジュールで学ぶことができます。このことも，参加者に注意してください。

事務手続きや管理の問題

　参加費そして預託金制度などの，グループの事務手続きについて，参加

者に説明します。手続きやグループの目的に関する，参加者からのあらゆる質問にあなたは回答します。

　①このグループでは，気分障害の改善のための一般的な原理や技法を学ぶのであって，長時間の個別セラピーを行うのではないことを強調しておきます。②ただし，技法のロールプレイ中には個別セラピーのような介入が行われるという例外もあると伝えます。しかし，グループ参加の結果，彼らの多くが自尊感情や人生観における大きな改善を経験することを，あらかじめ伝えておきます。

　こうした問題を話し合う際には，参加者自身の疑問や懸念を引き出すことが重要です。質問には，防衛的にならず，率直かつ断固とした態度で答えます。例えば，ある参加者があなたに向かって，「私のもう1人のセラピストは，精神分析医です。彼女が言うには，認知療法はただのバンドエイドのようなものだ，もっと深い問題に取り組む必要があると言ってます」と挑発したとします。あなたは，この質問にどのように返答しますか？この先へ進む前に，以下にその答を書き出してください。

_____

_____

_____

_____

_____

　済ませましたか？　まだですか？　困りましたね。ちょっと期待が外れました。あなた自身が筆記課題に取り組む意欲がなくて，どうして参加者にそれを求めることができますか？「医者よ，自分自身を治せ」という聖書の一節を思い出してください。これは，医師だけでなく，すべてのセラピ

ストにあてはまるのです！　さあ，上記の質問にもどり，あなたがもっとも効果的と思う答えを書いてください。その後に，私が考える敵対的クライアントへの典型的な答え（75頁）を参照してください。

ワークブックの記述

　セッションには毎回「もういちど自分らしさに出会うための10日間」を持参するよう，参加者に注意を喚起します。そして，参加者に目次を開いてもらい，各ステップの冒頭には，自己評価式の3つの気分測定テスト，すなわちバーンズうつ状態チェックリスト，バーンズ不安調査表，そして関係満足度評価があることを指摘します（例えば，ワークブックのステップ1のバーンズうつ状態チェックリストは，8～9頁にあります）。参加者の経過を記録するため，各ステップのセッション開始前に，全員がこれら3つのテストを行うよう求めてください。セッションの開始時に，3つのテストの得点を，参加者からあなたまで報告してもらいます。

　ワークブックの各ステップには，セッションで学ぶ考え方や技法の記述が含まれていることを，あなたから参加者に説明します。各セッションの前に，参加者はステップの内容を読み，できるだけ多くの課題を予習しなければなりません。参加者が，あるテーマに興味を持ち，さらに補足読書を望むのであれば，ステップ最終頁のセルフヘルプ課題リストの下に，筆者からの提案が記述されています（例えば，ステップ1の補足読書は，ワークブックの30頁にあります）。参考資料の完全なリストは，同じくワークブックの428頁に記載されています。

　「もういちど自分らしさに出会うための10日間」はワークブックです。参加者は，ワークブック上に記述しなくてはならないことを彼らに注意します。実際に，この筆記課題は，プログラムの重要な構成要素です。ワークブックの書き込みは，多ければ多いほど良いのです。

　ワークブックの373頁から始まる付録には，すべてのセルフヘルプ課題と気分測定テストの用紙が簡単な注意事項とともに記載されています。参

加者には，ブランクの用紙は必ず1部残すよう注意喚起を行ってください。必要なときには，いつでもそこからコピーを作成できるようにしておくためです。日常気分記録表（Daily Mood Log: DML）など，特に有用な用紙は数多く必要になります。

ブランク用紙は1部必ず残しておくことという注意書きは，付録の章にも明記されていますが，多くの人はそれを無視し，注意を向けていません。そのため，第1回目のセッションにこの点を強調しておく必要があります。

自己評価テスト（気分測定テスト）

テストをまだ済ませていない場合，参加者全員がこの時点で，バーンズうつ状態チェックリスト，バーンズ不安調査表，そして関係満足度評価を行わなければなりません。それぞれのテストには，約2分を充ててください。これら3つのテストは，ワークブックの8，11，17の各頁にあります。参加者には各テストの得点を合計させます。これらテストの点数を解釈する表は，ワークブックの10，14，18の各頁にあることを説明してください。

外来患者の参加者には，これら3つのテストを週に1度から2度行い，経過を記録するよう促してください。精神科病院の入院患者または，デイ治療プログラムの患者を対象としたグループの場合，参加者は日に1度これら3つのテストを行います。

治療経過の正確な測定を重視する考えは，認知療法の根本原理です。セラピーをとおして優れた評価手段を用いる理由は数多くあります。その1つは，中には感情を隠すことが上手なクライアントがいて，セラピストは容易にそれを見極めることができないからです。最近私は，ある専門職の女性を治療しました。彼女は，自分が子供の頃からかなり不幸な人生を経験してきたと言いました。身だしなみは良く，魅力的で品があり，治療にはとても積極的でした。その快活な様子にもかかわらず，バーンズうつ状態チェックリストの得点は，彼女が顕著なうつ状態のレベルにあり，自殺への積極的衝動の持ち主であることを示していました。臨床的判断に頼っ

ていたとしたら，彼女が心の中で真に感じていたことを，かなり誤って私は評価していたことでしょう。

　セッションごとに気分の測定を行う2つ目の理由は，参加者がどの程度改善しているか，そしてセラピー終了時にはどの程度快復したかを正確に示すことができるからです。ほとんどのクライアントは，気分を良くしたいと望んでいます。ですからこれは，セラピストの誠実さを保つための，消費者保護の1つと言えます。

　もし，セラピストがクライアントは大きく改善していると考え，一方テストの結果はその改善を反映していない場合，おそらく原因はセラピストの勘違いにあります。クライアントの得点の正直な評価が，セラピーは正確に的を射ているか，それとも戦略の変更が必要かを教えてくれます。

　これらの評価方法がクライアントに評判が良いことは，臨床経験が示しています。また，統計的分析によって，それらが驚くほど正確なことが確認されています。例えば，バーンズ不安調査表および関係満足度評価の信頼性を，統計的尺度であるクロンバックのアルファ係数で表すと，いずれも.97となります。つまり，クライアントが実際に感じていることを，これらのテストが誤差3％の幅で測定することを意味します。バーンズうつ状態チェックリストの統計的分析はまだ行っていませんが，例えばベックのうつ病調査表など他の同様の検査は，うつ状態にある人の気分を測定する妥当で正確な尺度として，研究文献に広く用いられています。

　気分測定テストを毎週あるいは毎日使うことは，まだどちらかといえば新しい考えですが，メンタルヘルスの専門家の間や，Joint Commission on Accreditation of Healthcare Organizations（JCAHO：病院認定合同委員会）などの認定協会では，急速に同意が得られつつあります。一例をあげれば，フィラデルフィアのプレスビテリアン医療センターのザ・レジデンスは「もういちど自分らしさに出会うための10日間」プログラムを実施して間もなく，JCAHOの現地視察を受けました。評価を行った精神科医は，視察結果に好印象をもち，とくに進歩（または進歩の欠落）を客観的に測

定するため，患者全員に３つの気分測定テストを毎日完成させることの有用性を高く評価しました。そして彼は，全米のすべての精神科治療施設に同様のアプローチを推奨したいとのコメントを加えたのです！　その後，ザ・レジデンスはJCAHOの最高位の認定である褒章認定を受けました。

　これらの３つのテストは，参加者がグループセッション外に行う宿題の一部です。セッション開始時に参加者には，３つのテストの得点を個別に（内密に）あなたに報告してもらいます。この情報は，79～84頁に記載したリーダー用データシートに記録してください。グループ参加者各自の経過を追跡するために，役立ちます。その他，データシートには，時間どおりに出席したかどうか，宿題をどの程度完成させたかなどを，76頁に記載の評価尺度を使い採点，記録します。

　本書の11頁に説明した預託金制度を採用する場合，各参加者がプログラム終了時までに獲得したポイントの累計に，リーダー用データシートが役立ちます。さらに，プログラム終了時に，下記のような疑問に答えるためのデータ分析にも使えます。

- プログラムをとおして，参加者は，不安，対人関係満足度においてどの程度の改善を経験したか？
- 一貫して出席し，セッション中にもっとも努力した参加者は，最大の改善を経験したか？
- 参加者中何名が，最後まで脱落せずにプログラムを終了したか？　中途で脱落したのは何名か？
- 参加者中，まだうつ状態にあり，さらにセラピーを必要とするのは何名か？

〈バーンズうつ状態チェックリスト（Burns Depression Checklist: BDC）の解釈〉

　BDCの15項目は，悲しみ，絶望感，低い自尊感情など，うつ病のもっ

とも一般的な症状を評価（測定）するものです。ワークブックの8頁に記載されたBDCを，今すぐに参照してください。参加者は，過去数日間にそれぞれの症状をどの程度感じたか，「全くない（0点）」から「大いにある（3点）」までの幅で回答するよう求められます。BDCの点数の合計の幅は，0点（もっとも良い得点）から45点（もっとも悪い得点）までとなります。下記の点数表を参考に，このテストの評価点を解釈してください。

　このテストは，感情の体温計的役割をはたします。これは，その人の気分がどの程度悪いかを測定するもので，うつの種類を診断したり，うつの原因を特定するものではありません。

〈バーンズうつ状態チェックリスト点数表〉

点数の合計	うつの程度	処　　置
0 － 4	最小限またはうつではない状態	通常は治療不要
5 － 10	うつであるかないかの境目	
11 － 20	軽いうつ	通常は治療を推奨
21 － 30	中程度のうつ	通常は治療がほとんど常に必要
31 － 45	深刻なうつ	
注意：BDCの第15項目を1以上と評価した個人は自殺への衝動の可能性がある。		

　リーダー用データシートにBDCの点数の合計を記録する際には，自殺の衝動に関する第15項目の得点に注意してください。この項目の得点が1以上の場合，自殺の衝動が幾分あることを意味し，2または3であれば，

中等度から重度の自殺衝動を意味します。あなたは，これに関して参加者に質問し，確認する必要があります。うつ状態にある人は，しばしば落胆を感じ，人生は生きるに値しないと考えることがありますが，通常実際には自殺を企図していません。しかし，参加者の中には，こうした感情をもとに行動する衝動と戦っている人がいるかもしれません。

あなたは，参加者に，希望がもてないと感じているかどうか，そして積極的な自殺願望をもっているかどうかを尋ねてください。具体的な計画，実行手段（睡眠剤または銃など），生きることへの強い願望，過去の自殺未遂歴の有無等々を質問します。こうした質問への回答が自殺企図を示唆すると思われるものであれば，あなたは適切な処置をとらねばなりません。個別セラピーおよび入院治療，またはそのいずれかが必要となるでしょう。疑わしい場合は，気分障害を専門とする同僚に，専門的な診察を依頼することが賢明です。あなた自身の法的保護のために，あなたの評価および取った処置の理由づけを，必ず文書化しておいてください。

私が開発した2頁にわたる自殺評価表を，55頁に記載しました。これを自由にコピーして，必要な場合に備えてください。

自殺評価表は，自殺衝動の完全に正確な評価を保証するものではありませんが，あなたとあなたのクライアントを保護するためには有用です。あなたは，常に正当であることを法的には求められていませんが，クライアントのカルテに，信頼性のある綿密な評価を文書化しておくことは重要です。

『フィーリング Good ハンドブック』の40〜41（邦訳では59〜62）頁へかけても，自殺衝動の評価方法に関する情報が記載されています。また，本書の2頁（訳注：リーダーのための一般的注意事項；グループへの組み入れおよび除外の基準）のコメントも参考にしてください。

〈バーンズ不安調査表（Burns Anxiety Inventory: BAI）の解釈〉

　33項目からなるBAIは，心配，死の恐怖，動悸などの，不安とパニックのもっとも一般的症状を評価するものです。患者さんは，過去数日間にこうした感じに悩まされたことがあるかないかを，「全くない（0点）」から「大いにある（3点）」までの幅で回答を求められます。BAIの点数の合計の幅は，0点（もっとも良い得点）から99点（もっとも悪い得点）までとなります。

　下記の点数表が，このテストの得点の解釈に役立ちます。

〈バーンズ不安調査表（BAI）点数表〉

点数の合計	不安の程度	処　　置
0 − 4	最小または不安なし	通常は治療不要
5 − 10	不安であるかないかの境目	
11 − 20	軽い不安	通常は治療は任意
21 − 30	中程度の不安	通常は治療が必要
31 − 50	深刻な不安	
51 − 99	極端な不安またはパニック	

〈関係満足度評価（Relationship Satisfaction Scale: RSAT）の解釈〉

　RSATは，もっとも親しい人との関係の満足度を評価するもので，同性関係にも異性関係にも用いることができます。このテストは，夫婦関係または親密な関係を評価するものですが，友人，家族，同僚などとの関係の評価にも用いることができます。テストの時点で参加者に親しい対人関係

がなくても，一般的な対人関係を念頭にこのテストを受けることが可能です。このテストは，他人から気づかわれていると感じない参加者や，他人との親近感をもてない参加者を特定するのに有用です。

RSATの7つの質問項目は，コミュニケーションと率直さ，衝突や論争の解決，関係における愛着と気づかいのレベルなど，対人関係領域に関する設問です。各項目ごとに，最近患者さんがどれだけ満足しているかを，6点までの尺度で評価します。評価点の幅は，「とても不満足（0点）」から「とても満足（6点）」まであり，RSATの点数の合計は，0点（もっとも悪い得点）から42点（もっとも良い得点）までの幅となります。

57頁のRSAT点数表を参考に解釈を行ってください。

自殺評価表*

名　前		日付	
	全くない	少しある	かなりある	大いにある
希望がもてない感じ				
生きる願望				
死ぬ願望				
現在の自殺衝動は？				
その自殺衝動には抵抗しがたいか？	
自殺を思いとどまらせる要因はあるか？　それは何か？　それは強いものか？	
過去に自殺を試みたことはあるか？	
自殺の計画はあるか？	
彼／彼女は自殺の方法をすでに決めているか？	
すでに自殺準備は始めているか（例えば，銃や睡眠剤を入手したか？）	
彼／彼女はすでに具体的な計画を立てているか？	
現在アルコールまたは薬物の乱用は？	
この人は入院を希望しているか？	

＊ Copyright © 1992 by David D. Burns, M. D., from *Ten Days to Self-esteem : The Leader's Manual*, copyright © 1993.

自殺評価表（続き）*

この人は自殺願望が強くなったときに電話をかけてくるか？	
この人を支えるネットワークをもっているか？	
彼／彼女は信頼できそうか？	

結論と推奨

〈関係満足度評価（RSAT）点数表〉

点数の合計	満足度レベル	処　　置
0 － 15	極度に不満足	通常はセラピーが必要
16 － 25	かなり不満足	
26 － 30	少々不満足	
31 － 35	少々満足	通常はセラピーは任意
36 － 40	かなり満足	通常はセラピーは不要
41 － 42	非常に満足	

　RSATは，結婚または人間関係が「良好」あるいは「適切」かを測定するものではありません。ある人がその関係に満足しているか否か，その程度を測定するだけのものです。

　表の右側コラムにあるセラピーのガイドラインは，うつや不安の治療ガイドラインよりも柔軟に考えられるべきものです。この関係満足度評価のテストで非常に低い得点であっても，親近感に多くを求めない人は，それで満足する場合があるし，高得点であってもさらに良い関係を望む人もいるからです。

　親近感の欠如は，うつの原因の1つです。そのために，「もういちど自分らしさに出会うための10日間」で関係満足度をモニターすることが有用なのです。ほとんど誰もが，他人からの気づかいがないと感じると落胆し，愛されていると感じると気分が改善する傾向をもっています。「もういちど自分らしさに出会うための10日間」では，対人関係上の問題を治療対象

とはしていませんが，参加者の多くは，より高い自尊感情を育むことによって，対人関係により前向きな感情を抱くようになります。RSATで低得点の参加者は，現在開発中の対人関係問題に関するモジュールへの参加候補者に最適でしょう。

3つの気分測定テストは，ワークブックの各ステップの冒頭に記載されています。プログラムの進行にしたがって，参加者は容易にそれらテストを行うことができます。ワークブックの373頁から始まる付録には，3つの気分測定テストの追加用紙が，独立した回答用紙とともに記載されています。この点を参加者に注意してください。これは，プログラム終了後も参加者がテスト継続を希望する場合に備えたものです。

セルフヘルプ課題

宿題の種類と目的は，ワークブックの19頁から始まる，「幸せの値段」と題された部分に記述されています。その25頁にあるセルフヘルプ契約書の4項目に，参加者がどのように回答したか，尋ねてください。まだ回答していない参加者がいる場合は，すぐに回答するよう求めます。

もし，セルフヘルプ課題についてあいまいな態度をとる参加者がいれば，彼らが問題と取り組む重要な機会となります。これらの課題は任意選択ではなく，必須であることを強調します。

仮にある参加者から，セルフヘルプ課題に取り組もうと努力はするが，他にやることがたくさんあってくじけてしまう，との発言があったとしましょう。その参加者は，多忙な会社役員，学生，5人の子をもつ母親などのいずれかも知れません。私はその場合，以下のように答えます。「あなたがいかにプレッシャーを感じて，圧倒されそうになるか，私には理解できます。おそらく，あなたがグループに参加するのはまだ時期尚早ではないでしょうか。もしお望みなら，患者さんに宿題を課さない治療方針の，優秀な同僚の紹介リストを喜んで差し上げますよ。」

「もちろん私は，『もういちど自分らしさに出会うための10日間』の継続

をあなたが決心してほしいと思います。でもその場合，参加者は宿題を済ませることについて「努力する」だけでは許されないことを，私はあなたに知ってほしいのです。通常，「努力します」という言葉は，本当は宿題をする意欲がないことを丁寧に言いかえているに過ぎません。セルフヘルプ課題が，自分には無理とあなたが感じるのであれば，将来セルフヘルプ課題に取り組めるようになったとき，よろこんでまたあなたに参加してもらえるように段取りしましょう。」

　このメッセージを伝える方法は，あなたの個性，セッティング，指導しているグループのタイプによって異なると思います。どのような形であれ，私はこのメッセージを伝えることがとても大事だと思います。あなたの権威と責任が，微妙なかたちで挑戦を受けているのです。挑戦に屈すれば，グループの士気は低下し，あなたの統制力は失われるでしょう。

　このメッセージは，親切な，敬意のこもった調子で伝えなければなりません。脱落を選択する参加者はほとんどいないでしょう。そして，あなたが明確で合理的な境界線を設定したことに，多くの参加者はより深い尊敬の念をもつと思います。

〈宿題のメリット・デメリット分析〉

　参加者に，グループ全体で宿題のメリット・デメリット分析を行うことを提案してください。発表用紙の真ん中に縦線を引きます。64頁の用紙と同様に，左側コラムに「メリット」と書き，右側には「デメリット」と書きます。そして，まず参加者に，セッションの合間にセルフヘルプ課題を行うことのデメリットは何かを尋ねます。参加者からは，「時間がかかる」あるいは「退屈」などの意見が出るでしょう。それを発表用紙の右側コラムに大書します。

　この練習では，参加者に宿題のメリットとデメリットを書いたリストを提出してもらうこともできます。白紙の中央に縦線を上から下まで引いて2つのコラムを作り用紙とするか，リーダーズマニュアルの64頁にある宿

題のメリット・デメリット分析をコピーし配布することもできます。

　次に，メンバーに宿題のメリットを質問します。発表用紙の左コラムにその答をリストアップします。同時に，参加者にも宿題のメリット・デメリット分析用紙にメリットを書いてもらいます。

　宿題のメリットにはどのようなものがあるでしょうか？　参加者はおそらく下記のようなメリットを挙げると思います。

- 私は，もっと多くのことを学ぶことができるだろう。
- 私は，ずっと早く快復するだろう。
- 宿題があれば，グループはもっと面白くなるだろう。
- 私はより強くグループの一員と感じるだろう。
- 私は，預託金を取り戻すのだ！

　この練習は，参加者にワークブックへの記入を慣れさせる効果があります。メリットとデメリットをリストした後に，メリットとデメリットのどちらが大きいと思うかを尋ねます。メリットがデメリットをしのぐでしょうか，それとも逆でしょうか？　この比較を100点満点で評価し，宿題のメリット・デメリット分析用紙下部にある2つの○の中に，合計100点になるよう採点を指示します。例えば，宿題のデメリットがやや大きいと参加者が感じる場合，左の○に40，右の○には60と書き入れます。もし，比較の結果，メリットがかなり大きいと感じるのであれば，参加者は左の○に65，右の○には35といった具合です。

　あなたは，この練習（および他のメリット・デメリット分析も同様）を，率直な方法または逆説的な方法の，いずれかで行ってください。率直な方法を用いて宿題のメリット・デメリット分析を練習する際は，あなたは宿題のメリットがより大きいことは当然であり，この合理性にもとづく洞察が参加者を動機づけると仮定します。高機能でモチベーションの高い参加者には，率直な技法で通常十分です。

対照的に，逆説的方法で練習する場合，あなたは宿題のデメリットが大きくて当然とするものの，これらのデメリットは隠ぺいされ，抑圧されていると仮定します。例えば，ある参加者は，怒りを感じ，問題の原因が他人にあると考える気持ちゆえに，宿題に抵抗するかもしれません。彼らは，自分が何も知らない犠牲者であり，周囲の世界こそが変わるべきだと強く思い込んでいるのです。また別の参加者は，愛情や支持を求め，依存的になっているかもしれません。そのため他人が彼らを気づかうべきであり，何かの魔法のように彼らの問題を解決すべきであるという，隠れた動機をもっている可能性があります。逆説的方法でこの練習を行う場合，あなたの目標は，隠れた抵抗を意図的自覚まで導くことにあります。非協力的でモチベーションの低い個人には，逆説的アプローチの方がはるかに強力な場合がしばしばあります。

　逆説的方法をとる場合，まず宿題を行うことのデメリットをグループにあげてもらいます。例えば，デメリットには以下のような項目があがるでしょう。

- セルフヘルプ課題は時間がかかる。
- それ以外にやらなければならないことがたくさんある。
- 宿題をしても役に立たないかもしれない。
- 宿題によって混乱やイライラを感じるかもしれない。
- むずかし過ぎる。
- 私が変わらなければならない，というのは不公平だ。なぜなら私たちの問題の原因は夫（または妻）にあるからだ。
- 宿題というのは，あまりに機械的だと思う。
- まるで学校にいるみたいだ。
- 私は希望をもてないと感じているのだから，宿題をやっても無駄だと思う。
- セッションに参加し，他の参加者と知り合うだけのほうがずっと簡単

だろう。
- 私は基本的に怠け者だ。こんなことはできない。
- 今は，他にも約束したことがたくさんありすぎる。

　逆説的方法の鍵となるのは，あなたが参加者の抵抗を擁護する立場の弁護士役を演ずることにあります。あなたは，宿題を怠るための理由を考え出すよう参加者を促し，激励するのです。こうしてあげられた理由を，下手な口実であるとか，正当化しているとあなたが考えているような印象を与えないよう注意します。

　参加者が宿題に抵抗する理由をすべてあげ終えたら，あなたは，以下のような趣旨の発言を行います。「どうやら，宿題をやらないためのもっともな理由がたくさんみつかったようですね。私も，すべてとても妥当な理由だと思います。となると，私にはどうもわかりません。たくさんの宿題が課せられるこのグループに，あなたがたが参加する理由がそもそもあるのかという疑問です。あなたがたが参加できる，宿題を必須としない優れたグループは，他にもたくさんあります。もちろん私はあなたがたに残っていただきたいと思います。一緒にセッションを行うのが楽しいからです。しかし，それは私のわがままな動機にすぎないのでしょう。いまグループから抜けることを決めた参加者には，預託金はペナルティなしで全額返却します。」

〈セルフヘルプ課題に抵抗する理由〉
　参加者が，まだワークブックの21頁にある，セルフヘルプ課題に取り組まないための15のもっともな理由の回答を済ませていないのであれば，いまこの時点でそれを完成させるよう求めます。そして，これら15項目への各自の回答について，話し合いを行います。参加者が強く同意した項目に，特別な注意を払ってください。
　参加者には，セルフヘルプ課題をやるよう無理にあなたから説得しては

いけません．そうなると，あなたが営業をしているかのような印象を与え，参加者はそれに抵抗します．あなたの役目は，ただ抵抗の理由を掘り起こすだけです．それは例えば，依存，希望をもてない感じ，プログラムへの不信，苦々しい感じ，そして全能感などです．あなたは，参加者に，こうした感情を表へ出し，強調するよう促します．しかし，要点は，彼らが残留することを選択するのであれば，宿題は任意選択ではなく，必須であるということです．

　参加者が，宿題は実行不可能と考える場合，あるいは宿題を希望しない場合は，グループを脱落し，代替セラピーに参加することができます．残ると決めても，宿題をいつも済ませてこない参加者は，預託金を取り戻すことができません．預託金は，参加者がまじめに取り組むだけの金額を設定することが必要です．

宿題のメリット・デメリット分析[*]

セルフヘルプ課題を行うことのメリット	セルフヘルプ課題を行うことのデメリット

[*] Copyright © 1984 by David D. Burns, M. D., from *Ten Days to Self-esteem : The Leader's Manual*, copyright © 1993.

リーダー用データシート

　79頁に記載したリーダー用データシートには，参加者が時間どおりに出席したかどうか，最後のステップで割り当てた宿題をどの程度完成させてきたか，などを記録することができます。宿題の完成度の評価は，下記のような尺度を使います。

0 = 宿題を全く完成させていない。
1 = 自己評価テスト（気分測定テスト）などの，最低限の宿題は完成させている。
2 = 自己評価テスト，読書課題や筆記課題を部分的に済ませるなど，かなり宿題を完成させている。
3 = 読書課題，自己評価テスト，筆記課題などを含むほとんどすべての宿題を完成させている。

　預託金制度を採る場合，リーダー用データシートを用いて，参加者が10ステップ終了時にどれだけポイントを取得したか計算します（参加者は宿題で最大3点，時間どおりの出席で2点を獲得できます）。10回のセッションで，最大50点を獲得できる可能性が参加者にはあります。預託金を100ドルとすれば，各ポイントは2ドル相当になります。

　もう1つお薦めしたいのは，各セッションに参加者がワークブックを持参することへのボーナスポイントです。ワークブックは，数多くの練習問題を実施するために必要で，それを持参することは参加者にとって大きなメリットとなります。

　リーダー用データシートには，ステップ1のコラムの左側に，事前審査用として3つの気分測定テストの初回得点を記入するコラムがあります。さらに，ステップ10に続き，フォローアップのコラムが，プログラム終了後クライアントからデータを得る場合に備え，用意されています。

ストレスの多いできごとを話し合う

参加者に，うつ状態や不安の原因となる，ストレスの多いできごとについて話し合うよう促します。ストレスの多いできごとの中には，配偶者または上司からの批判，恋人からの拒絶，離婚，職業上の問題，健康や加齢への不安，そして子供あるいは他の家族との問題などが含まれます。この話し合いの目標は，参加者が心を開いて，互いにうちとけることにあります。セラピーの実施あるいは有益な助言を与えることが目的ではありません。参加者の問題や感情を，グループでオープンに共有しても安全というシグナルを彼らに送ることが目的です。

グループリーダーであるあなたは，下記に記した3つの聞く技法（効果的な聞き取りのための3つの秘訣）を，手本に示してください。参加者の発言を，分かりやすい言葉で言い換え，彼らの感情を確認します。例えば，ある参加者が，彼女の夫は時間を守らないと発言したとします。あなたは，「あなたの経験を話してくれたことに感謝します。実際に経験すると，とてもいらだたしいことでしょう。悲しさ，寂しさ，苦痛，怒りなどを感じるかもしれません。彼が時間に遅れたときには，どのように感じますか？」

効果的な聞き取りのための3つの秘訣[*]

1. 武装解除法：相手の言っていることが完全に不合理で不公平であっても，その中に何らかの真実を見つけます。
2. 共感：自分を相手の立場におき，相手の立場から世間を見るように努力します。 　● 思考の共感：相手の言葉を言い換えます。 　● 感情の共感：相手の言葉をもとに，相手がおそらくどのように感じているかを理解します。
3. 質問技法：相手の感情や思考をもっと知るために，あなたはゆっくりとした口調で，さらに深い質問を行います。

[*] Copyright © 1992 by David D. Burns, M. D., from *Ten Days to Self-esteem : The Leader's Manual*, copyright © 1993.

良いコミュニケーション VS 悪いコミュニケーション*

悪いコミュニケーション	良いコミュニケーション
1. あなたは自分の感情を表現することに失敗しています。その代わりに，第二人称（君／あなた）を使い，「君はなんてまぬけなんだ！」または「あなたのせいで私が怒るのよ！」などと口をとがらせて相手を攻撃しています。	1. あなたは自分の感情を率直かつ直接的に表現しています。第一人称（私）を使って，「私はいらいらしている」あるいは「私はあなたのことを心配している」などのように言います。
2. あなたは相手の感情を理解しそこねています。その代わりに，相手を責め，「手助け」し，または相手が間違っていると言い張っています。	2. あなたは相手の感情を理解しています。「あなたはイライラしていて，悲しそうに見える。そうでしょう？」
3. あなたの態度には敬意が見られません。その代わりに，あなたの態度は恩着せがましく，発言は防衛的あるいは敵対的に聞こえます。	3. あなたの態度は敬意と愛情に満ちています。あなたがたとえ怒りや動揺を感じているときでも，この態度は変わりません。

* Copyright © 1992 by David D. Burns, M. D., from *Ten Days to Self-esteem : The Leader's Manual*, copyright © 1993.

などと発言します。この返答は，武装解除法，共感，質問技法を反映しています。この発言には，一切の助言も手助けの姿勢も含まれていないことに注意してください。

　そして，彼女がそれに答えて，感謝されない気持ち，愛されていない気持ちを感じたと言ったあと，「友だちや家族が約束を守らないことで，動揺を感じた経験をもつ人はいますか？」と他の参加者に質問し，挙手をもとめます。そして，他にも同様の問題について話す気持ちのある参加者を募ります。

この種の返答は，対話を前に進め，話し合いへの参加を容易にします。これによって，しゃべり過ぎる参加者に邪魔されることなく，問題を説明しようとする参加者同士の長々しい対話に，グループが巻き込まれることを防止できます。

　ほとんどの人は，グループでの率直な経験の共有を楽しく感じます。参加者に，他メンバーへの「手助け」あるいは助言を与えるよう促してはいけません。こうした「助力者」は，無意識のうちにあなたとリーダーシップを争っている可能性があります。もしあなたが，参加者同士助言を与えることを許してしまうと，あなたはグループへの統制力を失い，野球でいえば1点リードされたような感じをもつことになります。

　もし，参加者から助言を受けた場合は，それに対してあなたは丁寧に感謝します。そして，参加者に求められているのは，彼ら自身の職業や家庭に起こったストレスの多いできごとについての説明であって，そうした問題の解決については，あとで取り組むことを伝えます。

　もちろんあなたは，自分自身の中にある共依存の傾向についても注意しなければなりません。問題解決方法を助言するのではなく，上述した3つの聞く技法を実践します。どんなに好意的な意図をもっていても，手助けは，しばしば侵入的と受けとめられます。相手が心の中でどのように感じているかを確認せずに行う発言には，相手は抵抗するものです。

　怒り，心配，落胆などを感じる人の多くは，彼らの感情が妥当であることを誰かに認めてほしいのです。手助けの衝動を抑え，その代わりに聞く技法を用いれば，彼らは自分が理解されたと感じ，逆説的にあなたは相手に大きな助力を与えたことになります。

任意選択練習：手助け VS 聞き取り

　この練習は，かなり難しいものです。これを選択する場合は，十分な時間が取れることを確認してから行ってください。1セッションの大半の時間が必要となるかもしれません。このプログラムの中で，もっとも難しい

練習となるかもしれないことに注意してください。この練習について，ワークブックには記述がありません。したがって，この技法を安心して用いる自信がない場合，プログラムの初回実施時にはスキップすることもできます。

　あなたがこの技法に習熟していて，指導している現在のグループに適用できると考える場合は，この練習は非常にやりがいのあるものとなります。適切に行われれば，かなりの人気を博し，ほとんど常に大きな興奮と熱意が得られます。

　この練習を実施するのであれば，『フィーリング Good ハンドブック』の第4部（第18章〜22章）を予め読んでおいてください。これらの章には，練習であなたが実演する技法の説明と，その基本原理が記述されています。

　参加者の中から，ベティの役を誰かに引き受けてもらいます。あなたはメアリーの役を演じます。ベティには，彼女が抱える問題について不平や不満を述べてもらいます。一例として，次のような筋書きを参考にしてください（ベティにこのリーダーズマニュアルの例文を読んでもらうこともできます）。ベティが最初に喋ります。

ベティ：私の息子は，マリファナを吸うし，学校の成績はDやFばかりで，私は本当におちこんでしまう。責任は私にあるように思うし，私は悪い母親だと思う。

　あなたはメアリーの役を演じます。メアリーはベティを元気づけようとしていることを皆に説明し，以下のように答えます。

メアリー：あなたは，そんなに悪い母親ではないわ。いい母親よ。子育てはたいへんなことよ。あなたは自分が置かれている状況でベストを尽くしているじゃないの。

メアリーがベティを元気づけようとするこの試みが，良いコミュニケーションなのか，あるいは悪いコミュニケーションなのかを参加者に尋ねてください。67頁に記述された良いコミュニケーションVS悪いコミュニケーションの定義を，皆に読んで聞かせるか，あるいはその部分をコピーし配布します。良い／悪いコミュニケーションの3つの特徴を1つずつおさらいしてください。参加者は，メアリーの返答が悪いコミュニケーションの典型例であることが理解できるはずです。

- メアリーは自分自身の感情を表現していません。彼女はベティのことを心配しているか，あるいは不平にイライラを感じているかもしれません。
- メアリーは，ベティがどれだけ動揺しているかを理解していません。
- メアリーの態度は，恩着せがましく，敬意がこもったものではありません。ベティを見下した態度で話しています。

　この分析結果は自明なものに見えますが，参加者の多くはこの結果を疑問に思うでしょう。彼らには，うつ状態にある友人や家族への非生産的な「手助け」や，「助言を与える」相互作用が，抵抗し難く思えるのです。
　次に，ベティとメアリーは，改良バージョンのロールプレイを再演します。このバージョンでは，メアリーはアクティブ・リスニング（積極的な聞きとり）技法を用います。

ベティ：私の息子は，マリファナを吸うし，学校の成績はDやFばかりで，私は本当におちこんでしまう。責任は私にあるように思うし，私は悪い母親だと思う。
メアリー：あなたはきっと息子のことがとても心配なのね。どんな状況なのか，もう少し話してくれる？

この対話と最初の対話との違いについて，グループディスカッションを皆に促してください。後者の対話のほうが，メアリーにとってより効果的な返答でしょうか？　その理由は？

　時間が許せば，グループを2～3人の班に分け，66頁に記述した3つの聞く技法を練習させます。その中の1人が「不平家」になり，「なんて不愉快な人生だ」などと言い，「聞き役」は3つの聞く技法のいずれかを使って返答します。

　不平の例としては以下のようなものが挙げられます。

　　海外援助に税金をたくさん使うもんだから，貧乏人にはまわってこないじゃないか。

　　生活をなんとかして軌道にのせたいのだが，何をしていいのかわからない。どうしたらいいんだろう。

　　私は職を失った。これはすべて陰謀だ。

　　私の夫は，感情表現ができない，冷たい人だ。

　　痔が痛いのに，どの医者も手当てをしようとしない。

　　誰も私のことを本当に理解してくれないし，気づいてもくれない。

　聞き役になる人が返答をする際には，3つの聞く技法の中から1つだけを使います。最初に使うのは，武装解除法です。参加者全員が武装解除法をマスターしたら，次に，思考の共感と感情の共感を練習するよう求めます。そして，最後に質問技法を練習します。

　あなたは，この練習を空手の稽古に喩えて，参加者にその意味を強調し

てください。空手の技は，1つずつ習得して行きます。参加者がそれぞれの技法を1つずつ習得し終わったら，対話が自然に聞こえるよう，技法を統合して用います。

　この練習を行うには，下記のような組み立てが成功の確率を大きく高めます。不平家役の参加者には，不平は1回だけにとどめ，一度発言したあとは口を開いてはならないと指示します。聞き役との対話には参加させません。

　聞き役を演ずる参加者には，返答を1回だけにとどめるよう求めます。聞き役には，一度発言したあとは発言しないよう求め，不平家との対話には参加させません。

　この1回の対話が終了したら，不平家と他の参加者に，下記の基準にしたがって，聞き役の返答を批判してもらいます。

1. 聞き役は，聞く技法を適切に用いたか？
2. 聞き役は，手助けや助言をしないよう努力していたか？
3. 返答は自然で，誠実に聞こえたか？　聞き役は，見下す態度や皮肉な口調で返答していなかったか？
4. 不平家が支持され理解されていると感じるような返答を，聞き役はしていたか？

　それぞれの聞く技法の用い方を示した対話例を，以下に4つ挙げます。

　その1　武装解除法の例
不平家：なんて不愉快な人生だ！
聞き役：そのとおり！　人生は確かにときどき不愉快に感じるものだ。

　その2　思考の共感，感情の共感，質問技法の例
不平家：なんて不愉快な人生だ！

聞き役：なんて不愉快な人生，か。ずいぶんいら立っているようだけど，何か不満に感じている？

　　その3　質問技法の例
不平家：なんて不愉快な人生だ！
聞き役：あなた／君は，何に対してそんなに怒っているの？

　4つ目は，3つの聞く技法すべてを統合した返答の例です。
不平家：なんて不愉快な人生だ！
聞き役：そのとおり！　人生は，ときに全く不愉快になるよ。あなた／君は，ずいぶん動揺しているみたいだけど，何が起こったのか話してくれる？

　各班の参加者には，頻繁に役を交替させて，皆が聞く技法を練習する機会がもてるようにします。
　この練習には，2つの潜在的利点があります。

1. 参加者は，聞く技法が私生活で役に立つことがわかります。
2. この練習によって，セッション中の誰かの発言に，一部の参加者が「手助け」や助言を与える傾向が低減します。

　この練習の間，あなたは質問に答え，また監督するために，歩いて各班を巡回します。参加者には，私語をせず課題に集中するよう指導してください。15分から20分経過した時点で，グループを再び統合し，この経験をどのように思ったかを尋ねます。参加者は聞く技法を実践できたでしょうか？　また，助言を与えようとする誘惑にかられることはなかったでしょうか？

ステップ1の反応と評価

　各セッションの終わりには，肯定的と否定的反応について参加者に質問します。「どんなことが役立つと思いましたか？　何か気に入らないことはありましたか？　同意できないことや理解できないことはありましたか？」などの質問を行ってください。

　参加者に，ワークブックのステップ1（27頁）に記載された，ステップ1の評価を読むよう求めます。そして，セッション中に気に入らなかったことをいくつか記述し，次にステップ1で気に入った点について，いくつか記述するよう求めます。

　参加者の否定的感情は，あなたがそれに対処できるよう，すべて引き出すことが大切です。さもないと，参加者はあなたと口論したり，中途で脱落したり，セルフヘルプ課題を「忘れ」たりして，自分の感情を間接的に表現するかもしれません。

　参加者が否定的反応を述べたとき，あなたは防衛的にならないよう注意します。さもないと，誠実かつ率直に打ち明けた参加者は気まずさを感じ，グループの士気は低下するからです。その代わり，それぞれの批判の中に真実を見つけるよう努力します。「それは良い指摘ですね。話してくれてありがとう」などの簡単な返答で通常は十分でしょう。

　コリーダーまたはコンサルタントがいる場合は，各セッション終了後，グループのコメントを体系的に分析し，経過記録に記入します。（経過記録の見本は，本書ステップ1の終わり86頁にあります）。これは，潜在的にとても貴重な学習プロセスです。小さな変化を加えることで，次回グループの質の，劇的な改善がもたらされる可能性があります。

　参加者の多くが，あなたやグループの批判をしてはいけないと感じていると思います。参加者に，あなたや他のメンバーを批判したり，グループ内で質問すること，そして率直に意見を言うことをためらう理由をあげてもらってください。そして，発表用紙に，参加者の意見を大書します。必

要に応じて，後述するあなたの感情を表現しないための10のもっともな理由をコピーして参加者に配り，設問に回答してもらいます。回答が終わったら，その中のどの理由が「かなり当てはまる」または「大いに当てはまる」としたかを尋ね，それについての話し合いを促します。

最後に，今日そして将来のセッションについて，何か質問や心配はないかを参加者に質問します。

ステップ2のためのセルフヘルプ課題

ワークブックの29頁にあるステップ2のためのセルフヘルプ課題について，参加者が退出する前に話し合います。彼らがまだステップ1を読んでなく，課題を済ませていないのであれば，それもあわせて完成させるよう求めます。

手助けVS聞き取りの練習を選択する（あるいは将来のセッションで実施する）のであれば，このテーマについて，『フィーリングGoodハンドブック』の第21章「扱いが難しい人々に対応する方法」435〜440頁（訳注：日本語版577〜584頁）を読むよう参加者に求めてください。

〈46頁の練習の回答〉

あなたの回答としては，以下のようなものが考えられます。「私は，その先生の考えに大いに賛成です。私は，精神分析療法を大変重視していますし，良い質問をしてくださったあなたの思慮に敬意を表します。実は，認知療法を最初に考案したのも精神分析医でした。私は皆が一緒に1つのチームとして問題に取り組むことができると信じています。もしよければ，私たちが達成しようとしている目標について話し合い，あなたが私たちの意見に混乱したり，矛盾を感じた場合に備えて，セラピストに私から電話連絡しましょうか？」

この返答には，武装解除法が使われている点に注意してください。あなたは相手の発言の中にわずかの真実を見つけます。これは，口論を始め，勢力争いに突入するよりもはるかに効果的です。この返答は，ストローキング（相手を尊重する）と呼ばれる技法も反映しています。すなわちそれは，相手に対して誠意をもって前向きな発言を行うことを指します。熱のこもった口論の中にあっても，あなたは相手に敬意を払います。この例では，発言者の思慮深さのみならず他のセラピストに対しても敬意を込めて返答しています。

　この2つのコミュニケーション技法は，プログラムを実施する上で直面する抵抗に，あなたが対処するときに役立ちます。その原理は，参加者との口論や勢力争いを避けることにあります。教材には議論を呼ぶものが多いので，中にはプログラムを通して何度となくあなたに挑戦する参加者がいることでしょう。これは良いことです。なぜなら，彼らは熱意をもって参加し，挑戦し，興味をもっているからです。彼らとの口論に時間をかけるべきかどうかを判断するのはあなたです。あなたの返答次第で，結果が左右されるのです！

リーダー用データシートの使い方

　各セッションの始まりには，各参加者に，BDC（バーンズうつ状態チェックリスト），BAI（バーンズ不安調査表），RSAT（関係満足度評価）それぞれの得点を報告するよう求めてください。これらのテストは，ワークブックの8，11，17頁にそれぞれ記載されています。

　前回のセッションで割り当てた宿題を，各参加者がどの程度終わらせたかを，下記の評価尺度を使って採点します。

0＝宿題を全く完成させていない。
1＝自己評価テスト（気分測定テスト）などの，最低限の宿題は完成させ

あなたの感情を表現しないための 10 のもっともな理由

	この理由は私に			
	全く当てはまらない	少し当てはまる	かなり当てはまる	大いに当てはまる
1. 私が何か否定的な発言をすれば，他人の感情を傷つけるかもしれない。				
2. 私は，通常他人との対立を避けるようにしている。				
3. 質問すると，自分が馬鹿で間抜けに見えるのではないと不安に思っている。				
4. 私は基本的に親切な人間なので，他人を動揺させることは好まない。				
5. 私が否定的な発言をすれば，他人が怒るかもしれない。				
6. 私は他人をあまり信用していない。				
7. 自分に対して良い感情をもつにはみんなの同意（認められること）が必要だ。				
8. 自分の言いたいことが，本当に重要だとは思わない。				
9. グループの参加者と，あまり親しくなるつもりはない。				
10. 自分がどのように感じているかを伝えることが，何かの足しになるとは思わない。				

させている
2 = 自己評価テスト（気分測定テスト），読書課題や筆記課題を部分的に済ませるなど，かなり宿題を完成させている。
3 = 読書課題，自己評価テスト，筆記課題などを含むほとんどすべての宿題を完成させている。

各参加者の出席状態を下記の評価尺度で採点します。
0 = 完全に欠席
1 = 5分以上遅れて出席
2 = 時間どおり出席

選択ボーナス点（定時出席？　の欄に追加）
0 = セッションにワークブックを持参しなかった
1 = セッションにワークブックを持参した

注記：リーダー用データシートの用紙は，301頁からの付録Aにも記載されています。今後のコピー用に保管してください。

経過記録の見本

85頁には，ブランクの経過記録が記載されています。これに，各セッションにおける参加者一人一人の記録を残し，ファイルしておきます。最後の頁には，架空の参加者の経過記録を，記入例として記載しました。あなたがメンタルヘルスの専門家であれば，何らかの記録管理は臨床的に有用です。また，保険手続きや法的な用途の記録としても必要となります。経過記録のブランク用紙は，324頁からの付録Cにも用意されています。必要枚数を自由にコピーしてください。

リーダー用データシート

参加者名	事前審査 日付 _____			ステップ1 日付 _____				
	BDC (0–45)	BAI (0–99)	RSAT (0–42)	BDC (0–45)	BAI (0–99)	RSAT (0–42)	宿題 (0–3)	定時出席？ (0–2)

リーダー用データシート（続き）

参加者名	ステップ2 日付 _____					ステップ3 日付 _____				
	BDC (0–45)	BAI (0–99)	RSAT (0–42)	宿題 (0–3)	定時出席？ (0–2)	BDC (0–45)	BAI (0–99)	RSAT (0–42)	宿題 (0–3)	定時出席？ (0–2)

リーダー用データシート（続き）

参加者名	ステップ4 日付 _____					ステップ5 日付 _____				
	BDC (0–45)	BAI (0–99)	RSAT (0–42)	宿題 (0–3)	定時出席？ (0–2)	BDC (0–45)	BAI (0–99)	RSAT (0–42)	宿題 (0–3)	定時出席？ (0–2)

リーダー用データシート（続き）

参加者名	ステップ6 日付 _____					ステップ7 日付 _____				
	BDC (0-45)	BAI (0-99)	RSAT (0-42)	宿題 (0-3)	定時出席？(0-2)	BDC (0-45)	BAI (0-99)	RSAT (0-42)	宿題 (0-3)	定時出席？(0-2)

リーダー用データシート（続き）

参加者名	ステップ8 日付 _____					ステップ9 日付 _____				
	BDC (0-45)	BAI (0-99)	RSAT (0-42)	宿題 (0-3)	定時出席？ (0-2)	BDC (0-45)	BAI (0-99)	RSAT (0-42)	宿題 (0-3)	定時出席？ (0-2)

リーダー用データシート（続き）

参加者名	ステップ10 日付 _____					フォローアップ 日付 _____				
	BDC (0-45)	BAI (0-99)	RSAT (0-42)	宿題 (0-3)	定時出席？(0-2)	BDC (0-45)	BAI (0-99)	RSAT (0-42)	宿題 (0-3)	定時出席？(0-2)

「もういちど自分らしさに出会うための10日間」

経過記録

患者名：_____

セッションの日付：_____　セッション番号：_____

　BDC 得点＝_____　　BAI 得点＝_____　　RSAT 得点＝_____

目標：_____
_____

目標への経過：_____
_____
_____
_____
_____
_____
_____
_____
_____
_____
_____
_____
_____
_____
_____
_____
_____

記録者署名：_____

「もういちど自分らしさに出会うための 10 日間」

経過記録

患者名：ブルース・シンプソン
セッションの日付：3/20/94　　　セッション番号：1
　　　BDC 得点＝ 18　　BAI 得点＝ 31　　RSAT 得点＝ 17

目標：(1) プログラムのオリエンテーション (2) セルフヘルプ課題をセッションの合間に実行することの約束を得る。

目標への経過：シンプソンさんは，セッションにとても率直な態度で参加している。彼は，セッションの合間にセルフヘルプ課題を行う原則を守ることを約束した。彼は，歳をとることへの恐怖，病気や死への不安などについて話した。彼はまた，引退後の生活への不安を述べた。彼は，自分が現在あまり生産的ではなく，ほとんどやることがないと感じている。彼は，中学，高校ととても成績がよかった息子が，重度の感情障害に罹患したことに，自責の念を感じている。関係満足度評価（RSAT）の得点は非常に低いが，妻との暮らしには「順応」してしまったと思う，と話した。

記録者署名：ブルース・ザーン M. A.

ステップ2

あなたの気分は考え方次第

リーダーのためのステップ2の準備

準備項目	準備済みの項目に○をつける
1. 参加者用ワークブックの31頁から始まるステップ2を読む。	
2. リーダーズマニュアルのステップ2にあるチェックリスト（次頁）およびリーダーへのヒント（89頁～）を学習する。	
3. 『フィーリングGoodハンドブック』の第5章を読む。	

ステップ2のチェックリスト

活動項目	必須または任意選択	最小所要時間（分）	終了した項目に○をつける
1. 80頁のリーダー用データシートを用いて，参加者の，3つの気分測定テストの得点を，宿題の実施状況および出席状況の得点とともに記録する。	必須	10	
2. ステップ1の肯定的および否定的反応と評価を求める。	必須	5〜10	
3. ステップ2の予習に行った読書課題や練習課題についての反応を参加者に聞く。	必須	5〜10	
4. リラクセーション練習を指導し，思考が気分をつくりだす過程を示す。	必須	10	
5. ワークブックの気分のことば表を用いて，ストレスの多いできごとや感情について話し合う。	必須	10	
6. 否定的感情の原因について話し合う。	必須	5	
7. 棒線画技法を説明する。	必須	5〜10	
8. 特定の種類の否定的感情に関連する特定の種類の思考について練習する。	必須	10〜15	
9. 不健全な感情に関連する10種類の認知の歪みについて話し合う。	必須	10〜20	
10. 思考の歪みを見つける練習その1を行う。	必須	5〜10	
11. 思考の歪みを見つける練習その2を行う。	任意選択	15	
12. 棒線画の思考に歪みを特定し，よりポジティブで現実的な思考と置き換える。	必須	10〜20	
13. ステップ2の肯定的および否定的反応と評価を求める。	必須	5	
14. ステップ3のための宿題を割り当てる。	必須	3	

ステップ2の概要

今日のステップであなたは，認知療法の基本原理を参加者に紹介します。

1. 私たちの気分は，考え方次第です。特定の種類の感情は，特定の種類の思考から生まれます。
2. いやな気分のほとんどは，不合理な思考（歪んだ考え方）から生まれます。
3. よりポジティブで現実的な思考と態度を育てることによって，私たちは気分を変えることができます！

こうした考えは，非常に簡単で直接的ですが，大きな好奇心や議論を呼びがちです。思考と態度が自分の感情と行動に及ぼす強い影響を，多くの人は気づいていないのです。

また，（現在起こりつつある）動揺を与えるできごとと，そのできごとについての感情や思考と切り離す方法など，いくつかの基礎的な技能についても説明します。こうした技能は，将来のセッションにおいて，参加者が否定的思考パターンを変える様々な技法を学ぶ際の強固な基礎となります。

リーダーへのヒント

データの収集

参加者の3つの自己評価テスト（気分測定テスト〔BDC, BAI, RSAT〕）の得点を，80頁に記載したリーダー用データシートに記録します。76頁の3点法評価尺度を用いて，宿題の実施状況を記録します。そして，78頁の2点法評価尺度を用いて，参加者の出席状況を記録します。

参加者の反応と評価ならびに宿題の点検

参加者に，ステップ1のセッションの，肯定的および否定的反応についての意見を求めます。何が気に入り，何が気に入らなかったでしょうか？

これに続いて，割り当てた読書課題（もういちど自分らしさに出会うための10日間のステップ2）について簡単に話し合います。また，補足読書を行った参加者の有無を尋ねます。読書した内容について，同意できること，同意できないことを質問し，議論を促します。とくに役に立つと考え，興味をひいた記述や練習はあったでしょうか？ 理解できなかった部分はなかったでしょうか？

アイデア その1：あなたの気分は考え方次第

認知療法の最初の原理は，うつ，不安，罪悪感，怒りなどの否定的感情は，外的事象よりも否定的思考によってもたらされる，というものです。この考えを参加者に説明するために，全員にゆったりと腰掛け，眼をつむるよう求めます。リラックスし，例えば暖かな初夏に，おだやかに打ち寄せる潮騒をききながら，静かな浜辺に寝そべっているときのような，幸せな情景を思い浮かべるよう求めます。あるいは，静かな夏に日に，森の中の小屋のポーチに座っている自分を想像してもらうことでも良いでしょう。

参加者には，彼らの選んだ情景の詳細を思い描くよう求めてください。青空に浮かぶいくつかの雲，肌を感じる暖かいそよ風などを例にあげ，連想させます。そして彼らに，人生の問題がすべて解決し，もはや何の心配もない状態を想像するように伝えます。請求書はすべて支払われ，他人とのすべての争いは円満に解決しています。食べすぎ，薬物乱用，アルコールの過剰摂取などの悪癖は，すべて解消しました。もう，うつや不安とは無縁です。自信をもって人生をコントロールしていると，彼らは感じています。そこには，静寂と安らぎが満ちています。

参加者が落ち着くまで若干の時間をとり，優しく，眠りを催すような声

で，上記の暗示を再び繰り返します。平穏な気分でリラックスできた人には手を挙げるように求めます。

次に，再び彼らに眼を閉じさせ，今度は感じ方を変えて，前回と異なる感情を呼び起こすよう求めます。悲哀，心配，罪悪感，怒り，または幸せなどの感情です。その新たな感情を呼び起こすためには，どんな方法を用いてもかまわない，と伝えます。

しばらくの間，参加者をそのままにしてから終了し，議論にもどります。新たな感情を呼び起こすことができた人に挙手を求めてください。

そして，参加者にどのような感情を呼び起こしたのか，どのようにしてそれを行ったを尋ねてください。自分を動揺させてしまった人は，何人いるでしょうか？ 肯定的感情を呼び起こした人は何人いますか？ 彼らの何人かは，悲しいこと，恐ろしいこと，あるいは煩わしいことなどを思い出したのではないでしょうか。友人との口論，愛する人との問題，試験に落第したときのことなどを思い浮かべたかもしれません。このことが，「自分の考えが自分の気分を作り出す」という認知療法の第1番目の原理を説明することを伝えてください。

この練習で経験した感情に関する議論の中で，この基本原理を強調しても良いでしょう。練習中，彼らは同じ部屋にいて，発生した外的事象はまったく同じであったことを，あなたは指摘します。彼ら全員が耳にしたのは，あなたが大きな声で伝えた同じ言葉でした。それにもかかわらず，彼らが経験したのは，完全に異なった感情だったのです。なぜ，このようなことが起きたのでしょうか？ こうしたさまざまな感情を呼び起こしたのは，誰ですか？ リーダーであるあなたが，メアリーには緊張を感じさせ，ジェニファーには怒りを感じさせたのでしょうか？ それとも，彼ら自身がこうした感情を呼び起こしたのでしょうか？

あなたは，他にも独創的な方法で，この「自分の考えが自分の気分を作り出す」というアイデアを説明することができます。プレスビテリアン医療センターの同僚であるジョージ・コレットとブルース・ザーンが，精神

科病棟の入院患者さんへこの考えを説明する際には，こしょう入れと呼ばれる技法を考え出しました。彼らはセッション開始時に，部屋のどこかにむきだしのままこしょう入れを隠したので，参加者に探すよう言いました（置いた場所は，ドア上部の出口灯の上で，簡単に見つかる場所でした）。参加者の1人がそれを見つけるまで，彼らは探し続けました。

こしょう入れが見つかった時点で，2人のリーダーは，こしょう入れを探している間，皆が何を感じ，何を考えていたか尋ねました。ある妄想型統合失調症の男性は，怒りを感じたと言いました。彼は，スタッフが悪ふざけを働いていると考えました。リーダーのジョージが，こしょう入れをポケットに隠し持っていると彼は考えたのです。

もう1人の男性は，大きな自責の念にかられて，練習の間とても自己批判的になったと言いました。窓台にこしょう入れを見つけることができなかったとき，彼は，すでに他の参加者が探している冷蔵庫の裏を探さなかった自分をひどく責める気分になったと説明しました。突然，こしょう入れが冷蔵庫の裏側にありそうな気がして，窓台を探した自分が愚か者に思えたのです。

その他の参加者は，こしょう入れ探しの間，愉快に感じたり，好奇心を抱いたり，悲しくなったり，劣等感など，さまざまな感情をもったと言いました。2人のリーダーは，彼らが自分に伝えるメッセージがすべて違うために，彼らの抱く感情もすべて異なることを指摘しました。最後に，異なる状況下で動揺を感じるときの思考と感情について，参加者に話し合うようリーダーは求めました。

この練習は，とても地味で具体的ですが，「自分の考えが自分の気分を作り出す」というアイデアを，多くの人がとても革命的考えとして受け取ります。私たちの多くは，自分をとりまく環境が，私たちの感じ方を決定すると考えています。「気分が悪いのは，こんな（またはあんな）悪いことが起こったからだ」と，私たちはよく自分に言います。思考が感情の中で大きな役割を果たすという考えは，私たちを大いに力づけてくれます。私た

ちの身に起こるできごとを変えることは，いつも可能とは限りません。しかし，そのできごとに対する考え方や感じ方を変える努力はいつでも可能です。それが，認知療法の基礎なのです。

〈思考，感情，できごとをそれぞれ切り離す〉
　私たちの中には，現在自分を動揺させるできごと（相手から拒絶されることなど）を思考（「私は愛されることができない」）そして感情（悲哀，絶望感，無価値感）と切り離すことは難しいと考える人がいます。このことを説明するために，参加者の身に起こった特定の動揺させるできごとを，ワークブックの38頁に簡単にその概要を記述するよう求めます（彼らの多くは，今日のステップの予習としてすでに済ませているかもしれません）。
　そして，何人かの有志を募り，彼らの記述を大きな声で読み上げてもらいます。発表を聞く際には，ステップ1に記述した3つの聞く技法（武装解除法，思考と感情の共感，質問技法）を用います。手助けや問題解決に立ち入ってはいけません。
　例えばジェロームが，麻薬所持で不当逮捕されたときの経験を発表したとしましょう。リーダーとしてのあなたは，コカインや他の薬物の密売で彼が何度も逮捕された前歴を知っています。そのため，彼の逮捕が不当ということに疑問をもつかもしれません。
　それでもなお，ジェロームと対決してはいけません。あなたは，「そんなことが起こるなんて，きっとひどく動揺したことでしょう。どんな感情をもちましたか？　怒りですか，いら立ちですか？　それとも別の感情でしたか？」とだけ聞きます。この返答には，武装解除法，感情の共感，質問技法が含まれています。ジェロームが，どれほどそのできごとで頭にきたかを説明した後，彼には，ストレスの非常に強いできごとの好例を紹介してくれたことに感謝を述べます。そして，他の参加者に，家族，友人，警察などから不当に扱われたと感じた経験をもつ人がいるか尋ねます。1人ないし2人に，どのようななことが起きたのかを聞くことによって，グルー

プの絆が期待でき，すべてのメンバーの参加が促されます。

　次に，他の参加者に，書き出した動揺させるできごとについて尋ねます。彼らがストレスの多いできごとを発表した後，そのときの否定的感情について説明を求めてください。その際，ワークブック40頁の気分のことば表を使うよう求めます。この表には，左の欄に一般的な感情の分類があり，それに対応する同意語が右の欄に記載されています。ワークブックの38頁に，実際に彼らができごとを記述し，気分のことばをリストアップしたか否かを確認してください。

　感情を容易に特定できる人もいれば，そうでない人もいます。特定が困難な人には，さなざまな種類の言葉で気分を表したり，思い出したりすることに慣れていないのかもしれません。あなたの指導するグループの要求度に応じて，気分のことば表にかける時間を調整してください。

　次に，参加者が抱いたさまざまな否定的感情を引き起こした原因は何か，彼らに質問します。「私たちはなぜ動揺するのでしょうか？　私たちを怒らせ，心配させて，悲しい気分や劣等感を抱かせる原因は何でしょうか？　こうした否定的感情はどこからやって来るのでしょう？何が原因で，このような感じ方をするのでしょうか？」

　特定のできごとが否定的感情を引き起こすと考えている参加者は何人いるか，尋ねてください。次に，否定的思考が彼らの感情をつくると考えている人は何人いるかを尋ねます。

〈棒線画技法〉
　参加者に，ワークブック43頁にある最初の棒線画を参照させます。タイロンは，職を失いました（実際のできごと）。そして，悲しみと罪悪感の気持ちを抱いています（感情）。彼の否定的思考は，頭上の吹き出しの中に書かれています。参加者は，棒線画の人物の考え方と感じ方との関連性を理解できているでしょうか？　彼らに，仕事や学校で何か悪いことが起こったときに，落胆した経験があるかどうかを尋ねます。

ワークブック38頁に参加者が記述したストレスの多いできごとを思い出すよう，彼らに求めます。そして，そのときに抱いた否定的思考に注意を向けるよう求めます。悲しさ，怒り，心配などを彼らが抱いたときに，自分に向けてどのようなことを言っていたでしょうか？　それらの思考を，ワークブック44頁にある2番目の棒線画の吹き出しに書き入れるよう，参加者に求めてください。

　そして，複数の参加者に自分の否定的思考を声を出して読んでもらいます。彼らの気分と思考との間に関連性があるかどうか，尋ねてください。例えば，悲しい気分を感じたときには，喪失または失敗のことを考えていたのでしょうか？　不安を感じた人は，今危険な状態にあると自分に言っていたのでしょうか，それとも何か悪いことが起きると言っていたのでしょうか？　怒りを感じた人は，自分が不当に扱われたと自分に言っていたのでしょうか？　いら立っていた人は，こうであってはならない何かについて考えていたのでしょうか？　罪悪感を抱いた人は，何か悪いことをしてしまったと自分に言っていたのでしょうか？

　そして最後に，思考が感情を作り出すというこの考えがなぜ重要なのか，彼らに尋ねます。

　参加者に，動揺させるできごと，否定的感情，否定的思考の記録を日記形式にして書きとめるよう，ステップ3のための宿題として割り当ててください。発表用紙に，以下の3コラム形式を大書して説明を加えます。

できごと （実際に起こったことを記述します）	私の感情 （気分のことば表を使います）	私の否定的思考

この宿題では，参加者の人生に起きた動揺させるできごとを，新旧に関係なく記録してかまわないことを伝えます。動揺させるできごとは，最近のものでも，子供の頃のものでもかまいません。それは，大きなもの（例えば重い病気）から小さなもの（電話のベルに驚く）まで，さまざまです。彼らには，3コラム形式での，動揺させるできごと，否定的感情，そして否定的思考の記録に，1日最低5分かけるよう指示します。

　この課題の意味が理解できていない参加者はいないかどうか，尋ねてください。自分にはできないかもしれない，という人がいれば，その場で1,2分をかけて課題に挑戦してもらい，最初にどうすれば良いかを説明します。それが終わったら，不明な点はないか，皆に確認してください。動揺させるできごとを思い出すことが難しい人はいないでしょうか？　気分のことば表の使い方が不明な人は？　否定的思考を書き出すことが全員できますか？

　ここに挙げたアイデアは，あなたにとっては非常に基本的で当然にみえるかもしれません。しかし，中には理解することが困難な人もいる可能性があります。また，筆記宿題に抵抗する人もいるかもしれません。あなたは，質疑応答に多少の時間をかけ，課題の意味をすべての参加者に明確にする必要があるかもしれません。

　また，特定の種類の否定的感情は，特定の種類の思考が原因で生じることを指摘することも大切です。参加者の否定的感情とそのときの思考との関連性の有無を質問した際に，あなたはすでにこの考えを紹介しています。

　ワークブックの47頁にある，あなたの思考とあなたの感情という表を参照し，参加者と話し合います。最初に記載されている感情は，悲しさです。この感情につながる思考の欄を読んでください。参加者を悲しい気分にさせるできごとには，どんな種類のものがあるか尋ねます。次に，彼らが悲しい気分または落胆したときに抱く否定的思考には，どのような種類のものがあるかを尋ねてください。

　そして，あなたの思考とあなたの感情の表にリストされているさまざ

な種類の感情を抱いたときのことを参加者に尋ねます。そこに書かれているように感じたときには、どのような否定的思考を抱きましたか？　それぞれの種類の感情に結びつく、動揺させるできごとや否定的思考の具体的種類を書き出すよう求めます（この練習の答えは、ワークブックの62頁に記載されています）。

　この練習を行うときは、必要に応じてグループを2つないし3つの班に分けることもできます。各班は、それぞれ違う否定的感情について議論します。この間あなたは、各班をまわり監督します。約5分程度経過したら、各班の代表に班の結論を発表してもらいます。

アイデア　その2：ほとんどのいやな気分は不合理な思考（「歪んだ思考」）が原因

　次に紹介する認知療法の原理は、かなり議論を呼ぶエキサイティングなものです。すなわち、うつ、不安、怒りなど、不健全な感情につながる否定的思考は、たとえ動揺を感じたときには完全に現実的に思えても、ほとんど常に不合理で歪んでいる、というものです。言い換えれば、臨床的うつや不安などの不健全な感情を、現実が引き起こすことは、まず絶対にないということです。こうした不健全な感情は、現実についての誤った思考が引き起こすのです！　こうした歪んだ否定的思考を、よりポジティブで現実的な思考に置き換えることができれば、感じ方を変えることができます。

　次のステップで参加者は、健全な感情と不健全な感情の区別について学びます。悲しさなどの健全な感情は、現実的な思考から生じます。例えば、愛する人が亡くなったとき、あなたは悲嘆や喪失などの感情を抱きます。なぜなら、その亡くなった人物をあなたは生前深く思いやり、失ったことを寂しく思うからです。あなたが職を失った場合、落胆を感じることは自然なことです。その一方で、臨床的うつ（あるいは神経症性不安や破壊的怒り）は、ある事象に対する歪んだ思考（「私は能なしだ」または「このま

まずっとひとりきりでみじめな人生を送る」）から生まれます。

　今日のセッションで，参加者は，不健全な感情に伴う10種類の認知の歪みを特定する方法を学びます。これらの歪みの表は，ワークブックの50頁および本書の99頁に記載されています。その中には，全か無か思考，一般化のしすぎ，感情的決めつけ，などが含まれます。それぞれの歪みの定義を読み上げ，参加者に自分が動揺を感じたとき，彼らの思考の中にそうした歪みがあったかどうか，例として何か挙げることができるか尋ねてください。

　あなたが良いと判断すれば，前述の棒線画技法で，吹き出しの中に参加者が書き込んだ思考の歪みを特定するよう求めても良いでしょう。これを行う場合は，参加者が発表する否定的思考を，あなたが発表用紙に大書します。その際，動揺させるできごと，否定的感情，否定的思考の3つを区別するよう注意します。この練習の成否には，この区別が大きく影響します。

　例えば，参加者のある男性が，通勤途上の高速道路で，自分の車の前に誰かが割り込んだのでとても頭にきたと発言したとしましょう。それを，「どこかの間抜けが割り込んだので，私はすごく頭にきた」と発表用紙に書いたのでは，そこに歪みを見つけることはできません。あなたが書いたのは，できごとと感情に過ぎないからです。以下のように書くと，より良い結果が得られるでしょう。

　できごと：今朝の高速道路で，誰かが私の車線に割り込んであぶなくぶつかるところだった。

感情：1．怒り－99％
　　　2．苛立ち－99％

　次に，もしこの状況が自分に起こったら，どんな考えをもつかを参加者全員に尋ねます。自分にどんなことを言うでしょうか？　彼らの否定的思

歪んだ思考リスト*

1. 全か無か思考：黒か白かという絶対的な二分法で物事を見ている。
2. 一般化のしすぎ：1つの否定的なできごとを、決して終わることのない失敗の連続を示すものとして捉えてしまう。
3. 心のフィルター：マイナスのことばかりくよくよと考えて、プラスのことを無視してしまう。
4. マイナス化思考：自分の達成したことやプラスの資質が、大したことはないとかたくなに主張する。
5. 結論の飛躍：明確な証拠が全くないのに物事を否定的にとらえる。
   ①心の読みすぎ：人々が自分に対して否定的に接していると思い込む。
   ②先読みの誤り：物事が悪い方向に向かうと恣意的に予測する。
6. 拡大解釈または過小評価：度を越えて物事を誇張する。あるいはその重要性を不適切に縮小する。
7. 感情的決めつけ：自分の感じ方から推論する。例えば「私は自分がダメ人間だと感じる。だから本当にダメ人間なのだ」と考えてしまう。
8. 「すべき」思考：「すべき」「すべきではない」という言葉で自分や他の人々を批判する。「しなければならない」という言葉を使うときも同様。
9. レッテル貼り：「私は間違ったことをした」と言う代わりに、「私は失敗者だ（バカだ、負け犬だ）」と言う。
10. 責任の押しつけ：自分が完全な責任を負っていないことに対して、自分を責める。あるいは、自分の態度や行動が問題の一因であることを見落として、他の人々を責める。

* Copyright © 1980 by David D. Burns, M. D. Adapted from *Feeling Good: The New Mood Therapy* (New York: William Morrow & Company, 1980; Avon, 1992).

考を、順番に番号をつけて、発表用紙に大書します。それぞれの思考には、発言者が最初にその思考を思い浮かべたとき、どのくらい強くそれを信じたかを0%から100%までの尺度で表します。あなたが、発表用紙に書く項

目は以下のようになるでしょう。

否定的思考:
1. あんな風に彼が私の前に割り込む権利はないはずだ！　100%
2. 彼は私を意気地なしと思っているに違いない。　100%
3. あんな間抜けには意見しなきゃ彼のためにならない！　100%
4. 私が急いでいるときは，決まってこんなことが起こる。　90%

この後，参加者にこれらの否定的思考にひそむ歪みを特定してもらいます。歪みには，「すべき」思考，レッテル貼り，拡大解釈，心の読みすぎ，一般化のしすぎ等々が含まれます。

この練習が終わった後，グループを2班ないし3班に分け，ワークブック56頁にある，思考の歪みを見つける練習その1を行います（あるいは参加者各人にこの練習を行うよう指示することもできます）。練習が終わったら，ライルの否定的思考に見つけた歪みについて話し合うよう求めます。

時間が許せば，ワークブック58頁にある思考の歪みを見つける練習その2も行ってください。この練習では，参加者は動揺させるできごとを思い出さなければなりません。そして，否定的感情と否定的思考を記述してから，歪みを特定します。この練習は，今日のセッションに盛り込まれた概念を堅固にする目的で行います。同時に，日常気分記録表を参加者に紹介する目的もあります（日常気分記録表を詳述している『フィーリングGoodハンドブック』の第5章を，補足読書として次回セッション用の宿題に割り当てることもできます）。

この練習は，ステップ・バイ・ステップで行うよう，指導してください。参加者にはまず，ワークブックの58頁に，動揺させるできごとを簡単に記述するよう求めます。これは，彼らの人生のいついかなる時点に起こったできごとでもかまいませんが，具体的で真実でなければなりません。1分経過後，参加者の数人に記述したできごとを発表してもらいます。これは，

彼らが課題を適切に処理しているか，正しく理解しているかなどを知る上で有用です。記述に際しては，特定の日の具体的な時間と場所に起こったできごとに集中するよう指導します。

　例えば，ある参加者が，動揺させるできごとに，「人生は不愉快だ」あるいは「すべてが耐えられない」などを記述したとします。これでは，練習がうまく行きません。なぜならこうした記述は，余りにもあいまいで一般的だからです！　そうではなく，人生を不愉快と感じさせた，ある具体的な例を書き出すようにしなければなりません。不愉快に感じたとき，彼らはどこにいたのでしょう？　すべてが耐えられないと感じたのはいつのことでしょうか？　何をしていましたか？　ベッドに寝ながらあれこれ空想していたのでしょうか，それとも勉強中のことでしたか？　誰と一緒でしたか？　それは，家族や友だちと口論していたときのことでしたか？

　できごとの記述を具体的にすることが，なんといってもこの練習の最初のステップとして必須なのです。動揺させるできごとが具体的に記述されていないと，あいまいで対処不能な不平に取り組む危険をおかすことになります。あたかも，袋小路に迷いこんだようになって，あなたは苛立ちを感じることでしょう。この技能の習得には，ときにかなりの練習を積まなければなりません。経験が深くなるに連れて，この課題はかなり容易に取り組めるようになります。

　ここで，ある参加者が，彼にとってのできごとは，「生活を軌道に乗せる必要がある」と言い，他の参加者は，「自分は文無しだ」と言ったとしましょう。そして3人目は，「私の結婚生活は惨めなものだ」，4人目は「私はいつも先延ばしばかりする」が，彼らにとっての動揺させるできごとだと言ったとします。あなたは，彼らの言っている問題が理解できるでしょうか？　あなたの不安レベルは急上昇しませんか？　動揺させる"できごと"に集中させるためには，こうしたあいまいな不平にはどのように返答すれば良いでしょう？　この先を読み進む前に，ちょっとこの疑問について考えてください。おそらく前述したような参加者の発言にあなたは直面する

でしょう。

　最初の発言者に対しては，以下のように返答します。「もう少し具体的になりませんか？　あなたは生活を軌道に乗せる必要があると言いました。私はあなたの考えていることが正確につかめないと言わざるをえません。少しあいまい過ぎるからです。あなたが解決したいと思う具体的な問題を1つ選ぶとしたら何ですか？　あなたを動揺させた，不愉快なできごとを何か思い出すことはできませんか？　それは1日の中で何時頃に起きたできごとですか？　そのときあなたは，何をしていましたか？　そのときどのように考え感じましたか？」

　参加者が動揺させるできごとを記述し終わったら，否定的感情の記録とその強さを0～100%までの尺度で評価することを求めます。否定的感情の記述には，ワークブック40頁の気分のことば表を用いるよう伝えます。悲しい，憂うつ，不安，心配，怒る，やましい，恥ずかしく思う，落胆した，望みのない，などのことばを使います。1分程度経過した後，数人に書き出した結果を発表してもらいます。

　これらの課題は非常に簡単に見えるかもしれませんが，これをとても難しいと感じる参加者が多いことにあなたは驚くかもしれません。ステップごとに彼らの意見を求め，質問に答えることは，ときに大変重要な場合があります。もっとも簡単なセルフヘルプ課題すら完成させることが難しい参加者がいることを知り，あなたは，とまどいを感じるかもしれません。私が，非常に教育程度やモチベーションが高いはずのメンタルヘルス専門家対象のワークショップを指導した際にも，この奇妙な現象を観察することがありました。

　次に，否定的感情に伴う否定的思考を1つないし2つ，参加者に書き出してもらいます。あなたは，「心配して（または怒って，または悲しんで）いたとき，あなたはどんなことを自分に言っていましたか？」と尋ねてください。ここでも，以前と同様，参加者の監督と手助けが必要かもしれません。

　参加者が，感情を表すことばやできごとの記述を，否定的思考の欄に記

入しないように注意をしてください。これは，あまり重要ではないと思われるかもしれませんが，実際にはとても大事なことなのです。否定的思考に混在している感情を表す言葉を区別する能力も，時間とともに育成されて行きます。

　例えば，飛行機恐怖症の参加者が，「飛行機に乗ることは本当に恐ろしい」という否定的思考を記述したとします。これは，否定的思考ではありません。これは，ある1つの動揺させるできごと（飛行機に搭乗する）プラスある1つの感情（恐ろしい）です。その場合の否定的思考は，「この飛行機は墜落する」，または「この中に閉じ込められて私は狂う」，あるいは「飛行機が離陸したら私は自分をコントロールできなくなる」などです。これらの否定的思考は，認知療法の技法で容易に対処可能です。

　参加者が，否定的思考をいくつか記述したら，歪んだ思考リストを使い，それらの思考の中にある歪みを特定するよう求めてください。こうした歪みを理解することは，認知療法のもっとも重要な技法の1つです。

　これら歪みの定義には重複部分が数多くあること，そして1つの否定的思考には通常複数の歪みがひそむ点などを，参加者に注意喚起してください。歪みの特定は，正確で完全な作業ではありません。例えば，ある女性が，婚約を前にして恋人が尻込みするのを見て，「私はいつも恋愛関係で失敗する」という思考を抱いたとします。この思考には，一般化のしすぎ，全か無か思考，心のフィルター，そして感情的決めつけが含まれています。

　参加者が否定的思考を特定するときには，下記の落とし穴に陥らないようにすることが肝要です。

1. 否定的思考のリストには，修辞疑問文（あるいはすべての疑問文）を用いないよう，参加者に注意喚起します。例えば，「なぜいつも自分にはこんなことが起こるのだろう？」という否定的思考を抱く，と参加者が言ったとします。その場合は，その修辞疑問文を記述する前に，平叙文に言い換えるよう求めてください。修辞疑問文の言い換えは，

ほとんど常に「こんなことが自分に起こるなんて不公平だ」,あるいは,「こんなことは自分に起こってはならない」などの,「すべき」思考になります。「すべき」思考は容易に対処可能ですが,修辞疑問文への対処は容易ではありません。
2. 否定的思考のリストには,感情あるいは実際のできごとを記述してはなりません。否定的思考の定義は,さまざまな感情をつくりだすできごとの,歪んだ知覚です。

仮に,ある参加者が,「ヘレンが約束をすっぽかしたので,私は自分が価値のない人間と感じた」という否定的思考を抱いたと言ったとします。これは,否定的思考ではなく,反論することも異議を唱えることもできません。実際には,ある"できごと"(「ヘレンが約束をすっぽかした」)と,ある"感情"なのです(彼は「無価値な人間と感じた」と言いましたが,傷ついた,劣等感を感じた,いら立った,落胆した,怒ったなどの感情も抱いたかもしれません)。

彼が,できごとと感情を適切に記述すれば,否定的思考はより簡単に書き出すことができます。否定的思考は,以下のようになります。

1. 女性にはいつもふられる。 100%
2. 私は負け犬だ。 100%

参加者の中には,動揺させるできごとや感情を特定することはできても,否定的思考の特定は容易ではない人がいるかもしれません。そうした人のために,2つの役立つ技法があります。最初の技法は,多少の治療技術を必要とします。2番目の技法は,治療技術を必要としません。

〈技法 その1〉
あなたは,その参加者が自分の否定的思考を特定するまで,「なぜそれが

あなたを動揺させるのですか？」と繰り返し質問します。仮に，簡易食堂の調理人であった参加者が，職を失ったとします。彼は，怒りと憂うつを感じるとあなたに言うでしょう。否定的思考なんかない，仕事をクビになってひどい目にあえば誰だってそう感じる，と言い張ったとします。あなたとの対話は，以下のようになるでしょう。

リーダー：なぜクビになったことが，あなたを動揺させるのですか？ そのとき何を考えていましたか？
参加者：仕事がなくなった，あたまにきた，と考えていました。
リーダー：どんな考えがあなたを怒らせたのですか？
参加者：（自己弁護的になって）先生だって，そうなれば怒るでしょう？ クビになって一体どう感じろっていうんですか？ 誰だって気分が悪くなるでしょう！
リーダー：全くそのとおりです。誰だってクビにされたら，気分が悪くなります。私もたぶんそう感じますよ。
　　その状況を，私たちそれぞれが独自の観点からみると，人によって考えることはさまざまになると思います。例えば，「これは不公平だ」，「ボスは最低な野郎だ」，「責任は自分にある」，「もう仕事は見つからない」，あるいは「妻に怒られる」などではないでしょうか。また，「みじめな職だった。自分にはもっといい職が必ず見つかる」と自分に言い，ほっとした人がいるかもしれません。
　　あなたが解雇されたときに，心の中に浮かんだ否定的思考を何か思い出すことはできませんか？ そのときあなたは，どんなことを自分に言いましたか？

　上記の例で，リーダーは2つの技法を用いています。

1. リーダーは，この男性の「誰だって気分が悪くなる」という訴えの中

に真実を見出すことで武装解除法を使っています。リーダーとしてのあなたは，対立的なグループ参加者に対しては，ほとんど常に武装解除法を用いなければなりません。これによって相手は平静になり，グループの士気を低下させる対立を回避することができます。
2. リーダーは，この男性に彼の否定的思考を気づかせるために，マルチプルチョイス（多肢選択）法を用いています。

それでもなお，職を失ったこの男性が否定的思考を特定できない場合，他の参加者に，彼の状況に自分があったとしたら，どんなことを自分に言うだろうかと問いかけてみてください。そして，彼らの言う否定的思考を発表用紙に大書します。以上のようにすれば，ほとんど常にうまく行くと思います。

〈技法 その2〉
仮に，ある男性参加者が，ゴルフのラウンド中に突然不安に襲われたけれども，否定的思考が何であったか特定できない，と発言したとします。彼は，通常自分の否定的感情は，動揺させるできごとや否定的思考を伴わずに，突然襲ってくると言います。

まず，発表用紙にワークブック44頁にあるような人物の棒線画を描いてください。もしあなたに絵ごころがあれば，棒線画にゴルフクラブを握らせてもかまいません。発言した男性には，その棒線画を彼と思わずに，彼と同様ゴルフコースで突然不安になる人物と仮定して，この不安なゴルファーが何を考えているか，棒線画を見た人が理解できるよう，否定的思考を何か考え出してほしいと求めます。そして，彼の考え出す否定的思考を，棒線画の吹き出しに書き入れます。

彼はおそらく，以下のような否定的思考を考え出すでしょう。「次のショットで，ボールはフックして池へ落ちるだろう。先日買った株が値上がりした。なぜもう少し大量に買っておかなかったんだろう。買っておく

べき株であることはわかっていたのに。もう少し強気になっていたら，いくらもうかったことか，考えてみたらいい。俺はなんて意気地なしなんだ！」これを吹き出しの中に書いた後で，あなたは彼に尋ねます。「これらの思考は，あなたが不安になったときに抱いていた考えと少しは似ていますか？」すると，十中八九，彼は「はい」と肯定するでしょう。そこであなたは，「これがあなたの否定的思考です」と彼に伝えます。

アイデア　その3：あなたは感じ方を変えることができます

　最後のアイデアは，自分の否定的思考を変えれば，感じ方を変えることができる，という考え方です。このステップ以降のセッションで，グループとともにあなたはこの考え方を詳細に探求することになります。今日のステップでは，簡単な練習をとおして，この概念を紹介するだけにとどめます。

　すでにこのセッションで，参加者が取り組んだ最初の棒線画の人物は，仕事を失ったタイロンでした。タイロンは，「私はいつも負けてばかりいる人間だ」という否定的思考を抱いていました。この否定的思考は，ワークブック52頁の日常気分記録表に，特定された歪みとともに記載されています。参加者に今すぐこの頁を開くように指示し，右側のコラムに否定的思考に代わる合理的思考を考えるよう求めます。タイロンは，「私はいつも負けてばかりいる人間だ」の代わりに，どんなことを自分に言えば良いでしょうか？

　合理的思考は，以下のような特徴を有しています。

- ポジティブ（前向きで肯定的）でなければならない。
- 絶対的に妥当であり，現実的でなければならない。
- 否定的思考の偽りを証明できなければならない。

　参加者から，有効な合理的思考がでてきたら，タイロンの他の2つの否

定的思考についても，同じ分析を行うよう求めます。

　すべてが終了したら，ワークブック43頁にある棒線画の吹き出しに大きなバツ印を描くよう参加者に求めてください。その後で，ワークブック55頁の笑顔の棒線画の吹き出しの中に，合理的思考を参加者に書き入れてもらいます。

ステップ2のまとめ

　セッションの終わりには，今日議論した考え方について要約します。

1. 外的事象ではなく，あなたの思考があなたの気分を作ります。特定の種類の感情は，特定の種類の思考から生じます。
2. 不健全な感情は，歪んだ思考から生じます。
3. あなたは感じ方を変えることができます。

　次に，今日のセッションで紹介した，下記の気分が良くなるまでのステップを要約します。参加者に，これらステップについて何か疑問はないかを質します。今回以降のセッションで，こうした考え方についてさらに多く学ぶことを伝えてください。

ステップ2の反応と評価

　セッション終了時，参加者に，どんなことが気に入ったか，気に入らなかったことは何かなどを質問します。ワークブック64頁のステップ2の評価を記入するよう求めてください。参加者には，まずセッションで気に障ったことについて書くよう求め，その次に，セッションで気に入ったことをいくつか書くよう求めます。評価の発表を希望する参加者がいないか，確認してください。彼らが批判や否定的反応を発表する際には，あなたは武装解除法を用いること，そして自己弁護的返答を行わないことに注意を払ってください。

ステップ3のためのセルフヘルプ課題

　参加者がセッションルームを離れる前に，ワークブック66頁に記載されているステップ3のためのセルフヘルプ課題について話し合います。

気分が良くなるまでのステップ

1. あなたが動揺を感じたとき，何が起こったのかを簡単に記述します。
2. そのできごとに関するいやな気分を特定します。気分のことば表を参考にしてください。
3. 3コラム技法を使います。
   - あなた自身についていやな気分にさせる否定的思考を書き出します。
   - 歪んだ思考リストを参考に，否定的思考の中から歪みを見つけ出します。
   - あなたの気分を良くする，よりポジティブで現実的な思考を記入します。

　すべて終了したら，大仕事を完成させたあなた自身をほめてあげましょう！

☹　😐　☺

ステップ3

あなたは感じ方を変えることができます

リーダーのためのステップ3の準備

準備項目	準備済みの項目に○をつける
1. 参加者用ワークブックの69頁から始まるステップ3を読む。	
2. リーダーズマニュアルのステップ3にあるチェックリスト（次頁）およびリーダーへのヒント（115頁〜）を学習する。	
3. 『フィーリング Good ハンドブック』の第4章をおさらいする。	

ステップ3のチェックリスト

活動項目	必須または任意選択	最小所要時間（分）	終了した項目に○をつける
1. 80頁のリーダー用データシートを用いて，参加者の，3つの気分測定テストの得点を，宿題の実施状況および出席状況の得点とともに記録する。	必須	10	
2. ステップ2の肯定的および否定的反応と評価を求める。	必須	5〜10	
3. ステップ3のための読書課題について話し合う。	必須	5〜10	
4. 健全な否定的感情と不健全な否定的感情の違いについての練習を行う。	必須	10〜15	
5. 感情のメリット・デメリット分析の練習その1を行う。	必須	10〜20	
6. 感情のメリット・デメリット分析の練習その2を行う。	任意選択	15	
7. 日常気分記録表の記入ステップをおさらいする。	必須	5	
8. 日常気分記録表の練習その1を行う。	必須	10〜15	
9. 日常気分記録表の練習その2を行う。	必須	10〜15	
10. トラブルシューティング・ガイドについて話し合う。	必須	10	
11. 日常気分記録表の任意選択練習を行う。	任意選択	10〜15	
12. ステップ3の肯定的および否定的反応と評価を求める。	必須	5	
13. ステップ4のための宿題を割り当てる。	必須	3	

ステップ3の概要

ステップ2では，以下の重要な考え方について話し合いました。

- 私たちの思考のみが私たちの気分を作り出します。
- 健全な感情は現実的な思考から生まれるのに対して，うつ，不安，破壊的怒りなどの不健全な感情は，歪んだ非論理的な思考から生まれます。

今日のセッションでは，健全な否定的感情と不健全な否定的感情の違いに焦点をあてます。この2つの否定的感情を区別することは非常に大切です。なぜなら，不健全な感情は破壊的ですが，通常は認知療法の技法によって変えることができるからです。対照的に，健全な感情は，変える必要がありません。健全な感情は，そのまま受け入れ，表現することができます。

多くの人が，自分の否定的感情にどう対処して良いか迷っています。そうした人々が動揺すると，2つの誤りのいずれかをおかします。1つ目の誤りは，自分の感情を抑圧することです。往々にしてこの傾向のある人は，感情に病的恐怖をもちます。彼らは，健全な感情と不健全な感情を区別せず，ほとんどの否定的感情を悪と考えます。自分の感情を，カーペットの下に掃き集めるようにして隠し，「私はこんな感情をもつべきではない」と自分に言い聞かせるのです。

私は，この傾向を「エモトフォビア」と呼びます。エモトフォビアとは，常に幸せを感じつつ，自分をコントロールし，動揺，悲哀，不安，怒り，弱さなどを感じることなく過ごさなくてはならない，という思い込みを指します。私は，アンガー・フォビア（怒りへの恐怖症）や，対人関係においてあらゆる衝突を回避することが最善との思い込みを表す，コンフリクト・フォビア（衝突することへの恐怖症）などの新造語も生み出しました。

各グループの終了時に，参加者の肯定的そして否定的感情についてあな

たが質問するとき，彼らのエモトフォビア的態度に遭遇するかもしれません。参加者の中には，「自分の肯定的な面についての発言ができないのならば，何も言うべきではない」という思い込みから，否定的意見の表明が非常に難しい人がいるからです。彼らは，自分を「優しく親切」な人間とみなし，怒りを感じていることや動揺していることを否定します。このタイプの人々は，ときとして受動攻撃的行動を示すことがあります。つまり，自分の潔白を装うために，敵意をいったん否定した後に行動化するのです。例えば，グループに不満がある場合，その懸念について積極的に話し合おうとせず，代わりに不平を言い，遅刻し，宿題を怠り，中途で脱落するなどの行動をとります。

　また，その反対の誤りをおかす人もいます。このタイプの人たちは，自分の否定的感情は，常に現実的で，正当なものと考えます。こうした考えの人は，慢性的なうつ，怒り，自己憐憫，苦々しさなどの否定的感情に依存します。こうした感情が，自尊感情や対人関係にとって明確に有害と分かっていながら，彼らは自分の感情を変えることに抵抗します。彼らは，しばしば自分の問題の責任を他人に求め，人生はこんなはずではない，あるいは，もっと良い処遇を受けて当然などと自分に言います。

　いずれのタイプの人も，複雑な問題に，同等に単純な解決法を取り入れている点に変わりはありません。私たちは，動揺を感じるとき，「この感情を私は受け入れるべきだろうか？」あるいは「この感じ方を私は変えるべきだろうか？」という決断に迫られます。このセッションは，参加者がこの問題を実践的で有益な方法で考えられるよう手助けします。

　今日のセッションには，3つの目標があります。

- あなたは，健全な感情と不健全な感情を区別する方法をグループに示します。健全な悲しさと臨床的うつとの違いはどこにあるのでしょうか？　健全で建設的な怒りと不健全で破壊的な怒りの違いは？　健全な恐怖と不健全な不安には，どのような違いがあるのでしょうか？

- あなたは，感情のメリット・デメリット分析を行う方法をグループに示します。その中で参加者は，「自分はこんな感じ方を望んでいるだろうか？ この気分のメリットとデメリットは？ この気分が自分にどのように役立ち，どのように害を及ぼすのか？」と自問します。この動機づけ戦略は非常に強力で，他のすべての認知療法の技法と異なります。変化への抵抗に，とても有効です。
- あなたは，ステップ2で紹介した日常気分記録表を用いて，不健全な否定的感情を変える方法をグループに示します。

このテーマの詳細な学習には，『フィーリング Good ハンドブック』の第4章を読むことを薦めます。第4章での議論は，健全な感情と不健全な感情の違いをより明確なものとし，グループにおける話し合いの，あなたの指導を容易にします。

リーダーへのヒント

データの収集

参加者の3つの自己評価テスト（気分測定テスト〔BDC, BAI, RSAT〕）の得点を，80頁に記載したリーダー用データシートに記録します。76頁の3点法評価尺度を用いて，宿題の実施状況を記録します。そして，78頁の2点法評価尺度を用いて，参加者の出席状況を記録します。

参加者の反応と評価ならびに宿題の点検

参加者に，ステップ2での肯定的および否定的反応を求めます。何が気に入り，何が気に入らなかったでしょうか？

その後，割り当てた読書課題について簡単に話し合います。読書内容についての議論を参加者に促してください。どのような点に同意できたか，あるいは同意できなかったのはどのような点かを彼らに質問します。とく

に役立つと考えられる，興味をひいた記述や練習はあったでしょうか？理解できなかった部分はなかったでしょうか？

健全な感情 VS 不健全な感情の練習

　今日のテーマを紹介する際に，参加者に健全な感情と不健全な感情の違いについて，今までに考えたことがあるかを尋ねます。健全な悲しさとうつとの違いはどこにあるのでしょうか？　不健全な罪悪感と健全な後悔との違いは？　健全な怒りと不健全な怒りの違い，健全な恐怖と不健全な不安の違いなどについて議論します。

　参加者全員に，健全な悲しさとうつとの違いをできるだけ多く考え出すよう求めます。発表用紙の真ん中に縦線を引き，左側の欄の見出しを「健全な悲しさ」とし，右側を「うつ」とします。「悲しい気分が適切と考えられるのは，どのようなときですか？　健全な悲しさとうつの違いはどこにあるのでしょうか？　健全な悲しさがうつに変化するのはいつどのようなときでしょう？」などの質問を行います。参加者が挙げる違いを，あなたは発表用紙に記録します（健全な悲しさとうつの違いは，ワークブックの77頁に6項目リストアップされています）。

　健全な悲しさを区別する特徴が最低3ないし4項目挙がったら，今度は同じ練習を，健全な怒りと不健全な怒りについて行います。悲しさとうつの区別と同様に，参加者と一緒に，あなたは考え出された違いを発表用紙に記録します。「健全な怒りと不健全な怒りの違いはどこにあるのでしょうか？　過剰な怒りまたは不健全な怒りにはどのような例が考えられますか？　私たちが怒りを感じるとき，それが合理的感情なのか，そうでないのか，どのように見分けることができるのでしょうか？　怒りの感情を表すことができるのはどのようなときで，そうした感情を変えなければならないのは，どのようなときでしょうか？」などと質問します（健全な怒りと不健全な怒りの違いは，ワークブックの78頁に10項目記載されています）。

　健全な感情と不健全な感情の区別は，多くの参加者にとって新しいテー

マであり，ややこしく感じるかもしれませんが，議論することで，この考え方の理解が促されます。

　最近あるグループリーダーから，彼の指導したグループでは，健全な怒りと不健全な怒りの違いに関する10項目のリストについて，2時間のセッションすべてを使って話し合ったと聞きました。彼は，その回のセッションの予定を，すべてこなすことができなかったのを残念がりながら，このテーマがとても大きな議論の引き金になったことを報告してくれました。私は，グループプロセスにおけるこの種の熱意は良いことであり，奨励されるべきと考えます。リーダーとしてのあなたは，グループ参加者が興味をもつ技法やテーマに対して，柔軟かつ敏感に反応すべきです。彼らが退屈したり，他の問題が原因で興味を失い始めた場合も，柔軟かつ敏感な反応をもって対応します。

　このリーダーの指導したグループが見せた議論への熱中ぶりは，稀なことではありません。昨今は，怒りに対してとても大きな関心が寄せられています。その原因は，敵意，家庭内暴力，虐待などに関するメディアの報道に一因があります。また，怒りの対処法に関する建設的情報が，ほとんど得られないからでもあります。あなたの指導するグループも，このテーマに魅力を感じ，議論を有益と考えることを願っています。健全な怒りと不健全な怒りの違いについては，私自身大きな好奇心を過去10年間もち続けています。

　健全な感情と不健全な感情の区別について，グループ全員の合理的な理解が得られたと判断したら，グループを2〜6人の班に分けてください。そして，各班にそれぞれ異なる種類の感情を選び，健全／不健全の違いについてリストアップするよう求めます。分けた班が3つであれば，テーマの割り当てには以下の例を参考にしてください。

第1班：健全な恐怖 VS 不健全な不安
第2班：健全な後悔 VS 不健全な罪悪感

第3班：健全な自尊感情 VS 傲慢さあるいは自己中心性

「健全な恐怖と不健全な不安（例えば恐怖症，慢性的な心配，パニック発作など）との違いは何でしょう？ 健全な後悔と不健全な罪悪感にはどのような違いがありますか？ 健全な自尊感情と自己愛との違いは？」などと質問します。

参加者はこの練習で，ワークブック79頁（健全な恐怖／不健全な不安），同80頁（健全な後悔／不健全な罪悪感），同81頁（健全な自尊感情／傲慢さあるいは自己中心性）にある課題の，ブランクの表に回答を記入します。参加者には，この練習で議論している感情を抱いた具体的瞬間を思い出すよう指示します。参加者は，こうした感情の健全な種類と不健全な種類を区別するガイドラインを，この練習を通じて持つようになります（健全な恐怖と不健全な不安の練習の回答例は，ワークブック103頁に記載されています）。

参加者がこの練習に取り組んでいる間，あなたは各班を巡回し，彼らの質問に答え，彼らが課題の取り組みに集中するよう指導します。そして，議論が一般的な会話やよもやま話しに終わらないよう注意します。各班のスポークスパーソンに，結論の要約を発表するよう求めます。この練習は，かなりの議論を誘発するはずです。

この練習の結論として，健全そして不健全な感情の区別になぜ私たちは頭を悩ますのか，参加者にその理由を尋ねます。その実用的な意義は何でしょうか？ これは哲学的疑問でしょうか，それとも参加者にとって，日常ベースで影響するものでしょうか？ ある感情が健全であれば，それにどう対処すべきでしょうか？ また，ある感情が不健全であれば，それにどう対処すべきでしょうか？

感情のメリット・デメリット分析の論理的根拠

私たちは，特定の否定的感情の放棄をときとしてためらうことがありま

す。怒りや恨みのときがそうです。怒ったり，恨んだりすることは，ときには気分の良いものでもあるからです。「自分には怒る権利がある」と，頻繁に私たちは自分に言うことがあります。そうは思わなくても，怒りはときに私たちが選択した結果なのです。自分が犠牲者と感じるとき，「あの自己中心的な間抜けには頭にくる。あいつのやることはずるい！」などと言います。怒りが自分自身の思考から生まれることに，私たちは必ずしも常に気づいてはいません。相手が自分を怒らせていると強く思い込んでいるからです。それに加えて，敵対的で報復的な気分に私たちは強く傾倒することがあります。

　また，不安，罪悪感，うつなども，諦めることが難しい場合があります。私たちは，「自分はこんなにひどい人間だから，罪の意識を感じて当然だ」，あるいは「私の飛行恐怖症は，全く正当だ」，または「たくさん心配すれば，もっと勉強するから，試験の成績も良くなる」などと自分に言うのです。

　否定的感情にしがみつくこの現象は，抵抗と呼ばれることがあります。本当は自分を変えたいと言う人に，いざ変わるための方法を示すと，頑固に抵抗する場合があります。変わって幸せになることを望む自己と，みじめな気分に傾倒する自己との間で，内面的争いがあるのです。

　感情のメリット・デメリット分析は，この変わることへの抵抗を克服するために役立てるものです。参加者は，ある否定的感情のメリットとデメリットをリストアップします。彼らに，「このように感じることが，自分にどのように役立ち，どのように自分を傷つけるのか？　この気分の便益と費用は何か？」と自問するよう求めます。

　分析の結果，ある否定的感情のメリットが，デメリットを上回る場合は，参加者はその感情をただ受け入れ，その感情に基づいて建設的行動をとるか，あるいはその感情を適切に表現します。その反対に，その感情のデメリットがメリットを上回る場合，日常気分記録表などの認知技法に，彼らはより受容的と考えられます。

　仮にある女性が，帰りの遅い夫に怒りを感じているとしましょう。彼女

の否定的思考は,「彼は自己中心的なろくでなしだわ。彼が大切にしているのは自分だけよ」となるでしょう。この思考には, レッテル貼りと心の読みすぎという, 2つのよく知られる認知の歪みがありますが, 彼女はおそらく, 認知技法を使って自分の考え方や感じ方を変えることには抵抗するでしょう。おそらく, 自分の怒りは正当で, 夫に責任があると感じているからです。

彼女が感情のメリット・デメリット分析を行えば, おそらく分析の結果, 夫に怒りを表現することを決めるでしょう。彼女の否定的思考や感情の変化をあなたが促すとしたら, 抵抗にしかつながりません。そうせずに, あなたは, 自分を動揺させる個人的な状況をグループで発表してくれたことを彼女に感謝し, 次の課題の検討に移ります。そうしなければ, セラピーに抵抗する個人との不愉快な勢力争いに足をとられてしまうからです。

感情のメリット・デメリット分析は, クライアントだけでなくセラピストをも力づけてくれます。あなたは, グループの参加者に「あなたがたには, こうした感じ方をもつ権利があります。結果を検討して, これが本当に自分が望む感じ方かどうか確かめましょう」と言うことによって彼らを力づけます。

同時に, 治療における抵抗との争いを続ける必要がなくなることで, あなたは自分自身を力づけることができます。抵抗と争う代わりに, それに降伏し, あなたは参加者と協力して抵抗を吟味します。問題を定義し解決を望むか否かを決定する最終責任は, 参加者に委ねるのです。

感情のメリット・デメリット分析の練習　その1

参加者に, ワークブック85頁にある感情のメリット・デメリット分析を行うよう求めます。彼らの課題は, 14歳になる娘のジュリーが, 学校をサボり, 宿題をしないことを知って怒ることのメリットとデメリットをリストアップすることです。感情のメリット・デメリット分析を参加者が練習する際には,「あなたの怒りは, どのような役に立つでしょうか？　それは

ジュリーのためになりますか？ あなたの怒りは，自分そして自分の娘をどのように傷つけるでしょうか？」と彼らに尋ねます。

　怒ることのメリットとデメリットが参加者から発表されたら，それを部屋の最前部掲示した発表用紙に記録します。参加者には，彼らのワークブックにもリストを書き込むよう求めます。

　メリットとデメリットが，5〜6項目挙がった時点で，参加者にワークブックの分析用紙下部にある丸印の中に，合計で100点となるよう採点を指示します。これらの評価点は，メリットとデメリットを互いに比較して重みづけした結果です。例えば，怒ることのメリットが大きければ，左側の丸印の中に60点，右側の丸印に40点などとします。

　上記の例は，彼らがその怒りを健全なものと評価したことを示します。その場合，もっとも効果的にその感情を表現するにはどのような方法が考えられるかを彼らに尋ねます。ジュリーに対する怒りの気持ちの破壊的表現方法には，どのようなものがあるでしょうか？ 建設的な表現方法は？ 否定的感情のメリットがデメリットを上回る場合は，感情を変えるために認知療法の技法を使うことは不適切ということを忘れないようにしてください。

感情のメリット・デメリット分析の練習　その2

　この練習では，グループを3〜6人構成の班に分けます。各班には下記の状況の中から1つを選び，動揺を感じることのメリット・デメリット分析を行うよう指示します。各班には，それぞれ異なる状況を選択させます（ワークブックの88頁には，さらに多くの状況例が記載されています）。

- あなたは，ダイエット中にもかかわらず食べすぎてしまいました。
- あなたは，近々行う予定のプレゼンテーションのせいで緊張しています。
- あなたは，スピードを出しすぎて警官に停車を命じられました。

- あなたの友人が，待ち合わせに遅れています。
- あなたの子供が，ボールを追いかけて通りに走り出ました。
- 苛立った上司が，同僚らのいる前で侮辱的で失礼な口調であなたを非難しました。
- あなたの配偶者が，夕食会であなたについて無礼な発言を行いました。

10～15分経過後，再度グループを集合させます。各班のスポークスパーソンに，リストアップしたメリットとデメリットを要約し，発表するよう求めます。

メリット・デメリット分析は，否定的思考（「私はダメな人間だ」や「私は失敗者だ」など），自虐的態度（完全主義など），そして行動（先延ばしなど）について行うことができます。ステップ4以降，こうした分析をあなたは指導して行きます。

日常気分記録表についての話し合い

不健全な否定的感情の場合，一般には認知療法の技法によってその感情を変えることができます。今日のステップで，参加者には，否定的思考を変えるための日常気分記録表の使い方をさらに学ぶ予定であることを伝えます（この技法は，ステップ2で紹介されました。また『フィーリングGoodハンドブック』の第5章，「感じ方を変える方法」にも詳述されています）。

日常気分記録表を記入する際の3つのステップをおさらいすることから始めます。

ステップ1：あなたを動揺させるできごとを簡単に記述します。

ステップ2：否定的感情を記録し，その強さを0％（最小）から100％（最大）までの点数で評価します。

ステップ3：3コラム技法を用います。

- 左のコラムにあなたの否定的思考を記入し，それを信じている強さを0％（全然信じない）から100％（完全に信じる）までの点数で評価します。
- あなたの否定的思考から，歪んだ思考リストを参考に，歪みを特定します。
- 日常気分記録表の右のコラムに，より合理的で現実的な思考を記入します。この思考を合理的思考と呼びます。

このセッションで，参加者は日常気分記録表を完成させる方法を学びます。

日常気分記録表の練習　その1

上記各ステップの説明は，ワークブックの92頁からはじまる練習課題を通じて行います。例示された動揺させるできごとを，あなたは読み上げます。デートした相手と同じような経験をもつ人が，参加者の中にいるかどうか尋ねます。参加者の中には，友人，家族または同僚から批判され，または拒絶されて，落ち込んだり怒ったりした経験のある人はいるでしょうか？

参加者に，女友達のローラに振られたダグの立場で考えるよう求めます。彼らの中に，今までに大切な恋愛関係で振られ，落ち込んだり，落胆したりした経験をもつ人がいるかどうかを尋ねます。おそらく，ほとんど全員の手が挙がるでしょう。その中から数人に，そのできごとの概要と，そのときどのように考え，感じたかを述べてもらいます。これは，個人的かつ感情的な方法でグループの関与を高める良い方法です。拒絶されることがどのようなものか，ほとんど誰でも理解できるからです。

参加者に，ワークブック94頁にある，「私は一生ひとりぼっちだ」とい

う思考の歪みを特定するよう求めます。この練習は，グループ全体，あるいは個別に行うことができます（この練習の回答はワークブックの104頁に記載されています）。

次に，ワークブック94頁の右側コラムに合理的思考を書き入れるよう求めます。その合理的思考をどの程度強く信じるか，0〜100%で記録することを忘れないよう，彼らに注意します。数名に，自分の合理的思考を発表するよう求めてください。

その後，参加者に，「私は一生ひとりぼっちだ」という否定的思考を信じる強さの再評価を求めます。パーセンテージは低下したでしょうか？　最初の評価（%）の上に線を引いて抹消し，再評価した%をその横に書きこむよう指示します（この回答例は，ワークブックの97頁にあります）。

ワークブック97頁にある2番目の否定的思考,「私は愛されない」についても同様の手順を繰り返すよう指示します。その手順の要約は，以下のようになります。

1. 思考の中の歪みを特定します。
2. 代替する合理的思考を考え出し，それを信じる強さを0〜100%で評価します。
3. その後，否定的思考を今はどれだけ強く信じるか，0〜100%で再評価します。もとの評価の上に棒線を引き，新たな低い評価をその横に書き足します。

以上の手順の細部や修正様式に，かなりの注意が払われていることに気づかれたことでしょう。これは，認知療法の技法への強迫的とらわれではありません！　日常気分記録表の成否は，技法を正しく使うことにかかっているからです。

例えば，合理的思考は，あなたがそれを100%あるいはほぼ100%信じていなければ，有効ではありません。正当化された思考，あいまいで楽観的な思考では，まず絶対に役に立ちません。ある参加者が合理的思考を確信

する度合いは，彼または彼女自身が，（0〜100％評価法を使って）どの程度それを信じるかを評価しないかぎり，あなたには知る方法がないのです。本気ではない合理的思考であれば，精一杯努力しても，根本的なレベルで助けにはならないであろうことを参加者に伝えます。そのような参加者がいれば，より確信できる，信頼に足る合理的思考を考え出すよう求めてください。

参加者が，2つの否定的思考の確信度を低減させることができたら，ワークブックの98頁に説明があるように，現在自分がどれだけ動揺を感じているか，再評価するよう求めます。それぞれのパーセンテージの上に一本線を引いて，新しくより低い評価を記入するよう求めます。

参加者が自分の否定的思考や感情を記録する場合は，通常の練習課題よりも困難なことを彼らに説明します。自分が動揺を感じている場合に，客観的な考えをもつことは容易ではありません。自分自身の否定的思考のまちがいを，納得できる有効な方法で証明するには，ときとして数週間かかることを参加者に強調します。忍耐と努力が，成功の鍵になります。

日常気分記録表の練習　その2

参加者に，ワークブック99頁から始まる日常気分記録表の練習その2を行うよう求めます。この練習では，ボブという名の男性が，カード遊びをかねて友人の家に招待されたことで，不安と劣等感に悩む状況が記述されています。参加者に，友人との付き合い，カード遊び，あるいはスポーツをする際に，緊張したり不安になったりした経験の有無を尋ねます。

この練習は，各個人で行うことも，班に分けて行うこともできます。参加者は，ボブの否定的思考の歪みを特定し，合理的思考で置き換え，次にその否定的思考を今はどの程度信じるかを0〜100％で再評価します。さらに，否定的感情を0〜100％で再評価するよう参加者に求めます。この練習には少なくとも5〜10分を彼らに与え，その後に回答結果についての話し合いを指導します。

トラブルシューティングを行うには

参加者への日常気分記録表（DML）に関する説明に際して，DML の成否を左右する以下の重要な点に注意するよう強調します。

1. 参加者は，実際のできごと（ある女性の別れた夫が婚約したことなど），感情（悲しい，不安，嫉妬，怒り，希望がもてない感じなど），そして歪んだ否定的思考（「私は彼なしには決して幸せになれない」，「離婚はすべて私の責任だ」など）を，それぞれ分けて考えなけらばなりません。
2. 否定的思考のコラムには，「私は悲しい」あるいは「私は動揺した」などの感情を表す記述を書いてはいけません。否定的感情は，「否定的感情を記録してください」とある日常気分記録表のステップ2に記録します。
3. 合理的思考は，100%信じられる思考であること，それと同時に，それが否定的思考のまちがいを証明（結果として否定的思考を信じる度合いはほとんど0%に低減）する思考でなければなりません。

日常気分記録表が適切な効果を生まない場合，ワークブック102頁にあるトラブルシューティング・ガイドが役に立ちます。トラブルシューティング・ガイドについて，参加者と話し合ってください。このガイドについて，何か質問はないか尋ねます。日常気分記録表については，ステップ4以降のセッションでさらに学習する予定であることを参加者に伝えてください。

日常気分記録表の任意選択練習

時間が豊富にあり，DML の練習をもう1つ行いたいのであれば，グループを3～6人の班に分け，下記の動揺させるできごとから各班1例を選び，DML を記録するよう求めます。

- 家族，同僚または教師から批判されて，あなたは動揺しています。
- あなたは実施予定のプレゼンテーションに緊張を感じています。
- あなたは，個人的目標を達成できませんでした。この場合の目標は，学校で提出するレポートで高得点をとる，売り上げ目標の達成，職場での昇格，ダイエットの目標達成などから選びます。
- あなたは，大切に思う人から批判され，あるいは腹を立てられています。

　おそらく上記以外にも，ほとんど誰もが経験し，この練習に適した数多くの否定的できごとをあなたは考えつくと思います。参加者は，ワークブックの396頁に記載されたDMLのブランク用紙を使って練習を続けることができます。
　各班には1つだけ動揺させるできごとを選んでもらいます。各班のメンバーには，DMLにできごとの簡単な描写を記述させます。それが，DMLのステップ1です。次に，その状況での否定的感情を特定し，0%～100%の尺度で評価します。これがDMLのステップ2です。そして，その状況で生じると思われる否定的思考を書き入れます。これが，DMLのステップ3の始まりです。それぞれの否定的思考を確信する度合いは，0%～100%の尺度で評価します。そして，その中の歪みを特定します。その次に，確信の度合いを0%～100%で評価した合理的思考で否定的思考を置き換えます。最後に，もとの否定的思考を今どの程度強く信じているかを再評価(0%～100%)し，否定的感情の強さも再評価（0%～100%）します。以上でDMLが完成します。練習が終わったら，再びグループに集合させ，各班のスポークスパーソンから結論を要約して発表するよう求めます。
　あなたは，ある班の発表するDMLを選び，その結果を発表用紙に書き写すこともできます。参加者に，否定的思考の中の歪みを特定させ，合理的思考をいくつか考え出すよう求めます。彼らの考え出す合理的思考を1つずつ発表用紙に大書してください。そして，個々の合理的思考を信じる

強さを，0％〜100％で評価するよう求めます。そして，否定的思考の思い込みが合理的思考によって低減されたかどうかを参加者に尋ねます。

　この一連の練習では，参加者は他人の否定的思考に対処しています。こうしてグループが順調かつ迅速に進むことで，後日自分自身の否定的思考への対処という，より困難な問題との取り組みに大きな自信がもたらされます。

　今日のセッション終了時に，参加者から出された動揺させるできごとを1つ選んで，DMLの練習を指導することもできます。参加者は，ワークブックの396頁にあるDMLのブランク用紙を使って練習します。彼らには，DML用紙（他の用紙も同様に）のブランク1部は，いつでもコピーできるように残すよう注意喚起します。

　この練習は，それまでのものよりも難度が高いので，認知療法技能にそれなりの自信を持つリーダーのみが行うべき練習です。危惧されるのは，個人的問題をDML練習用に提供した参加者が，怒りを感じ，変化に抵抗する危険性があることです。彼または彼女が，不平を言うことに拘泥し，グループの注意が助言や「手助け」を与えることに向かってしまうかもしれません。これに多くの時間が取られることで，他の参加者は退屈し，彼らの士気が下がる可能性があります。まだ学習段階にある彼らにとっては，他人の問題と取り組むほうがより簡単です。

　参加者個人の動揺させるできごとを例にとって練習する場合は，グループ全体に向かって，「この状況があなた方に起こったとしたら，どのように感じるでしょうか？」と質問します。彼らに，その状況で考えられる否定的感情と否定的思考を記録するよう求めます。そして，その各自が書き出した否定的思考の歪みを特定し，合理的思考と置き換えます。

　このような方法をとることで，特定の個人を対象にDMLを使ってあなたが治療を行い，その間他の参加者が果たしてうまく行くだろうかと緊張して成り行きを見守るような状況を回避することができます。認知療法の先駆者の中には，アルバート・エリス博士のように，大勢を前にして，へ

そ曲がりな個人を相手にゆとりをもって実演できる人もいます。しかし，彼のように経験が豊富ではない私たちの多くは，こうした状況に少々神経がいらだち不安になるでしょう。

ステップ3の反応と評価

セッション終了時，議論したいくつかの考え方を要約します。参加者に，どんなことが気に入ったか，気に入らなかったことは何かなどを質問します。ワークブック106頁のステップ3の評価を記入するように求めてください。評価の発表を希望する参加者はいないかを尋ねます。彼らが批判や否定的反応を発表する際には，あなたは自己弁護的返答を行わないよう注意します。

ステップ4のためのセルフヘルプ課題

参加者がセッションルームを離れる前に，ワークブック108頁に記載されているステップ4のためのセルフヘルプ課題について話し合います。

ステップ4

いやな気分からの抜けだし方

リーダーのためのステップ4の準備

準備項目	準備済みの項目に○をつける
1. 参加者用ワークブックの111頁から始まるステップ4を読む。	
2. リーダーズマニュアルのステップ4にあるチェックリスト（次頁）およびリーダーへのヒント（135頁〜）を学習する。	
3. 『フィーリングGoodハンドブック』の第6章および第8章を読む。	
4. 参加者用ワークブック408頁にある思考の歪みを取り除く15の方法と題された表を学習する。	

ステップ4のチェックリスト

活動項目	必須または任意選択	最小所要時間（分）	終了した項目に○をつける
1. 81頁のリーダー用データシートを用いて，参加者の，3つの気分測定テストの得点を，宿題の実施状況および出席状況の得点とともに記録する。	必須	10	
2. ステップ3の肯定的および否定的反応と評価を求める。	必須	5	
3. 感情のメリット・デメリット分析の記入ステップをおさらいし，宿題に割り当てたメリット・デメリット分析について話し合う。	必須	5～10	
4. ステップ3で紹介した日常気分記録表の記入ステップをおさらいし，宿題に割り当てた日常気分記録表について話し合う。	必須	10	
5. ステップ4のための読書課題について話し合う。	必須	5～10	
6. 思考の歪みを取り除く15の方法を紹介する。	必須	5～10	
7. 態度のメリット・デメリット分析の練習その1を行う。	必須	10	
8. 態度のメリット・デメリット分析の練習その2，3，4を行う。	任意選択	10～15	
9. 実験技法の練習その1を行う。	必須	10～15	
10. 実験技法の練習その2を行う。	任意選択	10～15	
11. 証拠を探す技法の練習を行う。	必須	10～15	
12. 調査技法の練習を行う。	任意選択	5～10	
13. 日常気分記録表の練習その1を行う。	必須	10～15	

ステップ４のチェックリスト（続き）

14. 日常気分記録表の練習その２，３を行う。	任意選択	10〜15	
15. 日常気分記録表の練習その４を行う。	任意選択	10〜15	
16. ステップ４の肯定的および否定的反応と評価を求める。	必須	5	
17. ステップ５のための宿題を割り当てる。	必須	3	

ステップ4の概要

　自らの否定的思考を変えることは，感情の変化をもたらす鍵を握ります。自己批判的思考が妥当ではないことを参加者が理解した瞬間に，彼らは気分と自尊感情の高揚を感じることでしょう。しかし，彼らの否定的思考へのチャレンジを成功に導くことは，ときに大きな困難を伴います。それというのも，否定的思考には圧倒的な説得力があるからです。

　認知療法家は，歪んだ否定的思考に挑戦し，より肯定的で現実的な思考を育むことに役立つ数多くの技法を開発してきました。ある1つの技法が無効であれば，次の技法，それが無効であればその次といった具合に，クライアントは，最終的に自分の自己批判的な思考が妥当ではないことが証明されるまで，次々に技法を試すことができます。

　今日のセッションでは，思考の歪みを取り除く15の方法と題された表に従って，数多くの技法の用い方を指導します。この表には，15の基本的な認知技法がリストアップされています。経験豊富な認知療法家は，この表に列挙された数よりもずっと多くの技法を日常的に用いています。この15の技法は，いわば初心者向けの工具セットと考えられます。参加者は，ステップ4以降，この表を日常気分記録表とセットで用います。この表には，否定的思考への反論方法のアイデアが数多く盛り込まれています。ステップ4以降のセッションで，あなたはこの表に挙げられた技法のみならず，その他の数多くの技法の用い方を，さらに深く指導して行きます。

リーダーへのヒント

データの収集

参加者の3つの自己評価テスト（気分測定テスト〔BDC, BAI, RSAT〕）の得点を，81頁に記載したリーダー用データシートに記録します。76頁の3点法評価尺度を用いて，宿題の実施状況を記録します。そして，78頁の2点法評価尺度を用いて，参加者の出席状況を記録します。

参加者の反応と評価ならびに宿題の点検

参加者に，ステップ3の肯定的および否定的反応を求めます。何が気に入り，何が気に入らなかったでしょうか？　健全な否定的感情と不健全な否定的感情との違いはどのようなものでしょうか？　その区別は重要なことでしょうか？　それが重要な理由は何でしょうか？

罪悪感，不安，怒りなどの否定的感情がもたらす肯定的および否定的結果の検討に，メリット・デメリット分析をどのように用いるか参加者は理解できたでしょうか？宿題に割り当てた感情のメリット・デメリット分析についての議論を促してください。それは，どのような効果をもたらしたでしょうか？

セッション3で参加者が学んだ，日常気分記録表を完成させるステップを復習します。宿題に割り当てた，日常気分記録表を使った筆記課題について参加者に尋ねます。日常気分記録表を使う上で，何か問題はなかったでしょうか？　グループ全体に，自分の筆記宿題を発表しても良いと考える参加者はいないか尋ねます。

次に，割り当てた読書課題について簡単に話し合います。課題となった教材について，参加者に質問を促します。同意できた内容，同意できなかった内容について，参加者に尋ねてください。とくに役立つと考えられる，興味をひいた記述はあったでしょうか？　理解できなかった内容はな

かったでしょうか？

思考の歪みを取り除く 15 の方法の概要

参加者は，否定的思考への反論に役立つ，以下の 2 つの技法をすでに学びました。

1. 歪みを特定する：参加者は，認知の歪みを 10 項目挙げた表を用いて，自分の否定的思考の歪みを特定します。通常この技法では，感じ方を変えるのに十分ではありませんが，有効な第一歩となります。彼らがひとたび否定的思考は現実的でないことを理解したら，より合理的で現実的な思考による否定的思考の置き換えは，簡単に行えるようになります。
2. 直接的アプローチ：参加者は，よりポジティブで現実的な思考はないか，直接的に自問します。

今日のセッションでは，否定的思考に反論するための技法をさらにいくつか説明します。これらの技法は，ワークブックの思考の歪みを取り除く 15 の方法と題された表に紹介されています。この表には 2 つのバージョンがあります。短いバージョンは 135 頁，長いバージョンは 408 頁にそれぞれ記載されています。

3. 態度のメリット・デメリット分析：ステップ 3 で参加者は，感情のメリット・デメリット分析を練習しました。今日のセッションでは，ある否定的思考（「私はひとよりも劣った人間」など）または態度（「私は常に完全でなければならない」など）に用いる態度のメリット・デメリット分析を練習します。参加者は，態度のメリット・デメリット分析を行いながら，否定的思考のメリットとデメリットをリストに挙げます。彼らは，「このように考えることは，私にとってどのような役

に立つのか，また，どのような害を及ぼすのだろうか？」と自問します。
4. 証拠を探す：「この思考が真実という証拠はあるのか？ それが真実ではない証拠はあるのか？」と参加者は自問します。
5. 調査技法：参加者は，彼らの思考や態度が現実的かどうかの調査を行います。例えば，彼らが人前で話すことに不安を感じ，普通ではないと考えるのであれば，何人かの友人に，それに似た不安を感じたことはあるかどうか，聞き取り調査します。
6. 実験技法：参加者は，否定的思考の妥当性が科学的な実験で確認できることを発見します。彼らは，「この思考が本当に真実かどうかを見分けるためには，どんな実験を行うことができるか？」と自問します。

　将来のセッションでは，否定的思考に反論するためのさらに多くの技法を，あなたは参加者に説明します。以下に挙げたリストは，ワークブックに記載した技法のリストに類似したものです。必要であれば，将来のセッションで学ぶことになる技法のいくつかを事前に知ってもらうために，あなたは参加者とこれら技法について簡単に話し合うこともできます。

7. 二重の基準技法：私たちは，しばしば他人より自分に対して厳しく当たりがちです。参加者が自らの否定的思考を特定した後，「同じような問題をかかえる友人に，自分は同じことを言うだろうか？ 言わないとしたらなぜだろう？ 代わりにどんなことを言うだろう？」と自らに問いかけます。彼らは，自分が二重の基準を用いていることに気づくはずです。大切に思う人たちには，現実的で公平な，同情心あふれる基準を適用するものです。愛する人や友人が失敗したり苦しんだりしているとき，誰もが彼らを勇気づけようと考えるでしょう。反対に自分には，無情で厳しく，非現実的な基準を課すのです。まるでそうすることが，完璧を達成し，より良い人間となるための道であるかの

ように，容赦なく自分をいじめます。自尊感情を高める秘訣の1つは，動揺した親友に語りかけるのと同じように自分に語りかけることを決心することなのです。

8. 満足度予想技法：参加者がさまざまな活動の満足度を，0％（最小）から100％（最大）の尺度で予想する方法です。それぞれの活動を終えた時点で，結果的にどの程度の満足度であったかを記録します。この技法は，無気力な気分でいるときに，活動的になることを促す役目を果たします。これはまた，「1人でいると，みじめな気分になる」といった自己否定的な思い込みをテストするときにも用いられます。

9. 垂直矢印技法：否定的思考と論争する代わりに，その思考の下に矢印を描き，「もしもこれが真実ならば，なぜこれによって自分は動揺するのだろう？ 私にとってどんな意味をもつのだろう？」と自分に問いかけます。この問いを繰り返すことによって，自虐的思い込みにつながる，一連の否定的思考を引き出すことができます。

10. 灰色の部分があると考える：この技法は，「全か無か思考」を打ち負かすのにとくに有効です。参加者は，ものごとを黒か白に分けて評価せず，灰色で評価します。例えば，結婚や仕事で失敗したときに，自分を完全な敗者と決めつけず，「私の長所と短所はどこにあるのだろう？ 私のポジティブな資質は何だろう？ どんな欠点を修正すれば良いのだろう？」と考えます。

11. 言葉を定義する：参加者は，「この否定的思考の本当の意味は何か？」と自分に問いかけます。例えば，自分を「完全な敗者」と呼ぶのであれば，完全な敗者の定義とは何か？ その定義は本当に意味があるのか？ 完全な敗者なるものが，そもそも存在するのか？ 完全な敗者とは，なにごとに対してもいついかなるときも失敗する人のことを指すのか，それともときどき何かに失敗する人のことでしょうか？ 誰でもときに失敗や落胆を経験することがあることを，彼らは知るでしょう。しかし，本当の意味で「敗者」なるものは存在しないのです。自分が呼

吸しているからといって，彼らは自分を「息をする者」と考えるでしょうか？

12. 具体的に考える：現実から離れないこと，そして現実についての大づかみな判断を避けることを参加者は学びます。自分に完全な欠陥があると考えず，長所や短所に，具体的に注目します。

13. 言葉を置き換える技法：参加者は，より客観的な，感情的ではない言葉を用います。この技法は，「すべき思考」やレッテル貼りに，とくに効果的です。例えば，彼らが動揺し，「自分はなんて間抜けなんだ。あんな失敗をすべきではなかったのに。どうしてこんなにバカなんだろう」と自分を批判するような場合は，言葉を置き換える技法を使って，「あの失敗は，しないほうが望ましかった。しかし世界がこれで終わりになるわけではないのだから，このことから自分が何を学ぶことができるかを見守ろう。私は1人の人間なのだから，他の人間と同様，ときには失敗することもある」と自分に言い聞かせます。参加者が言葉を置き換える技法を用いる際には，「自分の欠点について，もっと優しく穏やかな言葉を使って考えることはできないだろうか？」と自問します。

14. 責任再配分技法：直面する問題の責任を，自分のみに帰するのではなく，その原因を作った数多くの要因について考えます。そうすることで，自らのエネルギーを，自分を責めることや罪悪感に向ける代わりに，問題の解決に集中させることができます。「この問題の原因は何だろう？　私がつくった原因は？　そして他人（または運命）がつくった原因は？　この先どのくらい長く自分は苦しむのだろうか？　いつの時点で罪悪感を放棄し，生産的で喜びと愛情に満ちた人生を送ることが許されるのだろう？」などと自問します。

15. 受け入れの逆説：認知技法の多くは，自己防衛の考えに基づくものです。通常，参加者の否定的思考の多くは非論理的で歪んでいるため，彼らは，これらの思考に挑戦し，反論する方法を学びます。自分を守り，

自尊感情を築きあげるために努力するのです。このアプローチは，西欧の哲学に基づく，科学的方法です。基本にあるのは，「真実は私たちを自由にする」という考えです。受け入れの逆説は，仏教などの東洋の哲学に基づいています。自分自身の自己批判から身を守るのではなく，その中に多少の真実を認めます。そして，自己嫌悪や恥辱を感じる代わりに，自分の欠点を内面のやすらぎと平穏をもって受け入れます。

上記技法の定義をいくつか参加者に読んで聞かせ，どのように用いることができるか，その具体例を2,3,挙げるよう求めます。受け入れの逆説の簡単な例としては，以下のようなものがあります。例えば，参加者のある男性が，長いこと再発するうつに悩み，「自分にはどこか悪いところがあるに違いない」という思考をもったと仮定します。この，包括的な生得的欠陥の感覚は，うつ状態にある人に極めて一般的にみられます。この思考に対して，どのような技法で反論することができるでしょうか？

1つのアプローチとしては，彼には何も悪いところなどはなく，他の人と同様に完全に健常な人間であると主張することです。「ポジティブな考え方の力」を信奉する人々は，このアプローチをさらに推し進め，この男性に対して，「私は，日に日にあらゆる面でより良い自分になって行く」という言葉を何度も繰り返すよう訓練を施すかもしれません。ポジティブ・アファメーションは，メンタルヘルス専門家の間では，非常に一般的に用いられています。

こうした戦略は，自己防衛アプローチを代表するものです。問題は，この技法が少々防衛的で，真実を反映しているとは思えないことにあります。もしその参加者が，再発するうつに悩まされているのであれば，彼の気分が他の人たち同様にすぐれている，というのは嘘になります。さらに，彼は現在行き詰っていて，眼に見える進歩が得られていないのです。自己防衛は，空虚で不自然な響きをもたらす危険があります。

一方，この男性が受け入れの逆説技法を用いた場合，彼は，「自分にはどこか悪いところどころか，悪いところがたくさんがあるのだ！　私には，非常に多くの欠陥がある。私は1人の人間であり，欠点に満ちている」というメッセージを自分に言うでしょう。彼が内面の平穏と客観性をもってこのメッセージを受け入れることができれば，非常に多くの自由を手に入れることが可能となるのです。

　この例を用いる場合，受け入れの逆説は，責任逃れや個人の欠点の回避に使ってはならないことを参加者に強調します。個人的変革には，しばしば努力が必要です。逆説的ですが，自己受容は個人的変革の重要な第一歩となる場合が多いのです。自分の欠点を受け入れると，ふさぎ込みや自虐的な行動にエネルギーを使う代わりに，創造的かつ建設的にそれを用いることができます。

　もちろん，例に挙げたこの男性に用いることができる技法は他にもたくさんあります。例えば，彼は態度のメリット・デメリット分析を用いて，「自分にはどこか悪い点」があること主張することのメリットとデメリットをリストアップすることができます。この過程が，本人に慢性的劣等感の隠れたメリットのみならず，否定的考え方のデメリットも意識的に自覚させるようになります。

　参加者の中には，否定的思考を変えるのに，なぜこれだけ多くの技法があるのかと質問する人がいるかもしれません。これだけ多くの技法がある理由は，否定的思考を変えることがとても難しい場合もあるからです。多くの人が，一生とは言わないまでも長い間，自信喪失と不幸せな感情を持ち続けます。彼らは，自分自身や世界を否定的に考えることに慣れてしまっているのです。もしこうした思考パターンを変えることが簡単ならば，もうとっくに皆それを済ませているはずです！

　あなたは，これらのさまざまな技法を，『フィーリングGoodハンドブック』の137〜143（訳注：邦訳179〜187）頁の例を使って，皆を楽しませる方法で説明することができます。この例では，少し変形した胸部をもつ

チャックが登場します。チャックは，身体的に他人より劣ると思い込んでいるために，海水浴へ行くことを恐れています。彼は，自分が浜辺でシャツを脱いだら，周囲の人がへこんだ胸部を見て，軽蔑するだろうと思い込んでいます。チャックは以下のような2つの否定的思考を持っています。

1. 「自分以外のどの男性も体格がとても良く，自分はどの男性よりも劣っているのだ。」
2. 「もしも僕がシャツを脱いだら，皆が僕のことをじろじろ見て，僕のことを異常と思うだろう。」

　この2つの否定的思考を発表用紙に記した後で，あなたはグループにこう質問します。「これらの否定的思考にはどのような歪みがあるでしょうか？」そしてさらに，「証拠を探す技法を使うとしたら，どのように否定的思考に反論できますか？　実験技法を使うとしたらどうでしょうか？」などと質問します。この質問によって，否定的思考の誤りを証明するために，異なる技法をいくつ使うことができるかについての，参加者の理解が促されます。この間に，あなたは『フィーリングGoodハンドブック』の142（訳注：邦訳の186）頁に記載されている「自動思考を修正する方法は数多く存在する」と題された図のコピーを皆に配布します。

　この練習を行う場合，『フィーリングGoodハンドブック』の141（訳注：邦訳の184）頁にある恐れている幻想の技法による対話を，希望者にロールプレイしてもらうのもよいでしょう。ボランティアには，浜辺の敵意ある集団を演じさせ，あなたが変形した胸をもつチャックの役を演じます。この練習で恐れている幻想の技法を用いる際には，現実離れしてもよいことを参加者に説明します。これは，あなたがもっとも恐れていることが起こる，不思議の国のアリス的な冒険という設定です。ジョージア大学のカウンセリング・サービスで行った「もういちど自分らしさに出会うための10日間」グループのリーダーたちは，この例で行った恐れている幻想の技法のロー

ルプレイを，とても楽しい雰囲気で行うことができたと報告しています。

態度のメリット・デメリット分析の練習　その1

　この練習では，学校，ダイエット，職業などにおける挫折を経験したときのことを思い出し，その経験を記述するよう参加者に求めます。そのとき，どのように考え感じたでしょうか？　どんなメッセージを自分に与えていたでしょうか？

　私たちは，挫折に遭遇すると，落ち込んでしまい「私は完全なダメ人間だ」と自分に言いがちです。参加者に，こう考えた人がいるかどうか尋ねてください。そして，その考えを信じることのメリットとデメリットを，ワークブック123頁のメリット・デメリット分析用紙にリストアップするように指示します。「それが私に，どのように役立つのか？　そう考えることが，どのように私を傷つけるのか？」と自問するよう，参加者に指示します。

　この練習は，グループ全体で行います。参加者が挙げる否定的思考のメリットを，あなたは発表用紙に，参加者は彼らのワークブックにそれぞれ記録します。参加者が，自分をダメ人間と考えることのメリットを，こじつけで考えることのないように注意してください。歪んだ思考は非常に破壊的ですが，多くの点で微妙な報酬を与えてくれる場合もあります。態度のメリット・デメリット分析を行う目的の1つは，自分が否定的思考パターンをとることで実はなんらかの報酬があることを参加者に自覚させることです。「私は完全なダメ人間だ」と考えることのメリットは，リーダーズマニュアルの157頁にいくつかリストアップされています。

　参加者がメリットをいくつかリストアップしたら，次に否定的思考のデメリットを挙げるよう求めます。参加者にとっては，デメリットを挙げるほうがやさしいでしょう。メリットよりもずっと明白だからです。

　「私は完全なダメ人間だ」と考えることのメリットとデメリットをリストアップし終えたら，グループ全体に，メリットとデメリットのどちらが大

きいか比較して100点満点で評価するよう求めます。例えば，メリットがデメリットを60対40で上回ったり，デメリットがメリットを30対70で上回ったりする結果になると思います。参加者は，その結果を態度のメリット・デメリット分析用紙下部の2つの丸の中に書き入れます。

評価した結果，デメリットが大きいのであれば，「私は完全にダメ人間だ」を置き換える合理的思考にはどのようなものがあるか，彼らに尋ねます。彼らは，その代わりにどのようなことを自分に言うことができるでしょうか？

態度のメリット・デメリット分析の練習　その2～4

これらの練習は，参加者個別でも，2～6人構成の班に分けても行うことができます。私は，ここであなたが，3つの班にグループを分けたと仮定して話を進めます。各班にはそれぞれ異なる態度のメリット・デメリット分析課題を割り当ててください。彼らはその否定的思考のメリットとデメリットをリストアップして行きます。ワークブックのステップ4末尾にある回答例は，練習中に参加者が参照しないよう指示します。

各班が練習する課題の概要は，以下のとおりです。

〈第1班〉

この班には，ワークブック124頁にある態度のメリット・デメリット分析その2を割り当てます。彼らが自らのこととして想像するのは，慢性的なうつ状態にありいつも怒りを抱えているフレッドという名の医師です。ある日彼は，大嫌いな同僚が医学部の准教授に昇格したことを知りました。彼はうねるようないらだちを感じ，「なぜあんなインチキ野郎が昇格するのだろう。あいつはおべっかを使っているだけの男じゃないか。昇格は，駆け引きではなく，実績と独自の研究に基づいて行われるべきだ。いったいどうなっているんだ？　不公平じゃないか！」と自分に言いました。彼はしばしば世間に恨みを抱き，失望します。この班には，彼の否定的思考で

ある「それは不公平だ」のメリットとデメリットを挙げるよう求めます。その考えは，フレッドにどのような報酬をもたらし，どのように彼を傷つけるでしょうか？

〈第2班〉
　この班には，ワークブック126頁にある態度のメリット・デメリット分析その3を割り当てます。彼らは，自分がハリーという名の32歳の独身弁護士になったつもりで話し合います。彼は，愛想が良くハンサムですが，女性を前にするととても緊張するため，デートの経験がほとんどありません。セラピストが彼に割り当てた宿題は，毎日少なくとも10人の女性に声をかけるように，というものでした。彼は，その宿題に頑固に抵抗しました。彼が望んでいたのは，なぜ自分はずっと昔から不安を感じ，引っ込み思案なのだろうかという疑問を分析することでした。彼の否定的思考は，「私にはそんなことができないことを，バーンズ先生は理解していない。女性が求めるのは，自信あふれる活発な男性だ。自分はそんなタイプではない。もし，私がどれだけ緊張し不安になっているかを知ったら，どんな女性だって私を石ころ同然に捨てるだろう。おまけに，私は善良で誠実な人間だ。デートのために遊びで声をかけるなんて，そんなことはすべきではない。自分はそんな人間ではない。ばかばかしい派手な服を自分は着るべきではない。それは，本当の自分ではない。ありのままの私を女性が気に入るのが本来だ。ありのままの私が好きではないというのなら，運がなかっただけだ！」この班に，ハリーの否定的思考のメリットとデメリットを挙げるよう求めます。否定的思考の選択例には，「私にはこんなことはできない」，そして「女性はありのままの私を気に入るべきだ」があります。

〈第3班〉
　この班には，ワークブック127頁にある態度のメリット・デメリット分析その4を割り当てます。この練習課題には，児童期にひどい性的虐待を

受けた経験をもつ女性が登場します。彼女は慢性のうつ状態に悩まされていました。彼女は心の中で，「落ち度は自分にある。防ぐことができたはずなのに，それをしなかった自分が悪いのだ。私の身に起こったことが誰かに知れたら，周囲は私のことを好色な少女と考えたに違いない」と考えていたのです。こうした思考がどれだけ理性を欠いたものか分かっていても，そう考えてしまう不合理な衝動を，彼女は感じていました。彼女はひどいうつ状態にありましたが，変わることを拒んでいました。この班には，彼女の最初の否定的思考である「落ち度は自分にある」を信じることのメリットとデメリットをリストアップするよう求めます。あなたがこの練習課題を選択する場合，取り扱う状況が少々生々しいため，中には動揺する参加者が出る可能性に注意してください。

　各班がこれらの練習を行う間，あなたは彼らの間を歩いて監督します。課題に集中し，うわさ話などを避けるよう指導してください（これらの練習の回答例は，練習その2とその3がワークブックの144～145頁，その4が145頁に記載されています。参加者には自分の回答を記入するまでは，回答例を参照しないよう指示します）。

　態度のメリット・デメリット分析を完成させるために，各班には約5分を与えます。5分経過後，各班のスポークスパーソンに班の結論を要約して発表させます。

　練習が終了したら，態度のメリット・デメリット分析は主に否定的思考を信じる動機に取り組むためのもので，否定的思考が正しいか否かに取り組むものでは必ずしもない点に注意するよう，参加者に伝えます。ある否定的思考のデメリットがメリットを上回るのであれば，通常その思考は，よりポジティブで現実に即したものへの修正が可能です。

実験技法の練習　その1

　否定的思考に挑戦するには数多くの方法があることを，あなたは参加者に指摘して思い出させます。その内の1つが，実験技法と呼ばれるもので

す。実験技法を用いた練習の1つが，ワークブックの128頁に記述されています。この練習は，グループ全体で行ってください。

インドからやってきた28歳の化学者ロニーは，社会的状況におけるひどい緊張に悩んでいました。食料品店でレジの列にならぶと，彼は心配そうにうつむき，「周囲の人は，みな落ち着きはらって，楽しげに雑談している。自分の番になったら，私も何か気のきいたことを言ってレジの店員と会話しなければならない」，と自分に言うのでした。

参加者にロニーの思考にある歪みを特定するよう求めます。その後で，ロニーが彼の思考に挑戦するためには，実験技法をどのように適用することが可能かを尋ねます。この練習は，参加者にとって簡単なはずです（この練習の回答は，参加者用ワークブックの146頁にあります。彼らには，自分の回答を記入する前にこの回答例を参照しないよう指示します）。

実験技法の練習 その2

この練習は，ワークブック130頁に説明されています。ビルは，慢性的不安を抱える42歳の完全主義の弁護士です。彼は，敗訴した案件のことを同僚たちが知り，彼らから軽蔑されることを恐れています。ビルのキャリアは申し分なかったにもかかわらず，絶えず心配し，失敗への強い恐怖のためにリラックスすることは全くありませんでした。

この練習は，個別に行うか，あるいは2，3人の班にグループを分けて行います。各班がこれらの練習を行う間，あなたは彼らの間を巡回して監督し，質問があればそれに答えます。課題に集中し，よもやま話などは避けるよう指導してください。約5分経過後，分析の結果を彼らに質問します（この練習の回答は，参加者用ワークブックの147頁にあります。彼らには，自分の回答を記入する前にこの回答例を参照しないよう指示します）。

証拠を探す技法の練習

以下の4つの否定的思考に反論するために，証拠を探す技法をどのよう

に用いるかを参加者は練習します。

1. 私はなんでも先延ばしする人間だ。期限内には何も済ますことができないような気がする。いったい私のどこが悪いんだろう？
2. 私は食欲をコントロールすることができない。私には意志の力がない。
3. 私は非常に優柔不断な人間だ。すべてのことに決断できない。
4. 私はなんて不器用で間抜けなんだろう。正しくできることは，何もない。

　ワークブック131頁にある上記4つの否定的思考から，参加者各人が1つだけ選び番号に丸印をつけるよう指示します。

　そして選択した否定的思考の歪みを特定するよう指示します。彼らがその結果をワークブック132頁の回答欄に記入する際には，ワークブック50頁にある歪んだ思考リストを参考にするよう伝えます。

　最後に，彼らが選択した否定的思考に反論するために，証拠を探す技法をどのように適用できるか質問します。彼らの考えを，ワークブックに記入するよう求めてください（この練習の回答は，ワークブックの147頁にあります。彼らには，自分の回答を記入する前にこの回答例を参照しないよう指示します）。

調査技法の練習

　調査技法は，実験技法に似ています。調査技法では，否定的思考が真実かどうかを実験する代わりに，調査を行います。私はかつて，人前でのスピーチに不安を感じる心理学者を治療したことがありました。彼女は，メンタルヘルス専門家の同僚を対象とした一連のセミナーを開く予定でしたが，メンタルヘルス専門家の1人として，この問題に悩まされている自分を異常と考え，緊張と恥辱を感じていました。彼女は自分に，「私は落ち着

いていなければならない」と言い聞かせていたのです。この彼女の思い込みをテストするためには，どのような調査が考えられるでしょうか？

私は彼女に，次回のプレゼンテーションで，人前でのスピーチに不安を感じる人は手を挙げてほしい，と聴衆に質問することを提案しました。彼女がそのとおりにしたところ，驚いたことには同僚の半数以上が同じ問題に悩んでいたのです！

あなたは，この女性を例に，彼女が自分の思い込みをテストするためにどのような調査ができるかを参加者に尋ねることもできますが，ワークブックの132頁には別の筆記課題があります。そちらは，妻の態度に動揺する男性についての課題です。彼は，妻が息子のしつけに甘すぎると考えていましたが，自分がどう感じているかを妻と話し合うことには消極的でした。彼には，幸せでうまく行っている夫婦は，喧嘩や言い争いをすべきではないという思い込みがあったからです。参加者に，この男性が自分の思い込みの妥当性をテストするために，どのような調査を実施すれば良いか質問します（この練習の回答は，ワークブックの148頁にあります。彼らには，自分の回答を記入する前にこの回答例を参照しないよう指示します）。

日常気分記録表の練習　その1

ワークブック134頁にあるこの練習は，参加者が否定的思考にさまざまな技法を使って反論する練習の機会を与えるものです。参加者には，上司から悪い成績の評価を受けたと想像するよう求めます。彼らは動揺し，以下のような否定的思考をもつでしょう。

1. 私は完全な敗者だ。　100％
2. 私に何か欠陥があるに違いない。　100％
3. これは起きてはならないことだ。不公平だ。　75％

参加者に，誰かから批判されて上記のように考えたり，感じたりした経験があるかどうかを尋ねます。参加者各人に，上記3つの否定的思考から1つを選択するよう求めます。そして選んだ思考の歪みを特定します。次に彼らは，ワークブック135頁にある思考の歪みを取り除く15の方法と題された表を参考に，否定的思考に反論します。そして，右側のコラムに合理的思考を記録するよう，彼らに指示してください。

例えば，「私は完全な敗者だ」という否定的思考を選んだ場合，彼らは以下のようなステップを経て，それに反論します。

1. 歪みを特定する：「私は完全な敗者だ」にある歪みは，レッテル貼り，全か無か思考，心のフィルター，感情的決めつけ，などです。
2. 直接的アプローチ：「自分が完全な敗者だという主張に反論する方法を何か考えられるだろうか？ この思考は正しいのだろうか？ なぜ正しく，あるいはなぜ正しくないのか？」と自問します。
3. メリット・デメリット分析：参加者は，選んだ思考を信じることのメリットとデメリットをリストアップします。「自分が完全な敗者であると考えることは，私にとってどのように役立つのだろう？ この考え方のメリットは何か？ るだろう？」と自問します。また，自分を長所も欠点もある1人の人間と考える，といった代替思考のメリットやデメリットをリストアップすることもできます。
4. 二重の基準技法：「同じような問題で悩む親友にこんなことを言うだろうか？ なぜ言わないのだろう？ 親友にならどんな言葉をかけるだろうか？」と自問します。
5. 証拠を探す：「自分が完全な敗者であることの証拠は何だろう？ 自分が完全な敗者ではないことの証拠は何だろう？」と自問します。あるいは，上記否定的思考の3番目を選んだ場合，自問する内容は，「上司は常に公平で合理的であるべきということは，どこに書かれてあるのだろう？ 世界は自分の望みどおりになるという証拠はあるのだろう

か？」のようになります。

6. 実験技法：その思考が現実的かどうかを確認するテストを行います。彼らは，「この思考が真実であることを確認するには，どのような実験があるだろう？」と自問します。
7. 言葉を定義する：「完全な敗者とは何か？　この定義には意味があるだろうか？　完全な敗者なるものは存在するのだろうか？」と自問します。
8. 言葉を置き換える技法：「自分を『完全な敗者』と表現する以外に，もっと親切で客観的な表現を考えることはできないだろうか？」と自問します。
9. 灰色の部分があると考える：上記1番目の否定的思考にこの技法を用いる場合，「私は長所と短所の具体的なリストを作ることができるだろうか？　私のポジティブな部分は何だろう？　私が取り組む必要のある問題領域はどの部分だろう？」と自問します。あるいは上記3番目の否定的思考に用いて，「世の中は常に公平だろうか？　世の中は常に不公平なのか，それとも時々は公平になるのだろうか？」と自問します。
10. 受け入れの逆説：「その批判にはいくらかの真実が含まれているだろうか？　この状況から私が学ぶものはあるだろうか？　自分の業績が標準以下という事実を受け入れることができるだろうか？　人間は欠点をもつことが許されるだろうか？」と自問します。

　このリストは，すべてを網羅したものではなく，出発点に過ぎません。これらの他にも，数多くの技法を適用することができます。例えば，責任再配分技法を用いた場合，「問題の原因は，どの程度が本当に自分の責任なのだろうか？　50％か，それとも100％だろうか？　上司のかかえるプレッシャーが，彼（彼女）を過剰に不快にさせたかもしれない。そうした他の理由に帰する原因はどの程度あるだろう？」と自問します。また，その場での批判の対処に効果的な，武装解除法や相手を尊重するなどの言語的技

法の習得を，参加者は練習することもできます。これらのコミュニケーション技法は，意地の悪い上司に，ほとんどいつも魔法のような効き目を発揮します！

　要するに，1つの技法が失敗したら，次の技法，それがだめなら次の技法を試して，最終的に参加者が否定的思考の誤りを証明できれば良いのです。

　数分経過後に，数人の参加者から，彼らが選択した否定的思考で特定した歪みを発表してもらいます。次に否定的思考に反論するために書き出した合理的思考を読み上げるよう求めます。その合理的思考を導くために，どの技法を用いたかも尋ねてください。

日常気分記録表の練習　その2～3

　この練習では，参加者が歪みの特定と合理的思考を考え出す前に，日常気分記録表に，できごと，感情，否定的思考を記録します。しかし，できごと，感情，否定的思考などはすでにワークブックにすべて記述されています。ですから参加者は，ゼロからこれらを考え出す必要はありません。これらの練習は，日常気分記録表をステップ1から記録することの習熟を目的としています。

　練習には，グループを2つの班に分けます。1班は，ワークブックの136頁にある日常気分記録表の練習その2を行います。2班は，ワークブック139頁の日常気分記録表の練習その3を行います。練習その2は社会不安を，練習その3は家族の死を取り扱います。各班には共同で練習を行うよう指示し，班の練習と同時に各個人それぞれのワークブックの日常気分記録表に書き込まなければならないことを強調します。あなたは，各班を巡回しながら参加者全員が筆記しているかどうかを確認し，おしゃべりなどをせずに練習するよう指導します。

　約10分程度経過後，グループを再び1つにして，各班のスポークスパーソンに練習結果を要約して発表するよう求めます。否定的思考の代替となる有効な合理的思考を考え出すことができたでしょうか？　どの技法が

もっとも有用と考えたでしょうか？

日常気分記録表の練習　その4

この練習は，いわば単独飛行訓練です。ここでは，参加者が自分の個人的経験をもとに日常気分記録表をゼロから記入します。この練習の注意事項は，ワークブックの141頁から始まります。あなたはこの練習を，3つの方法で指導することができます。

1. あなたが指導し，グループ全体でこの練習を行います。
2. グループを3～5人の班に分け，各班で練習するよう指示します。
3. ワークブックを使い，各人に練習させます。

練習課題のコンセプトを迅速に熱意をもって把握する優れた参加者のグループであれば，2番目および3番目の方法が適しているでしょう。比較的進歩の遅いグループの場合は，1番目の方法を選びます。1番目の方法は，参加者にとってもっとも簡単な方法です。練習をあなたが指導して進めるからです。この方法で，参加者は，否定的思考のコラムに感情やできごとを記述するなどの，一般的なミスを回避することができます。

ここで私は，あなたが1番目の方法をとったものと仮定します。参加者に，彼らの人生において経験した，動揺させるできごとを言葉で説明するよう求めます。彼らが割り当てられた日常気分記録表の宿題から，動揺させるできごとを利用しても構いません。これらできごとを，あなたは発表用紙に記録します。こうすることで，この練習に適したできごとを選択する余裕があなたに生まれます。一般に，怒りに関するできごとよりも，うつ状態に関するできごとのほうが容易です。怒りを感じている人は，否定的思考や否定的感情を諦めることがときに難しい場合があります。怒りを感じていたいという可能性があるからです。一方で，うつ状態にあり自己批判的な人は，一般により柔軟で，変わることを望んでいる場合が少なく

ありません。

　動揺させるできごとを選んだら，あなたは参加者全員に彼らのワークブック142頁にある日常気分記録表用紙にそれを書き込むよう求めます。動揺させるできごとは，時間（それはいつ起きたのか？），場所（どこで起きたのか？），誰と（そこに誰がいたか？），そして詳細（自分を動揺させる何が起きたのか？）などの点で，具体的であるように注意します。あいまいで抽象的な動揺させるできごと（「人生は不愉快だ」，「生活を軌道に乗せることができない」，あるいは「今，自分は同一性の危機に襲われている」など）は，意味のある方法で対処することはできません。

　次に，ワークブック135頁に略述されたステップに従って，思考の歪みを取り除きます。参加者には，あなたが指導する練習の内容を，彼らのワークブックの日常気分記録表に書き写すよう指示します。参加者が提供するできごとの対処を指導するのはあなたでも，参加者にはそれを自分のこととして考えるように指示します。彼らには，「もしこれが自分に起こったできごとだとしたら，あなたはどのように感じ，考えますか？」と問いかけてください。彼らに，0％〜100％で評価した否定的感情を記入するよう指示します。そして，この状況では，どのような否定的思考をもつだろうかと考えるよう求めます。否定的思考には番号をつけ，ワークブックの日常気分記録表に記録するよう指示します。彼らの挙げる否定的思考を，あなたは発表用紙に記録します。それぞれの否定的思考は，どの程度それを強く信じるか，0％〜100％の評価点を付して記録するよう彼らに求めます。

　このように行うことで，参加者はこの練習に個人的に関わることができます。そのできごとが，参加者のほとんどに実際に起こったものではないために，否定的思考の誤りを証明する効果的な合理的思考を考え出すことが，容易に行えるのです。実際にそのできごとが生じた本人以外の参加者にとは，この練習は作り事です。このことは，プログラムを前に進め，否定的思考の誤りを証明する上で大きなメリットとなります。動揺させるで

きごとを例として提供してくれた参加者本人は，最後まで行き詰まったままの可能性はありますが，他の多くの参加者にとっては，日常気分記録表をどのように使うのかを学ぶ機会が与えられます。

　参加者が否定的思考を考えるときには，それらが単なる感情（「私は悲しい」など）やできごと（「妻が浮気している」など）の記述，あるいは修辞疑問（「なぜ自分に起こるのか？」など）ではないことを確認させます。

　あなたが否定的思考のリストを完成させたら，グループを班に分けたほうが指導は容易になるでしょう。各班には，班員以外の参加者が挙げた否定的思考を，1つ選ぶよう指示します。これによって，参加者からの「手助け」や「セラピスト役」からの助言を防ぐことができます。さらに，その否定的思考を挙げた本人が，他の参加者との議論で「いや，それは無理だ」とか「それはもう考えた」などと抵抗する状況を回避できます。この段階での目標は，この技法がどのように役立つのかを学ぶことにあります。特定のグループ参加者に治療を施すことではありません。

　参加者には，それぞれの合理的思考を信じる強さを0%〜100%で評価することを忘れないように注意喚起してください。その後で，否定的思考を現在はどの程度信じるか，0%〜100%で再評価するよう指示します。

　各班が選んだ1つの否定的思考の誤りを証明し終えたら，グループに戻し，各班のスポークスパーソンから班の結論を要約して発表させます。否定的思考に反論する際に，どの技法を用いたかを尋ねてください。彼らは，否定的思考を信じる強さを低減することができたでしょうか？

　今日のセッションが終了した時点で，参加者には，自分自身の否定的思考の誤りを証明するには，かなりの時間と根気が必要となることを銘記するよう注意します。通常，他人がいかに非論理的で自己批判的かを見分けるのは簡単です。しかし，動揺しているときには，誰でも自分の自己批判的思考が完全に現実的に見えてしまうものです。しかし，こうした否定的思考がいかに過酷で非論理的かを理解した瞬間，私たちは自尊感情のとても大きな高揚を経験するのです。

ステップ4の反応と評価

　セッション終了時，議論したいくつかの考え方を要約します。参加者に，否定的思考に反論するための技法をいくつ覚えているか質問します。

　なぜこれほど数多くの認知技法が開発されたのかその理由を参加者に尋ねます。思考の歪みを取り除く15の方法と題された表の使い方を理解しているか，彼らに尋ねてください。彼らが否定的思考に反論するときには，この表を使うことを銘記しておくよう注意します。

　参加者に，このセッションでどんなことが気に入ったか，気に入らなかったことは何かなどを質問します。ワークブック149頁のステップ4の評価を記入するよう求めます。評価の発表を希望する参加者はいないかを尋ねます。彼らが批判や否定的反応を発表する際には，あなたは自己弁護的返答を行わないよう注意します。

ステップ5のためのセルフヘルプ課題

　参加者がセッションルームを離れる前に，ワークブック151頁に記載されているステップ5のためのセルフヘルプ課題について話し合います。

⟨143頁の練習の回答⟩

態度のメリット・デメリット分析*

あなたが変えたい態度は？：<u>私は完全なダメ人間だ。</u>

これを信じることのメリット	これを信じることのデメリット
1. 私は相手とのあらゆる衝突を避けることができる。	
2. 私はふくれっ面をして，自分自身を哀れむことができる。	
3. 私は自分が実際に犯したあらゆる誤りについて語る必要がなくなる。	
4. 私は相手が自分に対して怒っているかどうかを知る必要がなくなる。	
5. 私は違う方法での対処を学んだり実行する必要がなくなる。	
6. 批判に対するこの反応は，自分にとって容易で慣れ親しんだものだ。	
7. 私が怒ってしまえば，こうした感情に対処する必要がなくなる。	
8. 私は相手に罪悪感を与え，私に対してすまない気持ちにさせることができる。	
9. 私は自分がダメ人間だと感じているのだから，この思考は妥当性があるように思う。	

* Copyright ⓒ 1984 by David D. Burns, M. D., from *Ten Days to Self-esteem: The Leader's Manual*, copyright ⓒ 1993.

ステップ5

受け入れの逆説

リーダーのためのステップ5の準備

準備項目	準備済みの項目に○をつける
1. 参加者用ワークブックの153頁から始まるステップ5を読む。	
2. リーダーズマニュアルのステップ5にあるチェックリスト（次頁）およびリーダーへのヒント（162頁～）を学習する。	
3. 『フィーリングGoodハンドブック』の130～136（訳注：邦訳172～177），137～143（同179～187），173～174（同228～229），245～248（同322～326），356～357（同473～475）の各頁にある，声の外在化及び恐れている幻想の技法についての記述を読む。『いやな気分よ，さようなら』の第13章，さらに「Intimate Connections（訳注：デビッド D. バーンズ著）」のAppendix Cにも同様の例が記載されているので参照する。	

ステップ5のチェックリスト

活動項目	必須または任意選択	最小所要時間（分）	終了した項目に○をつける
1. 81頁のリーダー用データシートを用いて，参加者の，3つの気分測定テストの得点を，宿題の実施状況および出席状況の得点とともに記録する。	必須	10	
2. プログラムのステップ1〜4を復習する。	任意選択	5〜10	
3. ステップ4の肯定的および否定的反応と評価を求める。	必須	5	
4. ステップ5のために割り当てた読書課題について話し合い，日常気分記録表とメリット・デメリット分析の，すべての筆記宿題をおさらいする。	必須	5〜10	
5. 参加者用ワークブックの135頁にある思考の歪を取り除く15の方法に記載された，否定的思考思考に反論するための技法のいくつかを復習する。	必須	5〜10	
6. 声の外在化技法を練習する。	必須	20+	
7. 受け入れの逆説の技法を練習する。	必須	20+	
8. 健全な自己受容と不健全な自己受容の違いについて話し合う。	必須	5〜10	
9. ステップ5の肯定的および否定的反応と評価を求める。	必須	5	
10. ステップ6のための宿題を割り当てる。	必須	3	

ステップ5の概要

このステップでは，おもに下記の目標を目指します。その内の1つは任意選択の目標です。

- あなたは，参加者がこれまで学んだプログラムの内容をおさらいします。ただし，このおさらいは任意選択です（プログラム全体をおさらいする機会は，ステップ10に用意されています）。
- あなたは，声の外在化と呼ばれるロールプレイ技法を参加者に紹介します。これは，本能的レベルでの感情の変化をもたらす技法で，個別面接，グループセラピーの別なく，興味を抱かせつつ愉快に認知技法を習得させる方法です。
- あなたは，気分を高揚させる2つの対照的な技法を参加者に紹介します。1つは自己弁護，もう1つは受け入れの逆説と呼ばれます。自己弁護は，西洋的宗教と科学的思考に基づいていますが，受け入れの逆説は，より東洋的な仏教などの哲学に基礎をおいています。ほとんどのセラピストやクライアントは，当然自己弁護に強くひかれる傾向がありますが，受け入れの逆説は，ときに自己弁護よりも強力なことがあります。ひとたびこの技法を習得すると，劇的な効果を生む可能性があります。この2つの技法を組み合わせて用いることによって，自分，社会，そして未来に対する考え方や感じ方を変容させることができます。
- あなたは，この2つの対照的な技法の，哲学的および心理学的意味についての話し合いを指導します。この話し合いは，スピリチュアル（精神性的，霊的）な次元で行う必要はありません。しかし，あなたが指導するグループの参加者が宗教的信念をもち，習得する技法との統合を望む場合，この方向に議論を導くことは容易です。

● あなたは健全な自己受容と不健全な自己受容の区別についての話し合いを指導します。どのようなときに，受容は無価値，失望，絶望などの感情につながるのでしょうか？ また，どのようなときに受容は内面の喜び，自由，個人的責任につながるのでしょうか？

リーダーへのヒント

データの収集

参加者の3つの自己評価テスト（気分測定テスト〔BDC, BAI, RSAT〕）の得点を，81頁に記載したリーダー用データシートに記録します。76頁の3点法評価尺度を用いて，宿題の実施状況を記録します。そして，78頁の2点法評価尺度を用いて，参加者の出席状況を記録します。

ステップ1～4の復習（任意選択）

あなたは，5ないし10分を使って，ここまでに参加者が学んだ内容をおさらいしてもよいでしょう。時間に余裕があれば，この段階での復習はとても有効です。

ステップ1では，個人的な目標を立て，その目標達成のために，気分の測定とセッションの合間におけるセルフヘルプ課題への取り組みの重要性を学びました。

課題への取り組みに抵抗する理由をいくつか覚えているか，参加者に質問してください。こうした抵抗を個人的に経験した参加者はいるかどうか，尋ねます。ここまでに行った宿題の量に，不満のない参加者は何人いますか？ 不満な人は何人いるでしょう？ 彼らは，宿題への抵抗に悩まされているでしょうか？ この問題を，今彼らはどのように感じていますか？

最初のセッションでは，集団の中で心を開くこと，各セッション終了時には肯定的および否定的な反応と評価について発言することの重要性も話し合いました。中には，心を開いて自分の否定的感情を語ることに抵抗を

感じる人もいます。なぜでしょうか，その理由を覚えている参加者がいるか尋ねます。グループで自分の個人的感情を共有しようと実際に試みた人は何人いるか，尋ねてください。その経験は彼らにとってどのようなものでしたか？

　効果的な聞き取りのための3つの秘訣について，参加者は記憶しているかどうか，尋ねます。3つの秘訣の名前を彼らは覚えているでしょうか？ 聞き取りと「手助け」の違いは何でしょう？ 良いコミュニケーションと悪いコミュニケーションとの違いは？（ステップ1の終わりに「手助けVS聞き取り」の練習を選択しなかった場合，これらの質問は省きます）

　ステップ2では，参加者は認知療法の基本原理について学びました。これら原理は何でしたか？ 私たちに怒り，悲しみ，恐怖などの感情を引き起こすものは何でしょうか？ 認知の歪みの例を示すことができる参加者はいますか？

　ステップ3では，参加者は健全な感情と不健全な感情の違いについて学びました。その違いは何でしょうか？ その違いがもつ実際的な意味はどのようなものでしょうか？ 感情のメリット・デメリット分析には，どのような目的がありますか？

　参加者はまた，日常気分記録表の記入方法についてさらに学びました。基本的な記入ステップはどのようなものですか？ 日常気分記録表は，紙に記録しても頭の中で記録しても，同じ効果が期待できますか？ 有効な合理的思考の特徴にはどのようなものがありますか？ 日常気分記録表が効果的ではないと思われるときには，どのようにトラブルシューティングすれば良いのでしょうか？

　ステップ4では，否定的思考に挑戦するための，いくつかの技法を学びました。参加者は，これら技法の名前をいくつか思い出すことができるでしょうか？ 態度のメリット・デメリット分析とはどのようなものでしたか？ その目的は何ですか？ 実験技法とはどのようなものですか？ なぜ，数多くの異なる種類の技法が考え出されたのでしょうか？ ときとして自

分の否定的思考に反論するのがとても難しいのはなぜでしょう？　日常気分記録表の目的は何ですか？　思考の歪みを取り除く15の方法の表は，どのように用いるのでしょうか？

参加者の反応と評価ならびに宿題の点検

　参加者に，ステップ4での肯定的および否定的反応と評価を求めます。何が気に入り，何が気に入らなかったでしょうか？

　その後，ワークブックに割り当てられたステップ5の読書課題および『フィーリングGoodハンドブック』の補足読書について，簡単に話し合います。読書内容についての議論を参加者に促してください。どのような点に同意できたか，あるいは同意できなかったのはどのような点かを彼らに質問します。とくに役に立つと考えられる，興味をひいた記述はあったでしょうか？　理解できなかった部分はなかったでしょうか？

　参加者は，思考の歪みを取り除く15の方法の表の用い方を理解しているでしょうか？　この表について，彼らから何か質問はありませんか？　彼らは，日常気分記録表を完成させるときにこの表を使ってみましたか？

　参加者は，筆記宿題の1つである態度のメリット・デメリット分析をうまく完成させることができたでしょうか？　彼らの中に，自分の分析結果をグループで共有しても良いという意見の人はいるでしょうか，尋ねてください。

　日常気分記録表を使った筆記宿題について，彼らに尋ねます。彼らは，自分の否定的思考にうまく反論できたでしょうか？　うまくできた例を発表する参加者はいますか？　宿題を完成させる上で，どのような問題にぶつかりましたか？　反論することができなかった否定的思考がありますか？

　私は，日常気分記録表を用いた宿題の取り扱いは簡単に済ませることを薦めます。参加者が，ある否定的思考への反論を手伝ってほしいと申し出た場合，あなたはその個人に，実際に紙の上で記録表を練習したかどうか

を尋ねてください。日常気分記録表に否定的思考が注意深く記録されていない参加者には，手助けを行ってはいけません。日常気分記録表をきっちり用紙に記入していない参加者には，それを完成させることを宿題として割り当てます。そして，次回のセッションでその参加者に再度同じ質問をするよう指示します（もちろん，識字ができない参加者には特例を設けます！）。

　参加者が日常気分記録表をきちんと用紙に記入している場合，あなたは彼らが反論に手こずっている否定的思考を発表用紙に書き出します。そして，ワークブック102頁のトラブルシューティング・ガイドを使って，グループ全体にあなたと一緒にトラブルシューティングを行うよう求めます。まず，彼らが，動揺させるできごとと感情を正しく特定しているかを確認します。次に，「これは，健全かつ適切な感情で，表現する必要があるものでしょうか，それとも不健全な感情で，日常気分記録表によって変える必要があるものでしょうか？」と彼らに尋ねます。

　それが日常気分記録表の適用にふさわしい不健全な感情であれば，発表用紙にあなたが書いた思考の中の歪みを，参加者が特定できるかどうか尋ねます。そして，ワークブック135頁にある思考の歪みを取り除く15の方法の表を参照するよう指示します。どの方法を使えば，より効果的な合理的思考を考え出すことができるかを尋ね，説得力のある合理的思考を5つ，6つ参加者から求めて発表用紙に書いてください。

　否定的思考を提供した本人が，それでも行き詰まっているようであれば，彼または彼女に，それは自然なことであり，とくに動揺の激しい否定的思考への反論には数週間を要する場合があることを伝え，安心させます。グループ全体には，否定的思考に反論する方法について，今日のセッションでさらに学んで行くことを伝えます。

　この過程に，他の参加者の時間を過剰に取ることは，避けなければなりません。ある参加者個人との勢力争いは，努めて避けるようにしてください。その個人にとって，それは一時的な行き詰まりであり，否定的考え方

を手放さないと固く決心しているかもしれないからです。その問題についての説教や決定を強いるべきではありません。現段階では，正しい方向性を彼らに示すだけで十分です。

声の外在化

今日のセッションでは，私が1970年代後半に考案した声の外在化と呼ばれる技法を参加者に説明します。この技法がそう名付けられた理由は，私たちは自分を激しく動揺させる否定的，自己批判的思考を，外在化—または行動化—させるからです。この技法は，本能的レベルで，知的理解を実際の感情的変化に変容させる方法です。そして，認知療法の技法の中でも，もっとも強力で愉快なものの1つです。

この練習を行うには，2つの異なる方法があります。まず，二重の基準技法を用いた方法を最初に紹介しましょう。ワークブックにも記述されているこの方法は，より対立的ではない，簡単な方法です。参加者の中から，新技法の実演に参加してくれるボランティアを募り，あなたがボランティアの否定的思考を演じ，ボランティアは合理的思考の役を演じることを説明します。

ここでは，ボランティアが女性で，以下のような否定的思考をもっていると仮定します。この否定的思考は，ワークブックの160頁にも記述されています。

1. 他の人たちが私の本当の姿を知ったら，軽蔑するだろう。
2. 他の人々は私よりもずっと賢い。
3. 私はいつも失敗ばかりしている。
4. 私は敗者で，ダメな人間だ。
5. 私はいつもこんなに落ち込んでいてはダメだ。どこか自分に欠陥があるに違いない。
6. この先，私が健康になることはないだろう。

7. 私は欠陥人間で，他人よりも劣っている。
8. 私には，十分な知恵も賢さもない。優れたユーモアのセンスがない。

　ボランティアには，自分にとても良く似たこの女性が自己批判的な気分になっている状態を想像するよう指示します。そして，あなたがこれから彼女の否定的思考を言葉で表現するので，ボランティアは落ち込んでいる親友に語りかけるのと同じ方法であなたに話しかけるよう指示します。
　あなたはボランティアの否定的思考を演じるため，第一人称で語りかけます（例えば，「私は敗者で，ダメな人間だ」，「この先，私が健康になることはないだろう」，「私は欠陥人間で，他人よりも劣っている」など）。一方のボランティアは，合理的思考を演ずるために，第二人称で話します（例えば，「あなた／君は敗者ではない。あなた／君は，他の人と同様に強さも弱さもある1人の人間だ」など）。
　私たちの多くは，抑うつ状態にあり自己批判的になっている人の思考には，すぐに歪みを見出すことができます。そのため，この二重の基準技法を用いた実演は容易に行うことができるでしょう。その人の思考が，どれほど過酷で非論理的かは簡単に理解できます。あなたがボランティアの否定的思考を言葉にするときには，それが自分の否定的思考であるかのように喋ると，彼女はよりポジティブで現実的なメッセージを返すことができるでしょう。このやりとりは，うつ状態にある友だちに語りかけるように，客観的で思いやりのある口調で語りかけることを，参加者に手本として示すものです。
　声の外在化がどのようなものであるかを参加者が理解したら，グループを3つの班に分けて練習を開始します。声の外在化をステップ・バイ・ステップで簡潔明瞭に要約した説明が，ワークブックの162頁に記載されています。
　声の外在化を実演する2番目の方法は，より劇的で対立的なものです。私自身は，ポジティブな信頼関係を確立したクライアントであれば，この

方法を好んで用います。この2番目の方法は，経験を積んだリーダーのみが試行すべきアプローチです。この方法は，声の外在化と恐れている幻想の技法に似ています（本書の159頁「リーダーのためのステップ5の準備」にある推奨書籍の中で説明しています）。

　声の外在化をより対立的な方法で行う場合も，あなたがボランティアの否定的思考の役を演じ，ボランティアは合理的思考の役を演じます。あなたとボランティアは，彼女の肯定的と否定的な部分の対話を行動化する，ということを説明します。彼女にはあなたが他人のように見えても，実際のところあなたは，彼女の心の中の否定的で自己批判的な部分であることを伝えます。あなたはそのため，第二人称を用いて語りかけることを説明します（例えば「あなた／君は敗者だ」，「あなた／君は，一生うつ状態から抜け出せない」，「あなた／君は欠陥人間で，他人よりも劣っている」など）。

　ボランティアには，合理的思考の役を演じてもらい，彼女には第一人称を用いて話すよう指示します（例えば，「私は敗者ではない。私は，他の人と同様に強さも弱さもある1人の人間だ」など）。彼女には，この外的攻撃からベストを尽くして自分を守るよう説明してください。念のため，彼女を攻撃する相手は，他人ではなく彼女自身の自己批判の反映に過ぎない点を再度念押ししておきます。あなたが演じる役は，彼女の否定的で自己批判的な思考です。

　もし下記の例のように，あなたの攻撃に対してボランティアが防御的で効果のない反応を示し，行き詰まりや動揺を見せたら，頻繁に役割を交替します。

リーダー（否定的思考役）：君は一生快復しないよ。
ボランティア（合理的思考役）：私は，最後には快復することを願っているわ！　このグループが私を助けてくれることを確信している。
リーダー：ここまで何の役にも立たなかったじゃないか。他のみんなは改

善しても，君は行き詰まったままだよ。君だって，心の奥底では，これからもずっと自分がうつ状態だってことを知っているだろう？だって，過去ずっとそうだったのだから。おまけに，君はいつもへまばかりしている。君は敗者だよ！

ボランティア：私はいつもへまばかりしてないわよ！

リーダー：誰だっていつもへまばかりしていられないよ。でも君はよくへまをするから，いわばへまの大将だ。その原因の一部は，低い知能指数と生まれつきの欠陥にあるんだ。そして一番の原因は，君がたんなる敗者だということさ！

ボランティア：まいったわね。そんな否定的思考には答えることができないわ。それが，私が自分に言ってることよ！

　彼女は明らかに行き詰まっていますから，あなたは役割交替を行い，否定的思考に対するより効果的な反論方法を実演します。

ボランティア（否定的思考役）：あなたは一生快復しないよ。

リーダー（合理的思考役）：僕はすでにセラピーで多くのことを学んで，いくらか改善した。過去にいつもうつ状態にあったわけじゃないから，将来いつもうつ状態にはならないと確信してる。どんなにいやな気分でも，遅かれ早かれいつも改善するみたいだ。今学んでいる新しい技法にも期待しているよ。

ボランティア：でもあなたはいつもへまばかりしているじゃないの。あなたは敗者よ！

リーダー：それはそのとおりだ！　ときどき僕はへまをする。それは認めます。まだ学ぶことはたくさんあるし，たぶん歳をとってもへまをし続けると思うよ。

ボランティア：まいったわ！

この時点で役割を交替し，ボランティアが否定的思考により効果的に反論するコツをつかむまで，役割交替しつつ練習を続けます。
　声の外在化は，主張訓練とは異なることを参加者に今一度注意喚起します。彼らは他人に向かって反論しているのではなく，自分の自己批判的考えに反論しているのです。
　この点をあなたは，何度も彼らに注意する必要があるかもしれません。メンタルヘルスの専門家ですら，この技法を最初に練習する際には，混同することがあるからです。彼らは，うつ状態にある友人や怒った同僚あるいは両親などを相手に反論していると考え始めてしまうのです。この微妙な変化は，対話の半ば過ぎによく起こります。それによってこの技法の効果は，ほとんど常に損なわれてしまいます。その理由は，怒ったり批判的であったりする上司や配偶者への対処技法は，自分の自己批判的考えへの対処技法とはまったく異なるものだからです。対人関係の衝突への対処技法は，開発中の対人関係問題のモジュールで取り扱う予定です。
　あなたが，声の外在化を十分に説明できた時点で，グループを3班に分け，それぞれにこの技法を練習させます。各班は，独自に選択した否定的思考を用いても，ワークブックの160頁にある否定的思考の例を用いてもかまいません。Aさんは否定的思考を，Bさんは合理的思考の役を演じ，Cさんはオブザーバーになります。オブザーバーは，有益なコメントや提案を行います。各班には，Bさんが行き詰まったら，すぐに役割を交替するよう注意します。あなたは各班を巡回し，指導します。この練習には，最低20分をかけてください。
　その後，グループ全体で集まり，どのような結果となったかを話し合います。この練習を彼らはどのように感じたでしょうか？　恐怖を感じたでしょうか，あるいは動揺したでしょうか？　どういう点がうまく行き，どういう点がうまく行かなかったでしょうか？
　グループが声の外在化練習を気に入って，しかも時間の余裕があれば，この技法の経験を積ませるために，もう一度各班に分けて練習させること

もできます。

　声の外在化技法の練習方法を，以下の表に要約しました。

	否定的思考を演ずるAさんが用いるのは	合理的思考を演ずるBさんが用いるのは
二重の基準技法	第一人称（「私はなんて間抜けなんだ！」）	第二人称
対決技法	第二人称（「あなた／君はなんて間抜けなんだ！」）	第一人称

　いずれの技法を用いた場合でも，練習の始めには，AさんはBさんの否定的思考を演じます。Bさんが行き詰まったら，役割を交替します。そしてAさんが合理的思考を演じ，Bさんが否定的思考を演じます。Bさんがすべての否定的思考に不安なく挑戦できるまで，役割交替を続けなければなりません。

鏡の技法

　ワークブックの163頁に記載された鏡の技法の実演は，あなたにとって楽しい経験となるかもしれません。あなたが今指導しているような「もういちど自分らしさに出会うための10日間」グループに参加していない読者にとっては，ワークブックでは任意選択の練習課題とされています。しかし，この興味深く愉快な技法を，あなたはグループ参加者に実演することもできます。

　セッションルームに，1つないし複数の鏡を持ち込みます。鏡はどのような大きさでもかまいません。しかし大きいほど良いでしょう。この練習では，2人がペアを組むのではなく，1人で鏡と向き合い話しかけます。最初は，否定的思考の役を演じます。次に，声の外在化と同様，その否定的思考に反論します。この技法では，声の外在化の2つのバージョンの，い

ずれを採用することもできます。二重の基準を用いたバージョンのほうが，ほとんどのグループにとってより容易で親切なアプローチです。

自己弁護と受け入れの逆説

　ここまでの技法の実演を終えたあとで，認知療法には対立する２つの治療の出発点があることを，参加者に説明します。それは，自己弁護と受け入れの逆説です。ほとんどすべての認知療法の技法が，これら２つのいずれかの範疇に属します。しかし，これら２つのアプローチは，根本的に異なります。

　参加者が，自己弁護のアプローチをとるときには，いやな気分にさせる歪んだ否定的思考に反論し，挑戦を試みます。ひとたび彼らが自分の否定的思考は真実ではなく歪んでいることを理解したら，通常彼らの気分は改善します。

　このアプローチは，西洋の宗教的，哲学的，そして科学的影響を基礎にしています。その目標は，理性，論理，真実を通じて自尊感情を築くことにあります。このアプローチはもっとも一般的で広く知られている戦略です。その理由は，誰でも他人から攻撃を受けたと感じたら，自分を守ろうとするからです。自分は潔白であり，価値があり，特別な存在でありたいと，誰もが望んでいます。

　しかし，この自己弁護の戦略は，ときに重大な問題を生じます。いったん自己弁護的になった瞬間から，人は１つの戦いを作り出してしまうのです。これは，他人がその人を批判していて防御的になる場合も，その人自身が自分を批判して防御的になる場合も同じです。そうなると，批判する側は攻撃性を増し，過酷なまでに批判的になります。自己弁護があらたな攻撃を呼び，その人は勝ち目のない，イライラするような内面の戦いに終始するようになります。

　対照的に，受け入れの逆説は，東洋的哲学の影響に基づいています。自己批判的思考に反論することで自尊感情を確立する代わりに，私たちは，

自分の不完全さを，内面の平穏とともに受け入れます。ときには欠点を受け入れることによって，私たちは欠点を超越することができます。この戦略をとる人は，自尊感情の必要性を丸ごと放棄します。どちらのアプローチも大きなメリットがありますが，受け入れの逆説は，より強力で，より解放的です。

　まず，自己弁護技法について説明します。私はかつてこの戦略を用いて，キャシーという名の女性の治療に成功しました。彼女は，重度の難治性うつと，予測不可能で圧倒的なパニック発作に，10年以上悩まされていました。彼女は，発作が起きると，以下のような思考を強く信じていました。(1)「私は十分に深い呼吸ができない」，(2)「私は心臓発作を起こして死ぬ」。実際には，彼女の健康状態は優れていて，多くの医師が彼女の心血管系には何の問題もないことを保証していました。それでもなお，彼女はパニック発作が起きるたびにこれらの思考を信じ，結果としてひどく怯えていたのです。もし，じきに窒息したり，心臓発作を起こすと考えたら，あなたも同じような感じをもつことでしょう。

　私は彼女に，診察室で眼を閉じて恐ろしい思考について考えさせることで，呼吸亢進によるパニック発作を誘発させました。自分がいま窒息しつつあり，救急車で病院の救急治療室に搬送されるところを想像するよう伝えたのです。「あなたの気管が閉じつつあると想像してください。唇は青みを帯びてきます。気管切開の手術が始まり，そこらじゅうから血が吹き出します。血は気管にも入りました。肺に十分な空気を送れないため，あなたは今窒息状態にあります」と私は彼女に言いました。

　暗示にかかりやすいキャシーは，怯えてすすり泣きを始めました。深呼吸ができない，間違いなく自分は心臓発作で倒れる寸前にあると思う，と彼女は言いました。

　あなたは，実験技法を用いてキャシーが否定的思考にどのように反論できるか，グループに質問してください。診察室で気絶あるいは心臓発作を起こす寸前にあると思いこんでいる彼女が，実験でその誤りをどのように

証明することができるでしょうか?

　私はそのとき,心臓発作で死ぬ寸前との思い込みをテストするため,立ち上がってその場で懸命に走り,さらにジャンピンジャック(挙手跳躍運動)を行うよう,キャシーに提案しました。

　キャシーは,コントロールできないほど泣きじゃくり,提案の実行に抵抗しました。もし立ち上がったりしたら,失神してしまうだろう,と彼女は言いました。私は,優しくしかし断固とした口調で,彼女の考えが正しいかどうか,本当に倒れてしまうかどうか,立ち上がってテストしましょう,と説得しました。彼女は抵抗し,頼むからやめてほしいと嘆願しました。しかし私はそれに動じませんでした。彼女はついに立ち上がり,否定的思考をテストするために,その場で走り始めました。これは,実験技法の真髄です。

　激しい徒手体操を数分続けた後,キャシーは自分が心臓発作を起こしもしなければ,窒息もしないことを理解し始めました。ジャンピンジャックを行いながら,「もし私が失神して心臓発作で死ぬ寸前なら,こんなことができるかしら?」と彼女は突然私に質問しました。私は,「救急治療室で,台車付き担架の横でジャンピンジャックをしている心臓発作の患者さんを見たことありますか?」と答えました。

　キャシーは突然笑い出し,彼女のパニック症状は消失しました。椅子に戻ると彼女は笑顔でこう叫びました。「ああ,ずっと気分が良くなったわ!」彼女が自分の否定的思考の誤りを見抜いた瞬間,すぐに安心を感じたのです。

　私はこの実演を繰り返し,同様の結果を得ることができました。その2週後にキャシーが再び治療面接に訪れたとき,彼女のうつや不安の症状は完全に消失していました。彼女のバーンズうつ状態チェックリストとバーンズ不安調査表の得点は,両方ともほとんどゼロに近く,多幸感に近い状態を示していました。

　これは,自己弁護アプローチの典型例です。根本的なアイデアは,否定

的思考の誤りを証明することにあります。否定的思考が真実ではないことを理解した瞬間から，その人の気分は改善します。これが認知療法の真髄です。

しかし，数多くの否定的思考が，受け入れの逆説によってより効果的に対処が可能です。論理と証拠をもって否定的思考の誤りを証明する代わりに，クライアントは否定的思考に断固同意します。もし，それが内面の平穏と自尊感情を維持しつつ可能であれば，結果は非常に劇的なものとなります。

あなたは，さまざまな方法で受け入れの逆説を説明できます。1つのアプローチは，グループの参加者にあなたを攻撃させることです。その際，参加者は，自分について抱いている否定的思考のリストを利用して攻撃します。あなたは，それに対する反応に受け入れの逆説を用います。例えば，ある参加者が下記のような否定的思考のリストを日常気分記録表に記述したとしましょう。

1. 私は悪い母親だ。
2. 私は薬物中毒で人生を台無しにしてしまった。
3. 私は他の人ほど賢くなければ成功もしていない。いままでに目立った成果を挙げたことはない。
4. 私は偽善者で，他人に不誠実な人間だ。
5. 私は敗者だ。私には友人がいない。
6. 私は太っている。私には意思の力がない。

否定的思考役のボランティアは，第二人称を用いてあなたを攻撃します。あなたは，合理的思考役を第一人称で演じます。これは2人の間の対話のように見えても，ある1人の人間の心の葛藤を，2つの声が表現していることを忘れないようグループに注意します。そのやりとりは以下のようになります。

ボランティア（否定的思考役）：あなたはひどい母親だ。

リーダー（合理的思考役）：母としての私には，多くの欠点がある。改善しなければならない点はたくさんある。私はそれを受け入れる。

ボランティア：しかし，あなたは薬物中毒者でもある。人生を台無しにしてきた。

リーダー：それは正しい。私は人生を台無しにして，その大部分を浪費してしまった。そのことは率直に認める。

ボランティア：それならば，きっとつらいだろうし，罪の意識を感じているに違いない。自分が負け犬で，人間のくずということを認めているんだから。

リーダー：間違いなく認める。自分の人生についても罪の意識を感じているし，まずかったと思っている。

ボランティア：ということは，自分が間抜けな負け犬ということを認めているわけだ！

リーダー：そのことは躊躇なく認める。多くの人が私よりも賢くて，出世している。そういう人は，何百万人といるだろう。

ボランティア：あなたはしょっちゅう他人を嫌っているが，誰もあなたのことを気にかけてなんかいない。

リーダー：全くそのとおり。まわりの人たちとのつきあいもひどいものだった。私はよく怒ったりイライラして，人々を自分から遠ざけていた。私は大人にならなきゃならないところがたくさんある。それは絶対に正しい真実だ！

　この対話は，同じものがワークブックの167頁に記載されているので，ボランティアにはそれを使ってあなたと対話を行ってもらうことができます。もし，あなたに即興で対応する勇気があれば，そうしたほうがずっと効果はあがります。

　このロールプレイを終えたら，参加者に今見たロールプレイについてど

う考えるかを質問します。受け入れの逆説の本質は何でしょうか？　自己弁護との違いはどのようなものでしょうか？　どちらのアプローチが，より効果的と思えるでしょうか？　2つのアプローチを組み合わせることは可能でしょうか？

　参加者に，2組から3組のペアを構成させて，班別に声の外在化を再びロールプレイするよう求めます。今回，彼らにはワークブックの176頁にあるように，否定的思考に向き合う方法を用いるよう指示します。

　参加者は，自分自身の自己批判的な否定的思考を用いて，この練習を行います。彼らが否定的思考に反論するときには，自己弁護技法と受け入れの逆説技法の両方を用います。

　その後，参加者に自己弁護技法と受け入れの逆説技法の比較意見を求めます。どちらのアプローチが，彼にとってより安心感をもたらしたでしょうか？　受け入れの逆説の，哲学的そして実際的意味はどのようなものでしょうか？　もしこの技法が，参加者にとって有効である場合，その理由は何でしょう？　アルコホーリクス・アノニマスのようなグループの哲学，あるいは参加者自身の宗教的信念と，これら技法とはどのような関連性をもつでしょうか？

　参加者に，健全な自己受容と不健全な自己受容の違いについて尋ねます。自己受容が，自尊感情と個人的変革をもたらすのはどのような場合でしょうか？　そして自己受容が，絶望感とうつをもたらすのはどのような場合ですか？　このテーマについての議論は，ワークブックの177頁から始まっています。もし彼らがその違いについて説明することができない場合は，この部分を読書課題として宿題に割り当て，次のセッションの冒頭に彼らと話し合い，おさらいします。

ステップ5の反応と評価

　セッション終了時，参加者に，このセッションでどんなことが気に入ったか，気に入らなかったことは何かなどを質問します。声の外在化技法は，

どのように作用するのでしょうか？ 自己弁護と受け入れの逆説の違いはどこにあるのでしょうか？ 健全な自己受容と不健全な自己受容の違いは？

　ワークブック 179 頁のステップ 5 の評価を記入するよう求めます。評価の発表を希望する参加者はいないかを尋ねます。彼らが批判や否定的反応を発表する際には，あなたは自己弁護的返答を行わないよう注意します。

ステップ 6 のためのセルフヘルプ課題

　参加者がセッションルームを離れる前に，ワークブック 181 頁に記載されているステップ 6 のためのセルフヘルプ課題について話し合います。

ステップ6

根本原因と取り組みましょう

リーダーのためのステップ6の準備

準備項目	準備済みの項目に○をつける
1. 参加者用ワークブックの183頁から始まるステップ6を読む。	
2. リーダーズマニュアルのステップ6にあるチェックリスト（次頁）およびリーダーへのヒント（182頁〜）を学習する。	
3. 『フィーリングGoodハンドブック』の第7章を読む。	
4. 『いやな気分よ，さようなら』の第10章を読む。	

ステップ６のチェックリスト

活動項目	必須または任意選択	最小所要時間（分）	終了した項目に○をつける
1. 82頁のリーダー用データシートを用いて，参加者の，3つの気分測定テストの得点を，宿題の実施状況および出席状況の得点とともに記録する。	必須	10	
2. ステップ5の肯定的および否定的反応と評価を求める。	必須	5	
3. 『フィーリングGoodハンドブック』の補足読書について話し合う。	必須	5～10	
4. 自虐的思い込みを定義し，そのような思い込みの例について話し合う。	必須	5～10	
5. 垂直矢印技法を用いて自虐的思い込みを特定する方法を実演する。	任意選択	20	
6. 自虐的思い込み尺度を用いて自虐的思い込みを特定する方法を練習する。	必須	20	
7. 態度のメリット・デメリット分析を用いて自虐的思い込みを特定する方法を練習する。	必須	15	
8. 自虐的思い込みの練習を行う。	必須	10～15	
9. ステップ6の肯定的および否定的反応と評価を求める。	必須	5	
10. ステップ7のための宿題を割り当てる。	必須	3	

ステップ6の概要

今日のセッションでは，苦痛を伴う気分変動や対人関係問題への脆弱性を引き起こす自虐的な態度と思い込みを特定し，それを修正する方法を学びます。自虐的思い込みと呼ばれるこうした態度の例には，以下のようなものが含まれます。

- いつも完全を目指さなければならない。
- 失敗するのは恐ろしいことだ。
- いつも全員の承認を得なければならない。
- いつも「良い人」であるよう努め，自分の希望や真情を告げることで他人を動揺させては絶対にいけない。
- いつも感情をコントロールし，幸せでいるように努めなければならない。
- 他人が私の期待する基準に達しないのは恐ろしいことだ。
- 怒りと衝突はつねに避けるべきだ。
- 一生一人きりで，愛されることのない人生は価値がない。
- 人生は自分が思ったとおりであるべきだ。

否定的思考は，自虐的思い込みと全く異なります。否定的思考は，ある人が動揺を感じたときに生じますが，自虐的思い込みは，ある人にとっての個人哲学の一部です。例えばある人が，「私の価値は，人生における成功に依存する」という信念を持っているとします。その人が大いに成功すれば，良い気分になります。しかし，失敗や職業上の問題などを経験するとうつ状態になり，「自分はダメな人間だ。失敗者だ。他人から軽蔑されるだろう」などと自分に言うようになるのです。

認知療法では，これらの自虐的思い込みが，将来起こるうつエピソード，

不安，対人関係の衝突などへの脆弱性をもたらすと考えます。あなたが，これら自虐的思い込みを変える方法を指導するときには，これらの方法の目的は，その場での症状緩和ではなく，予防と自己成長にある点を強調します。

リーダーへのヒント

データの収集

　参加者の3つの自己評価テスト（気分測定テスト〔BDC, BAI, RSAT〕）の得点を，82頁に記載したリーダー用データシートに記録します。76頁の3点法評価尺度を用いて，宿題の実施状況を記録します。そして，78頁の2点法評価尺度を用いて，参加者の出席状況を記録します。

参加者の反応と評価ならびに宿題の点検

　参加者に，この前のセッションで紹介した声の外在化についての反応を聞きます。そして，ステップ5の肯定的および否定的反応を求めます。何が気に入り，何が気に入らなかったでしょうか？

　受け入れの逆説を，彼らはどのように理解したでしょうか？　自己弁護との相違点を答えられるでしょうか？　彼ら自身の否定的思考に対処する上で，どちらの戦略がより有益と考えているのでしょうか？　健全な自己受容と不健全な自己受容の相違点はどのようなものでしょうか？

　参加者の中に，任意選択の読書課題，『フィーリング Good ハンドブック』の第8章「認知療法の実際の用いられ方」，あるいは声の外在化に関する記述を読んだ人はいるでしょうか？　どのような点に同意でき，また同意できなかったでしょうか？　彼らに，この読書課題についての質問を促してください。とくに興味を引く，有益な記述はあったでしょうか？理解できなかった点は，なかったでしょうか？

　日常気分記録表を用いた筆記宿題について，参加者に質問します。彼らは自分の否定的思考にうまく反論できましたか？　もしそうであれば，例

を挙げるよう求めます。彼らの中に，筆記宿題について発表しても良いという人がいるでしょうか？　どのような問題に遭遇したでしょうか？　反論できなかった否定的思考はありますか？

自虐的思い込みとは？

このステップの概要で述べたように，まず否定的思考と自虐的思い込みとの違いについて説明することから始めます。ワークブックの191頁にある，一般的な自虐的思い込みを読むよう，彼らに指示します。そこに記載された例に，彼ら自身の考え方や感じ方の特徴と同じものがあるかどうか尋ねます。これらの態度は，私たちの社会で広く見られるものの，時たま感じ方や他人とのつき合い方における問題を起こす原因となる点を説明します。この因果関係について，参加者の中で例を挙げることができる人がいるかどうか尋ねます。

垂直矢印技法

この練習は，多少の技能を要するため任意選択としています。しかし，とてもやりがいのある練習です。垂直矢印技法は，習熟するにつれ，さほど困難な技法ではないことが理解できるでしょう。

垂直矢印技法には以下のような利点があります。

- ほとんど常に良い結果が得られる。心理療法の技法でこれほど高い成功率を示すものは極めて少ない。
- 1人でも，またはグループでも，いついかなるときにも用いることができる。所要時間が，2，3分を超えることはめったにない。
- この技法は治療の設計図を提供してくれる。あなたはクライアントの根本的に重要な問題を知ることができ，体系的治療計画を立てることができる。
- 治療者の志向にかかわらず，この技法でクライアントの自虐的思い込

- この技法がクライアントを動揺させることは，実質的にゼロである。
- この技法は，セラピストをとてもインテリに見せてくれる！

　自虐的思い込みを特定する方法には2通りあることを説明します。最初の方法は，垂直矢印技法です。この技法については，ワークブックの192頁に記載された練習問題に説明があります（より詳細な説明は，『いやな気分よ，さようなら』の第10章，『フィーリングGoodハンドブック』の122〜124頁〔訳注：邦訳159〜162頁〕，144〜145頁〔同189〜190頁〕に記載されています）。もう1つの方法は，自虐的思い込み尺度を記入して行うものです。参加者は，後ほどこの練習を行うことになります。

　参加者には，日常気分記録表におけるすべての否定的思考に，垂直矢印技法を適用できることを伝えてください。この技法は，彼らの否定的思考の裏に隠された態度を発見するのに有効です。ほとんどの人にとって，気分障害に結びつく自虐的思い込みの数は僅かであることを説明します。運が良ければ，垂直矢印技法を数度使うだけで，いつも同じ1組の自虐的思い込みを特定することができるでしょう。これによって，こうした思い込みが感情の問題をもたらす原因であることの理解が深まります。

　ワークブック192頁の練習問題を行うよう参加者に指示します。この練習問題には，授業中にパニック発作に襲われた法学部の1年生が登場します。彼女の否定的思考は，「教授に質問されたら，答えられないかもしれない」というものでした。

　参加者には，自分がこの生徒になったものと想像して，日常気分記録表の否定的思考の欄に上記の思考を書き入れるよう指示します。この思考は，ワークブックの194頁「否定的思考」の欄にも印刷されています。彼女は，日常気分記録表にこの否定的思考を記録したら，すぐその下に下向きの矢印を書きました。参加者には，同じ様に垂直の矢印を書き込むよう指示します。この垂直な矢印は，「もしそれが真実なら，私にとってそれはどんな

意味があるのだろう？ なぜそれによって私は動揺するのだろう？」という意味の記号のようなものであることを説明します。

以上の説明は，ワークブックの194頁にも明記されています。参加者に，この2つの質問を声を出して読むよう指示します。

彼らが垂直矢印技法を自分で行う際には，この質問を第一人称で行います。そして以下のように自問します。「もしそれが真実であり，私が教授の質問に答えられないとしたら，私にとってそれはどんな意味があるのだろう？ なぜ私は動揺するのだろう？」。あなたがセラピストとして，クライアントと共にこの垂直矢印技法を使う場合，あなたは第二人称を用いて「もしそれが真実であり，あなたが教授の質問に答えられないとしたら，あなたにとってそれはどのような意味がありますか？ なぜそれは，あなたを動揺させるのですか？」というように質問します。

グループ参加者に，これら垂直矢印の質問は，新しい否定的思考を引き出すためのものであることを伝えます。新しい思考は，「他の生徒の前で，私は笑いものになるかもしれない」というものかもしれません。すでにこれは，ワークブック194頁の練習に，最初の否定的思考として記載されています。

また，この新しい否定的思考の下にはすでに小さな垂直矢印が彼らのために記入されている点を指摘します。今一度彼らに，垂直矢印の意味が2つの質問を繰り返す命令であることを注意喚起します。2つの質問とは，「その思考が真実なら，私にとってそれはどんな意味があるのだろう？ 他の生徒の前で私が笑いものになったとして，なぜ私は動揺するのだろう？」です。

この2つの質問を，彼らに声を出して復唱するよう指示します。「もしそれが真実なら，私にとってそれはどんな意味があるのだろう？ なぜ私は動揺するのだろう？」この復唱は，技法の習得に有効です。

参加者がこの過程を何度も繰り返すことで，一連の否定的思考が追加されてゆきます。追加された思考は，否定的思考の欄に記入します。新しい

否定的思考を書き加えるたびに，その下に垂直矢印を記入し，「もしそれが真実なら，なぜ私は動揺するのだろう？ 私にとってそれはどんな意味があるのだろう？」を繰り返します。この技法は，基本的にそれがすべてです。しかし，習熟するには練習が必要です。

　この練習をグループ全体で行います。彼らには，自分がこの生徒であると想像して練習するよう指示します。「もしあなたがこの生徒だとして，他の生徒の前で笑いものになったとします。なぜそれはあなたを動揺させるのでしょうか？ それはあなたにとってどのような意味をもつのでしょう？」と尋ねてください。彼らが否定的思考を1つ考えつくたびに，その下に垂直矢印を描きます。そして，また否定的思考を導くために同じ質問を繰り返します。

　この練習で彼らが考え出す否定的思考は，おそらく下記に良く似たものになると思います（この例はワークブックの208頁にも記載されています）。

3. それは私が間抜けであることの証明だ。
　　↓
4. そうなれば，誰も私に好意をもってくれない。
　　↓
5. そうなれば，誰も私を相手にしてくれないので，私はひとりぼっちになる。
　　↓
6. それは，私が失敗者ということを意味する。
　　↓
7. そうなれば，私は無価値な人間で，人生は生きるに値しないだろう。

　私はこの技法の練習を，メンタルヘルス専門家や一般受講者を対象としたワークショップでも頻繁に行います。そしてこの練習は，ほとんど常に好評を得ます。しかし，あなた独自の敏速な思考も必要な場合があるで

しょう。そこで，役に立つヒントをお教えします。ときたま，参加者から，突拍子もない否定的思考が提案されることがあります。あなたはその提案者に，こころよく感謝します。しかし，その否定的思考を発表用紙に書き写してはいけません。それによって，進行に狂いが生じるかもしれないからです。その代わりに，他の否定的思考の提案を求めます。あなたは，「そういう考えをもつ人がいるかもしれませんね。他にもめずらしい否定的思考はありませんか？」とだけ言い，質問を続けます。そして，気に入った否定的思考が挙げられたら，それを採用し書き写します。こうして「編集」を行いつつ，あなたはこの練習を指導して行きます。セッションを所定の軌道に維持するためには，ときにはこうした措置が必要なのです。

　例えば，この法学部の学生が抱いた2番目の否定的思考は，「他の生徒の前で，私は笑いものになるかもしれない」というものです。これは，参加者用ワークブックの194頁にも記載されています。これに垂直矢印を描き，質問を繰り返してみたところ，参加者の中から手が挙がり，「それは，彼女が法学部に学ぶ資格なんかないことを意味するものでしょう。もっと大人になって，自分は間違った職業に就こうとしているという事実と向き合う必要がある」という発言があったとします（これは，あるワークショップで実際にあった返答で，私を唖然とさせました！）。

　この返答で私は不愉快になりました。なぜなら，それは非常に断定的に聞こえる意見で，しかも的を外れているからです。この法学部の学生は，実際にとても優秀な生徒で，この職業への適性を十分に有していました。彼女の主要な問題は，才能や知性の欠如ではなく，過酷な完全主義にあります。彼女には，自分が完全でないことは不名誉で恥辱的との思い込みがあり，この態度が慢性的なストレスとパニックの原因となっていました。法学部の教授たちは，故意に授業で彼女のみならず，すべての1年生に恥をかかせていたのです！　というのも，ソクラテス式問答法と呼ばれるこの詰問形式の授業は，生徒たちを鍛え，より厳密な思考を促すことを目的としたものだからです。

上記の返答を聞いたとき，私はこう答えました。「そうですね。法学部の学生にとっては，自分の求める職業が本当に法律関係かどうかを決断する必要がありますね。その考察は常に重要だと思います。それでは，彼女がとても優秀な学生であると仮定しましょう。教授の質問に答えられないことで，皆の笑いものになることから生じる可能性のある思考は，何か他にありませんか？ あなたがこの学生の立場に立って考えてみてください。クラスメートの前でしくじることで動揺を受ける理由は何でしょうか？ あなたが彼女だったとしたら，どのような考えを抱きますか？ それはあなたにとってどのような意味がありますか？」

　こう答えたことで，私は彼女が法学部にいるべきではない，と主張する参加者に時間をとられることはありませんでした。さらに，他の参加者から私の希望に沿った返答がたくさん得られたのです。ある参加者は「他の生徒の前でしくじったら，彼らは私を間抜けだと思い，尊敬しなくなると思う」と言いました。私はこの返答を発表用紙に大書し，その下に垂直矢印を描きました。こうしてこの実演は，問題なく続けることができたのです。

　あなたがこの練習を指導していて，有効と考えられる返答を得たら，「すばらしい！ 皆でこの思考を次の否定的思考として記入しましょう」と言います。あなたが発表用紙にその思考を記録している間，彼らは参加者用ワークブックにそれを記入します。次にあなたはその下に垂直矢印を描くよう彼らに指示します。そして垂直矢印の意味を彼らに尋ねます。垂直矢印は常に，「もしそれが真実なら，なぜ私は動揺するのだろう？ 私にとってそれはどんな意味があるのだろう？」です。

　これら垂直矢印の質問は，あらたな否定的思考を生みます。それは，「もし彼らが私を間抜けだと思ったら，私は尊敬を失う。友だちがいなくなって，私はひとりきりになってしまう」かもしれません。

　そこであなたは，「すばらしい！ それをワークブックの194頁に記入しましょう。そこにはもうすでに垂直矢印がありますね。垂直矢印は何を意味しますか？」と尋ねます。

こうして垂直矢印技法によって5つから6つの否定的思考が得られたら，自虐的思い込みの特定は通常簡単です。参加者には，ワークブックの191頁にある一般的な自虐的思い込みの表を用いて，この法学部学生の自虐的思い込みを特定するよう指示してください。この法学部学生の自虐的思い込みは，下記のようなものになるでしょう。

1. 私が成功して優れた人間である限り，人々は私に好意をもち，尊敬する。
2. 他人の行動を批判し，善悪を判断しがちな人が多いので，自分が完全でないと人々から拒絶される。
3. 私が幸せとやりがいを感じるためには，すべての人の愛情と同意が必要だ。
4. 1人でいると，私はみじめな気持ちになる。

垂直矢印技法の例は，他にも179頁「リーダーのためのステップ6の準備」に推奨した書籍の中に見ることができます。この技法の手順は非常に簡単で，あなたの治療技法一式に加えることを薦めます。習熟のために，多少の努力を払う価値のある優れた技法です。

十分な時間があれば，グループを3～6人の班に分け，垂直矢印技法を練習します。

練習のために，動揺させる状況を2，3例以下に記述します。参加者には，1つの状況について1つないし2つの否定的思考を特定してから，垂直矢印技法を用いるよう指示します。

　　新規の顧客，またはデートの相手を訪問するため，あなたは緊張しています。

　　あなたの上司または配偶者がいら立っていて，高圧的な態度をとっています。

支払いが遅く要求の厳しい顧客を，あなたは一生懸命喜ばせようと努めてきました。

人通りや車の多い道路の反対側を歩く友人に，あなたは，「よう，ジョージ」と声をかけました。しかし，彼は返事をしません。

あなたは練習の間，巡回して監督します。参加者がうわさ話などをせずに，集中して課題に取り組むよう指導します。参加者自身に否定的思考を選ばせる場合は，彼らが行き詰まったときにあなたが安心して指導できるものにしてください。

自虐的思い込み尺度

自虐的思い込みを特定する2番目の方法は，ワークブック196頁の自虐的思い込み尺度を記入するだけの簡単な方法です（これは，『いやな気分よ，さようなら』の第10章に紹介したスケールを新しく改訂したバージョンです。各項目の言い回しは，態度の歪みをより明らかに示し，理解がさらに簡単になるよう修正が加えられてます）。

参加者に，このテストを記入するよう指示します。そして，それぞれ異なる不合理な思い込みを計測する7種類の尺度ごとに採点し合計します。それぞれの尺度は，5つの連続した項目によってこのテストを構成しています。7つの尺度が計測するのは，承認，愛情，業績，完全主義，全能感，自己非難度，絶望感などの態度です。それぞれの尺度の採点は，5つのテスト項目の点数を合計するだけです。例えば，承認依存度の得点は，最初の5項目の点数を合計することで得られます。

このテストは，今日のステップ用の宿題の一部ですから，すでに参加者の中には採点を済ませた人がいると思います。自虐的思い込み尺度評価表は，ワークブックの201頁に記載されています。

7つの尺度で得点が11～20点は，もっとも自虐的態度の強いことを示し

ています。いずれかの尺度の得点が，11から20の範囲にある参加者はいないか，尋ねてください。承認依存度の尺度で，ある男性が15点だったと仮定してみましょう。あなたは，今まで不承認または批判の問題に悩まされたことはないか，彼に尋ねます。そして，他の参加者には，他人からの批判を受けて動揺したり，自己防衛的になった経験のある人がいないかを尋ねてください。不承認の恐怖が，感情的問題あるいは対人関係問題につながる状況を思いつく人はいないでしょうか？

　このテストに対する参加者の反応を尋ねます。テストに記述された以外の自虐的思い込みが，今まで生活上の問題を引き起こしたことはないか，質問してください。彼らの友人，同僚，家族などに，こうした態度による問題を経験した人はいませんか？

　もし，ある自虐的思い込み項目について，それは適切で健全と主張する参加者がいる場合，あなたは武装解除法を用いることを忘れないでください。そして，これらの思い込みは，実際には両刃の剣であり，健全で建設的な刃と不健全で破壊的な刃の両方をもつことを伝えます。

　例えば，参加者の誰かが，「私は，幸福感と満足感を得るためには，愛情と承認が絶対に必要だと思います。事実，幼児でさえ母親の愛情が十分に与えられなければ，成長することができずに死んでしまうこともあります。愛情は，本当に人間の基本的な要求ではないでしょうか」と発言したと仮定しましょう。

　この参加者に，あなたはどう返答しますか？　読み進む前に，しばらくこの問いについて考え，下記にあなたの返答を書き込んでください。

_____
_____
_____
_____
_____

私なら，次のように答えます。「あなたの意見に全く賛成です。それは非常に重要な哲学的問題であり，実際的な問題です。あなたがそれを指摘してくれたことを嬉しく思います。他人の愛情と承認を必要とするのが健全なのは，どのような場合でしょうか？　この考え方の，メリットをまず検討してみましょう。」この返答には，武装解除法（批判の中に真実を探す）そして相手を尊重する技法（論争の中での相手への尊敬を表現する）が含まれています。あなたが非防御的態度をとれば，反対意見を述べた相手と組み合うことも，敵に回すこともありません。

　流れに乗る方法，そして分裂を避ける方法の習得は，時間をかけて育てることが可能な，グループリーダーとしての貴重な技能の1つです。治療グループの参加者あるいは専門家対象のワークショップの参加者との論争は，もしあったとしても，私個人はそれを建設的とは考えません。参加者が安心して心を開くことができ，彼らのコメントがどんなにひどいものでも，あなたに攻撃されたり屈辱を与えられたりしないことを知れば，彼らは数倍の熱意と関与，そして尊敬を返してくれるでしょう。

　参加者が，愛情と承認を必要とすることのメリットとデメリットを発表したら，あなたは発表用紙にそれらを書き込んで行きます。

　そして，「この思い込みのデメリットを排除しつつ，メリットを残すかたちで修正された態度を考えることはできませんか？　愛情と承認の重要性について，新しい視点はありませんか？」と参加者に質問します。実演の最後に，あなたは，改めて反対意見を述べた参加者に感謝し，この考察の価値を強調して終わります。

態度のメリット・デメリット分析を使った自虐的思い込みの修正方法

　次の練習は，ワークブックの202頁から始まります。参加者に，今すぐこの頁を開くよう指示します。

　自虐的思い込みを修正する最初のステップには，以前のセッションで紹介した態度のメリット・デメリット分析を用います。分析の対象として，

「価値ある人間であるためには，私は愛されていなければならない」，あるいは，「私の価値は，知性と業績によって決まる」などの自虐的思い込みを1つ選ぶよう参加者に求めます。ワークブックの202頁に自虐的思い込みのリストがあります。彼らにその中から1つ選ぶように指示することもできます。

ワークブック204頁にある態度のメリット・デメリット分析用紙の最上段に，選択した自虐的思い込みを書き込むよう参加者に指示します。そして，用紙左右のコラムに，その思い込みを信じることのメリットとデメリットをそれぞれ書き出すよう求めます。この練習の要点は，「この考え方のどんな点が私に役立ち，どんな点が私を傷つけるのだろう？」と自問することにあります。

参加者の中には，態度や思い込みの肯定的および否定的な結果をリストアップするよう求められることに戸惑う人がいるかもしれません。ここで，グループが「価値ある人間であるためには，私は全員からの愛情と承認が必要だ」との思い込みのメリットとデメリットをリストアップしていると仮定しましょう。ある参加者が，「メリットの1つは，皆が自分を愛していることのすばらしさだ！」と言ったとしましょう。これは間違いです。参加者は，すべての人から愛され承認されることのメリットとデメリットをリストアップするよう求められているのではありません。あなたが彼らに求めているのは，価値ある幸せな人間と感じるためには，すべての人の愛情と承認を必要とすることのメリットとデメリットを挙げることなのです。本来の問いかけは，「私の自尊感情の基礎を，他人の愛情と承認に置くことのメリットとデメリットは？」というものです。

この思い込みのメリットの1つは，人々があなたに優しく親切にしてくれれば，私は価値ある人間なのだと自分に言うことができるために，あなたがすばらしい気分でいられることでしょう。そして，他人の感情と意見を高く評価するあなたは，人々が自分を好きになるように努力するでしょう。

1つのデメリットとして挙げることができるのは，批判に対するあなたの過剰な感受性，そして他人から好まれないと落ち込んでしまう傾向かもしれません。そして，あなたの過剰な貪欲さと依存が，人々をしらけさせてしまうかもしれません。

　ある思い込みのメリットとデメリットを参加者がリストアップし終えたら，双方を100点法で重みづけするように求めます。デメリットがメリットを上回ると彼らが評価する場合には，左欄下の○の中に40とし，右欄の○には60と書き入れます。点数の合計は，必ず100点になるように採点させます。

　デメリットがメリットを上回ると評価した場合，どのような新しい価値観または思い込みが，古い思い込みを置き換えることができるのか，彼らに質問します。修正された思い込みの1例には，以下のようなものがあります。「人々が自分を気に入り，承認することは望ましいことだが，自分が価値ある人間であるために彼らの承認が必要ではない。私は彼らを大切に思い，彼らの感情を重視している。もし自分のせいで彼らが動揺するのであれば，私は彼らと話し合い，彼らの批判の中に何らかの真実を見つけるように努力するだろう。このことで私の価値が左右されることは一切ないが，私を多少賢い人間にしてくれるだろう。」もちろん，採り入れることができる修正された態度は，他にもたくさんあることでしょう。自虐的思い込みを修正する際のリストが，ワークブック202頁に記載されています。

　もし，思い込みのメリットがデメリットを上回ると参加者が評価する場合，あなたは以下のように彼らに言います。「どうやら，これはあなたが今変えることを望んでいない態度のようです。なぜなら，それは問題というよりも利益と考えられるからです。これ以外にあなたが取り組みたいと思う自虐的思い込みがあるのではないでしょうか。この思い込みの修正は後回しにしましょう。」

　参加者に自虐的思い込みを放棄すべきと説得するあまり，勢力争いに巻き込まれてはいけません。私たちは，「正しい信念」を人々に説得する福音

伝道者ではないのです。私たちは，彼ら自身が定義する「問題」の処理を手助けするセラピストに過ぎません。

最後に，1つ1つの自虐的思い込みは，健全で生産的な面と不健全で破壊的な面の両方を備えているという考え方について，グループ全体に話し合いを求めます。例えば，常に全員の承認を得なければならないと思い込んでいる人は，過度に自己中心的な人よりも，他人の考えや感情に敏感かもしれません。これは，承認の必要性の健全な面です。

しかし，同時に，彼らは内気で，自尊感情が欠如し，他人との衝突を恐れている可能性もあります。これは，自虐的思い込みの不健全な面です。あなたは，参加者に，どのような場合が健全な承認の必要性で，どのような場合が不健全となるのかを尋ねます。

同様の考察が，愛情や成功の必要性，完全主義，衝突への恐怖など，他のすべての自虐的思い込みについて適用できます。これらを単純に良い態度，あるいは悪い態度と決めつけることはできません。良さも悪さも兼ね合わせているからです。この点を理解し，認めることで，多くのクライアントやときにはセラピストをさえ苦しめる，自虐的思い込みによる衝突や論争は，ほとんど消滅します。

時間が許せば，グループを小さな班に分け，ワークブック191頁の一般的な自虐的思い込みのリスト，あるいは下記のリスト（同様のリストはワークブック202頁にも記載）から，班別に異なる思い込みを選択し，態度のメリット・デメリット分析を行うよう求めます。

- 「価値ある人間であるためには，私は生産的で成功者でなければならない」
- 「価値ある幸せな人間であるためには，私は愛されていなければならない」
- 「私は，常に完全を求めて努力しなければならない」
- 「価値ある人間であるためには，皆が1人残らず私を認める必要があ

る」
- 「憂うつで不幸せな気分に対処できる方法は少ない。私の気分は，自分でコントロールできない力が生んだ結果だ」
- 「人間関係の問題の多くで，その原因をつくったのは私ではなく他人だ」
- 「私の期待は合理的なものだから，皆私の期待に沿うべきだ」

　注意：参加者がリストアップするのは，思い込みのメリットとデメリットのみであるように注意してください。例えば，彼らが上記リストの1番目の思い込み（「価値ある人間であるためには，私は生産的で成功者でなければならない」）を選択した場合，彼らがリストアップすべきは，自尊感情と人生における成功を結びつけることのメリットとデメリットであり，成功することのメリットとデメリットではありません！　自尊感情と人生における成功を結びつけることのメリットとデメリットであることを強調してください。

　練習が終了したら再びグループを集め，各班のスポークスパーソンから分析結果と結論を要約して発表させます。

　あなたは，上記リストの6番目の思い込み（「人間関係の問題の多くで，その原因をつくったのは私ではなく他人だ」）を選択して，グループ全体でメリット・デメリット分析の練習することもできます。多くの人が，対人関係問題の原因を他人に求めます。そのため，この思い込みの分析は，多くの人にとって理解が可能です。この解決方法は，ワークブックの209頁に記載されています。

自虐的思い込みの練習

　この練習は，既に行った練習と多くの点で似ていますが，形式が多少異なります。参加者に，彼らのワークブックの206頁にある練習課題を参照するよう指示して下さい。そして，グループを3～6班に分けます。各班

には，自虐的思い込み尺度の7つの範疇から1つを選び，10分から15分をかけて，それについての作文を課し，ワークブック206頁のスペースに記入するよう指示します。作文は，選択した態度がなぜ不合理で自虐的なのか，なぜそれが私たちを，うつ，不安，怒りなどに対して脆弱にするのか，その理由の記述です。

例えば，全員の承認が必要と思い込んでいる人は，批判に対して過剰に敏感で，誰かが彼らに怒ったり不承認であったりすると，自己防衛的あるいはうつ状態になりがちです。これと同じことを経験した参加者はいるでしょうか？ 誰かから批判されたことで，自分がダメと感じたり，いじけたりした経験を思い出すことができる人はいますか？ 彼らは自己批判的になったり（「私はダメな人間だ」的反応），腹を立て防御的になったり（「あなたはダメな人間だ」的反応）しましたか？ なぜこうした批判への反応の仕方は自虐的なのでしょうか？

各班には，それぞれ異なる自虐的思い込みと取り組むよう注意してください（完全主義については，ステップ8で集中して取り上げますので，ここでは除外するほうが良いでしょう）。参加者には，自分がもっとも興味がある態度に取り組む班に自由に加わることができることを伝えます。練習が終了したら再びグループ全体を集め，各班のスポークスパーソンから，班ごとの作文を発表させます。

グループがこの練習を気に入り，時間が許すのであれば，再度練習を繰り返すこともできます。その際，参加者は前回と異なる自虐的思い込みに取り組む班に参加します。

ステップ6の反応と評価

セッション終了時，議論したいくつかの考え方を要約します。参加者に，自虐的思い込みについて，どのようなことを学んだかを質問します。彼らに，自虐的思い込みと否定的思考の違いについて尋ねてください。垂直矢印技法は，どのように用いますか？ 態度のメリット・デメリット分析は，

どのように自虐的思い込みの修正に役立つのでしょうか？

　どんなことが気に入ったか，気に入らなかったことは何かなどを参加者に質問します。ワークブック210頁のステップ6の評価を記入するよう求めてください。評価の発表を希望する参加者はいないかを尋ねます。彼らが批判や否定的反応を発表する際には，あなたは自己弁護的返答を行わないよう注意します。

ステップ7のためのセルフヘルプ課題

　参加者がセッションルームを離れる前に，ワークブック212頁に記載されているステップ7のためのセルフヘルプ課題について話し合います。

ステップ7

自尊感情とはどんなもの？
どうすれば得られるのだろう？

リーダーのためのステップ7の準備

準備項目	準備済みの項目に○をつける
1. 参加者用ワークブックの215頁から始まるステップ7を読む。	
2. リーダーズマニュアルのステップ7にあるチェックリスト（次頁）およびリーダーへのヒント（203頁〜）を学習する。	
3. 『いやな気分よ，さようなら』の第11〜第13章を読む。	
4. 『いやな気分よ，さようなら』の第13章の〈仕事だけがあなたの価値を決めるのではない；自尊心を手に入れる四つの方法〉を重点的に読む。	
5. 任意選択：「*Intimate Connections*」の Appendix C. "How to Overcome an Inferiority Complex" を読む。	

ステップ7のチェックリスト

活動項目	必須または任意選択	最小所要時間（分）	終了した項目に○をつける
1. 82頁のリーダー用データシートを用いて，参加者の，3つの気分測定テストの得点を，宿題の実施状況および出席状況の得点とともに記録する。	必須	10	
2. ステップ6の肯定的および否定的反応と評価を求める。	必須	5	
3. 垂直矢印技法，態度のメリット・デメリット分析，日常気分記録表などの筆記宿題についておさらいする。	必須	5〜10	
4. このステップの読書課題について話し合う。	必須	5〜10	
5. 自尊感情の練習その1を行う。	必須	15	
6. 自尊感情の練習その2を行う。	必須	10〜15	
7. 自尊感情の練習その3を行う。	任意選択	10〜15	
8. 恐れている幻想の技法の練習を行う。	任意選択	10〜15	
9. 「価値のない人とは？価値のある人とは？」の練習を行う。	任意選択	15	
10. 劣等感の練習を行う。	必須	10	
11. 満足度予想表の用い方を練習する。	任意選択	15	
12. 条件つきの自尊感情VS無条件の自尊感情を練習する。	必須	10〜15	
13. ステップ7の肯定的および否定的反応と評価を求める。	必須	5	
14. ステップ8のための宿題を割り当てる。	必須	3	

ステップ7の概要

　今日のセッションでは，自尊感情に焦点を当てます。数多くのグループが，もっとも大きな成功がこのステップで得られたと報告しています。見てのとおり，このステップには練習課題が数多くあり，長い時間がかかります。そのため，時間に余裕があれば，このテーマに2セッションをかけても良いかもしれません。余裕がなければ，あなたがもっとも気に入っている練習課題を選びセッションを行ってください。このステップは，「もういちど自分らしさに出会うための10日間」のもっとも重要なテーマの1つを取り扱います。

　このステップの要点は，ステップ5「受け入れの逆説」の要点と多くの点で似通っています。あなたも憶えているように，ステップ5では，自己弁護と受け入れの逆説という，否定的思考に反論する2つの方法を学びました。私たちは，攻撃に対して自分を弁護し，自分自身を確立しようと努力します。対照的に受け入れの逆説では，私たちは自分自身の欠点を，過酷なまでの誠実さ，内面の平穏，客観性などと共に受け入れます。

　同じように，自尊感情を実現するには劇的に異なる2つの方法があります。私たちは，「私は価値ある人間だ。なぜなら…」と言い，「なぜなら」の後の部分に，人生における成功，博愛主義，人間関係の特性などの自尊感情の基準を含めます。例えば，「私は価値ある人間だ，なぜなら一生懸命働き，天与の素質と才能を最大に活かしているからだ」などと言うのです。この種の論法は，私たちの文化に広く流布しているカルバン主義的労働観に基づいています。

　こうした理由づけ，またはその他これに類似した公式は，自尊感情を条件付きなものとします。あなたは，たとえそれが妥当で説得力があるように思えても，危険をはらむものであることをグループに示します。私たちが最善を尽くしても，とりたてて生産的でもなければ成功を収めることも

できないとしたらどうなりますか？　大きな成功を収めた人は，他の人よりも価値があるのでしょうか？　私たちが自分には価値がない，あるいは他人よりも劣っていると自分自身に言うことによって，どのような結果が生じるのでしょうか？　どのように自尊感情を測り，努力してそれを得ようとしても，私たちには選んだ基準を満たすことができず，うつ状態に落ちるときがあるのです。

　あるいは，自尊感情を無条件なものとすることもできます。私たちは，自分が人間であるがゆえに，あるいはただ単にそうすることを私たちは選択するがゆえに，自分を愛し尊敬することができるのです。私たちは，愛情と支持が必要だから自分を愛することができます。愛情と支持を獲得して初めて自分を愛せるのではありません。この公式の理解は比較的困難ですが，大きな自由をもたらします。

　最後の選択肢は，「自尊感情などというものは存在しない」という，さらに根本的な態度をとることです。そして，価値ある人，無価値な人も存在しません。価値ある人は存在しないのですから，価値ある人になるための努力も無意味になります。自尊感情の獲得に努めたり，価値ある存在になろうと努力する代わりに，私たちはこうした概念を完全に捨て去り，それと対処することを拒否するのです！

　この最後の公式は，抽象的，神秘的で，まぎらわしいと思うかもしれませんが，満足度予想表に表されているように，とても実践的な態度です。参加者は，自分が十分な価値を有しているか否かを心配する代わりに，学習，自己成長，他者の支援活動，生産的活動，遊び，つきあいなどを含む活動目標を日々設定します。この根本的にプラグマティックな解決法は，西洋の伝統よりも，仏教に根ざしていますが，認知療法の考え方ととても良く適合します。

リーダーへのヒント

データの収集

　参加者の３つの自己評価テスト（気分測定テスト〔BDC, BAI, RSAT〕）の得点を，82頁に記載したリーダー用データシートに記録します。76頁の３点法評価尺度を用いて，宿題の実施状況を記録します。そして，78頁の２点法評価尺度を用いて，参加者の出席状況を記録します。

参加者の反応と評価ならびに宿題の点検

　参加者に，この前のセッションで紹介した垂直矢印技法および自虐的思い込み尺度についての反応を聞きます。そして，ステップ６の肯定的および否定的反応を求めます。何が気に入り，何が気に入らなかったでしょうか？

　ステップ６で紹介されたアイデアについておさらいします。

- 苦痛を伴う気分変動に自分を脆弱にさせる自虐的思い込みは，多くの人がそれをもっています。
- こうした態度は，予測可能な特定の状況に限って問題を引き起こします。例えば，自分が価値ある存在であるためには，全員の承認が必要との思い込みをあなたがもっているとします。人々があなたに好意をもち承認するかぎり，あなたは良い気分でいることができるでしょう。しかし，大切に思っている人から拒絶されたり，批判されたりすると，あなたは動揺を受けるかもしれません。
- これらの自虐的思い込みは，すべてが良いもの，あるいは悪いものではありません。健全な面と不健全な面をあわせもっているのです。
- これらの自虐的思い込みは，垂直矢印技法と自虐的思い込み尺度によって特定することができます。

● これらの自虐的思い込みは，態度のメリット・デメリット分析によって修正することができます。

　参加者の中に，自分の否定的思考に垂直矢印技法の適用を試した人はいますか？　結果はどのようなものでしたか？自虐的思い込みを特定できたでしょうか？
　誰か自虐的思い込みにメリット・デメリット分析を用いた人はいますか？　その分析結果は，どのようなものでしたか？
　自分の自虐的思い込みを，全員と共有しても良いと考える参加者がいないか尋ねます。強い宗教的信念をもつ参加者があなたの指導するグループにいる場合，この前のセッションで紹介された考え方と宗教的志向を，彼らがどのように統合したか尋ねてください。自虐的思い込みと類似した考え，あるいは異なる考えを表現した聖書の一節はありますか？
　日常気分記録表を使った筆記宿題について，否定的思考にうまく反論できたかどうか尋ねてください。もしうまく反論できたなら，例を挙げるよう彼らに求めます。参加者の中に，自分の筆記宿題をグループで共有しても良いと思う人はいるでしょうか？　彼らは，どんな問題とぶつかりましたか？　反論できない否定的思考は，ありましたか？

ステップ7の紹介

　このプログラムでは，すべてのステップを通して，直接，間接に自尊感情について学びます。とくにステップ7では，自尊感情のテーマを深く掘り下げることを参加者にまず指摘してください。ワークブックに記載された自尊感情に関するステップ7の読書課題について，彼らの感想を尋ねます。どのような点に同意でき，また同意できなかったでしょうか？　参加者に読書課題についての質問を促します。とくに興味を引く，有益な記述はあったでしょうか？　理解できなかった点はなかったでしょうか？

自尊感情の練習　その1

　あなたは，以下の5つの質問を問いかけ，自尊感情の活発な議論を促してください。ワークブック222頁の自尊感情の練習その1に記述した彼らの回答を読み上げてもらいます。もし，彼らにこの練習が宿題として割り当てられていなければ，あなたは単にそれぞれの質問を読み上げて，彼らに話し合うよう求めます。

1. 自分が望むほどに十分な自尊感情はもっていないと参加者が言う場合，それは何を意味するのでしょうか？　彼らの価値を損ねた具体的な状況はどのようなものですか？　拒絶されたり，批判されたり，目標の達成に失敗したのでしょうか？
2. そのような状況で，彼らはどのような種類の否定的感情をもちましたか？
3. そのとき彼らは何を考えましたか？　自分にどんなことを言いましたか？
4. 低い自尊感情は，彼らにどのような結果を生じましたか？　生産性や人間関係に，それはどのような影響をおよぼしましたか？
5. 彼らは，（恋愛関係をのぞき）好きな人または尊敬する人で，高い自尊感情をもった人と今まで知り合いになったことがあるでしょうか？　あるいはそうした人物について読んだ経験がありますか？　それはどのような人物ですか？　その人に価値があると彼らが考えるのは，どのような理由からですか？

〈自尊感情と傲慢〉

　そして，参加者に，「高い自尊感情はどのような結果をもたらしますか？　自尊感情を過剰にもつということがあり得ると考えますか？　自尊感情と傲慢の違いはどこにあるのでしょうか？　どのような場合に自尊心は健全

で，どのような場合に自己愛的で過剰になるのでしょうか？」と尋ねます。彼らに，自分の考えをワークブック224頁に書き込むよう指示してください。そして，どのようなことを書いたか尋ねてください（この回答例はワークブック248頁にあります）。

〈自尊感情と自信〉

次に，参加者に自尊感情と自信の違いについて考えたことがあるか尋ねます。彼らの考えを，ワークブック225頁に記入するよう指示してください。そして，どのようなことを書いたか，尋ねてください。

自信は，自分の以前の成功経験に基づいて，ある仕事または課題におそらく成功するだろうとの確信から生まれます。例えば，トップクラスのテニス選手が初心者を相手に戦うとき，自信を感じると思われます。対照的に，自尊感情とは，自分が勝とうが負けようが，または愛されているか拒絶されているかに関わらず，自分を尊敬し愛する能力です。

あなたは参加者に，私たちは自信を伴わない自尊感情をもつことができることを指摘します。もし，彼らがジミー・コナーズにテニスの試合を挑んだとしたら，自分にあまり自信はもてないでしょう。勝てる見込みが非常に少ないからです。しかし，自尊感情の基礎を実績に置くことを拒絶する限り，彼らは依然として自尊感情をもつことができます。試合に負けたとしても，自分に価値を感じ，愛される存在であると感じることができるでしょう。

グループの参加者に，この自尊感情と自信の区別に同意できるかを尋ねてください。自分に自信をもたせる何か得意なことがあれば，彼らにその例を挙げてもらいます。それはどのようなことでしょうか？　また，とくに不得意なことは何かあるでしょうか？　それらのさまざまな活動の技能と自尊感情を結びつけることに，何か意味があるでしょうか？　あるとすればそれはなぜでしょう？　意味がないとするのであれば，それはなぜですか？

参加者は，成功，勝利，または他人からの愛情や承認に，自尊感情の基礎を置く傾向があるでしょうか？ それは，本物の自尊感情ではありません。本物の自尊感情は，無条件なものです。テニスの試合に勝とうが負けようが，あるいは職業において成功を収めようが失敗しようが，彼らは同じだけの自尊感情をもつことができます。どのような方法によっても，自尊感情を努力して得ることは不可能です（自尊感情と自信の質問に対する回答は，ワークブックの249頁にあります）。

自尊感情の練習　その2

次に，自分に価値があると感じるためには何が必要と考えるか，参加者に質問します。自尊感情の基礎は何でしょうか？ 以下のような特徴に自尊感情の基礎を置く人もいます。

- 外見：普通以上に人をひきつけ，魅力があり，人気のある人は，「特別」であり望ましいと考えられることがあります。
- 知性：私たちは，とても華々しい才能に恵まれた人を，より価値が高いと考えがちです。
- 成功：私たちの文化では，生産性，業績，財産などの価値を重視します。
- 個人的努力：他人と比較した場合の実際の技能や業績とは無関係に，私たちは，努力と最善を尽くしている限り，自分に価値があると感じることがあります。
- 名声と権力：有名で，カリスマ性があり，影響力の強い人がより優れている，と考る人もいます。
- 愛情：愛され大切にされると，私たちは自分に価値を感じることがしばしばあります。
- 幸福：幸福を感じ人生に満足感をもつ限り，自分には価値があると多くの人が考えます。

- 博愛主義：私たちは，自分が親切で，寛大で，情愛深いとき，自分に価値があると感じることがあります。
- 人種と宗教：自分の人種，神への信念，宗教的信念のゆえに，私たちは自分に価値があると考える場合があります。

　自分，あるいは他人の価値を評価する方法は他にもあることでしょう。グループの参加者は，何か考えついたでしょうか？

　あなたは，多くの人が自尊感情の基礎を成功や人気，外部からの承認などに置いていることを説明します。この練習では，こうした方法の肯定的および否定的結果を，態度のメリット・デメリット分析を用いて評価します。

　参加者が，すでに前回のステップで同様のメリット・デメリット分析を行っている場合は，割り当てる内容をわずかに変え，上記リストから他の自尊感情を測る基準を選びび，評価するよう求めてください。例えば，自尊感情の基礎を，博愛主義，神への信念，個人的努力，または幸福感や主観的健康感に置くことの肯定的および否定的結果を，メリット・デメリット分析を用いて評価させることができます。

　グループを2つの班に分けてください。最初の班には，業績と成功（または他の基準）を自尊感情と結びつけることのメリットとデメリットをリストアップさせます。ワークブック227頁にあるメリット・デメリット分析用紙を用いるよう，彼らに指示してください。業績と自尊感情を結びつけたとしたら，それがどのように彼らの役に立つのか，そしてどのように害をもたらすのかのリストアップを指示します。そして，メリットとデメリットのどちらが大きいか，重みづけを指示します。

　あなたは，メリット・デメリット分析の下部にある○の中に100点満点で評価を記入するよう班員に指示します。もしデメリットがより大きいのであれば，左側の○の中に，例えば評価点を40と記入し，右側の○中には60と記入します。これは，自尊感情の基礎を業績に置くことは望ましくな

いとの結論に彼らが達したことを意味します。彼らには，業績や成功以外のどのようなものを，自尊感情の基礎として新たに置くのか質問します。修正した思い込みは，ワークブック226頁にリストアップさせます（彼らに，自虐的思い込みを修正するガイドラインのリストがワークブック202頁に記載されていることを指摘します。手助けが必要な場合は，これを参照させます）。

　2番目の班には，類似した課題を割り当てますが，彼らが記入するのはワークブック228頁のメリット・デメリット分析です。彼らは，自尊感情の基礎を人気あるいは他人からの承認と尊敬に置くことのメリットとデメリットを分析します。分析の1例が，ワークブック250頁に記載されていますが，取り組み中はこの頁を参照しないよう，彼らに注意します。メリット・デメリット分析が済んだら，ワークブック226頁に修正後の思い込みを記入させます。

　前回のセッションで私が指摘した注意点を思い出してください。彼らがリストアップするのは，思い込みのメリットとデメリットです。例えば，第1班がリストに挙げるのは，彼らの自尊感情を人生の成功に結びつけることのメリットとデメリットです。彼らがリストするのは，成功していることのメリットとデメリットではありません。同様に，第2班のリストには，自尊感情を人気や承認に結びつけることのメリットとデメリットを挙げなければなりません。人気があり，承認を受け，尊敬されていることのメリットやデメリットではありません！

　10〜15分経過後，グループ全体に再集合させ，各班のスポークスパーソンから班の結論を報告させます。

自尊感情の練習　その3

　この練習は，これ以前の練習に良く似たものです。練習は，個別でも，また3〜6人の班に分かれても行うことができます。各人または各班に，ワークブック229頁に記載された自尊感情を測る思い込みから1つを選ぶ

よう指示します。あるいは，参加者は自尊感情に関して個人的に興味のある思い込みを選ぶこともできます。その思い込みを，ワークブック230頁に記入し，以前の練習同様にメリット・デメリット分析を行うよう指示します。

彼らがその思い込みのメリットとデメリットをリストアップしたら，以前と同じ様に100点法で重みづけを行うよう求めます。もしデメリットのほうが大きければ，自尊感情の基礎として，どのような思い込みを新たに採用するべきかを尋ねてください。彼らはどのようにしてメリットを維持したままデメリットを排除し，自虐的思い込みを修正できるでしょうか？

10～15分経過後，再びグループ全体を集合させ，各班のスポークスパーソンに班の結論を発表させます。

あなたは，これらの練習が玉ねぎの皮むきに似ていることに気づくでしょう。自尊感情についてのある1つの公式を排除するたびに，他の公式がとり入れられ，それもまた自虐的であることを彼らは発見するのです。目標とするところは，自尊感情を測る方法がとても有害かつ非生産的となり得ることの発見です。

恐れている幻想の技法の練習

グループがメリット・デメリット分析を完了したら，これらの自尊感情を測る公式は役に立たないことを，ほとんどの参加者が理解したと思います。しかし，何人かは，それでもそうした公式が現実的で事実に合致していると反論するかもしれません。

プレスビテリアン医療センターの「もういちど自分らしさに出会うための10日間」外来グループの参加者であったスーという女性は，社会的に成功した人気のある人は，他の人に比べ価値がある，と常に思い込んでいました。彼女の所属した班がメリット・デメリット分析を終えた後，スーはこの自虐的思い込みが自分の人生を通して，感情的苦痛と悲惨の原因となっていたことをはっきりと理解しました。中学生の頃，自分よりも人気

があって成功した子供に強い劣等感をもっていたこと，そしてそれ以来，今日に至るまで他人に劣等感を抱くことなどを，彼女はグループの参加者に話しました。この考え方のデメリットがメリットを上回ることを合理的に自覚しているにもかかわらず，彼女は，いまだに本能レベルでこの考え方を信じていると言いました。社会的成功を収め，人気の高い人は，実際に他の人たちよりも優れていると思うと彼女は言うのです。

　この考え方がどれほど冷酷で非現実的なものか，スーにはっきりと気づかせるために，私は，他のグループ参加者の助けを借りてロールプレイを行うことを提案しました。恐れている幻想の技法と呼ばれるこの練習では，スーは不思議の国のアリス的悪夢に入り込み，そこで彼女がもっとも恐れているものと直面します。これは，主張訓練ではないことに留意する必要があります。なぜなら，スーも相手役のボランティアも，通常の人間とはまったく異なる行動をとるからです。本物の人間なら，たとえ考えることはあっても決して口にしないような，極めて悪意に満ちた言葉をかけ合う怪物のような存在を彼らは演じるのです。

　私は，椅子を2脚グループの中央に置き，スーと相手役のジョーンという女性をそこに座らせて，互いに向き合わせました。スーには，非常に成功し評判の良い女性を演ずるよう私は指示しました。ジョーンの役は，特別な成功もなければ人気も高くない女性でした。私はスーに，高い人気と成功ゆえに自分がジョーンよりも優れていることをジョーンに説明するよう指示しました。実生活では内気で感じやすいスーですが，この練習ではできるだけ尊大に，意地悪くふるまうよう彼女に促しました。

　もちろん，スーは当初気乗りしませんでした。彼女は，自分は優しい人間で，他人にここまで意地の悪いことは言えないと抗議しました。私はこれが単なるロールプレイであり，スーが演じるのは実在の人物ではなく，幻想上でスーがもっとも恐れる恐怖を演じるのに過ぎないと伝えて説得しました。私は，是非トライしてみたらと彼女を勇気づけ，練習中何を言って良いかわからなくなったときは，何を言えば良いか私が手助けすること

を約束しました。

　最初に簡単な指導を受けた後，スーは以下のような発言から始めました。

スー（幻想上の人物として）：ジョーン，タイム誌の「ウーマンオブザイヤー」の特集号で，表紙を飾った私の写真見たわよね。これは，信じられないほど多くの私の業績に対する1つの小さな賛辞に過ぎないのよ。もちろん，仕事上の大きな成功に加えて，私ってゴージャスで魅力的でしょう？　ほとんどの社交の場で，私は注目の的になるのよ。誰もが，私と一緒のところを人に見られたいと思うからね。それは私が特別な存在だからなのよ。

ジョーン（「普通」の人間として）：まぁ，それはきっとエキサイティングでしょうね。

スー（幻想上の人物として）：そうよ。実は私，自分がなんて偉大な人間かと考えるたびに，絶え間ない陶酔状態に入ってしまうの。でもねジョーン，要するに私が言いたいことは，私があなたよりもずっと優れた人間だということなのよ。あなたは，私の信じられないような成功と人気の，ほんのこれっぽっちも味わうことができない，ただの普通の人なのよ。だから，あなたが私より劣る人間ということは理屈から言って当たり前なの。私たちが一緒にいるときは，いつも私があなたを見下していることを覚えておいてね。あなたの感情を傷つけたくはないけれど，間違ってもあなたが私と同等と思わないためにも，真実を知っておきたいでしょうから。

　演じ始めると，スーの演技は真に迫っていました。このような感情は，心の奥底に押し込められていて，決して外へ出ることはなかっただろうと私は思いました。このやりとりを見ていたグループ参加者は，彼女の演技に金縛りにあったようでした。

　スーとジョーンの短い対話が終わった後，私はグループに，そこまでの

寸劇の分析を求めました。彼らは何を感じ，何を学んだでしょうか？

スーは，この価値観を大きな声で言葉にして表現すると，それが急に非現実的に思えてきたと言いました。他の参加者も，幻想上のスーの主張がすべて真実だったとしても，あまりにも自己中心的で表面的なため，その価値観に基づくあらゆる主張は妥当性を失うと言いました。

ハンクと言う名の大学生は，いわゆる美形であることが，人間的価値を高めるという考えは明らかにバカバカしいけれども，聖職についている人や博愛主義者は，研究や科学的発見を通して社会に貢献している人々と同様，実際にはより価値の高い人と今だに信じていると言いました。

ここから先に進む前に，あなたはグループリーダーとして，この時点で何をすべきか，自問してみてください。あなたはハンクにどのようなことを言いますか？ 彼の主張と戦うために，恐れている幻想の技法をどのように用いるか，あなたは理解していますか？ この先へ読み進む前に，この点について少し考えてください。

私はハンクを椅子に座らせ，他の男性を1人選んで向かい合せに座らせました。そして，普通の人なら，考えることはあっても絶対に口にしないような事を言い合う，不思議の国のアリスの世界に彼らが入り込んだつもりになるよう指示しました。

私はハンクに，自分が世界でもっとも親切で寛大な人間の1人になったと想像するよう，指示しました。その週発行のタイム誌は，人類への偉大な博愛主義的，科学的貢献のゆえに，ハンクを「マンオブザイヤー」に選び，彼の写真を掲載したのです。彼の価値観によると，このことは論理的に彼をより価値ある人間にするはずでした。彼の役目は，対座するボランティアのジョーに，自分が彼よりも優れていることを説明することでした。私はハンクに，彼の寛大さと人類への貢献に比べれば，ジョーの貢献は色あせたものであると言いました。

ハンクはこの役を演じることに熱中し，参加者たちは彼の実演に心を奪われた様子でした。結果は，スーのときと同じようなものでした。もしあ

なたが，「ある人たちは，より寛大で人類への貢献度が高いために，他の人に比べて価値がある」とするならば，少数の人々がより優れた人間であり，あなたの友人や家族など，知人の多くはその人々よりも劣ります。こうしたぎこちない立場に，あなた立つことになるのです。

あなたは，恐れている幻想の技法のさまざまな変化形が可能なことを理解するはずです。参加者に役割交替をさせたり，攻撃される側に自己弁護させたりすることもできます。

この練習をグループで行う場合，相手役となるボランティアの人選に注意を払わなければなりません。極度に脆弱な人，または混乱した人にこの役割をまかせることはできません。あなたは，この練習がこれら価値観の非合理性を暴露するための練習であって，誰かをやりこめる目的のものではないことを強調します。

こうした点に配慮することを条件に，この練習をお薦めします。この練習は，知的な理解を本能的レベルでの真の変化に変容させることが可能です。そして，劇的かつ参加者の興味をひく練習でもあります。

価値のない人とは？　価値のある人とは？

あなたは，自尊感情を測るこうした体系のすべてに3つの基本的欠点があることを参加者に指摘してください。最初の欠点は，人生には自分が選んだ自尊感情の基準を満たすことができないときがある，ということです。例えば，幸せである限り自分には価値がある，と考えている人が，うつ病エピソードを発症したとしたらどうなるのでしょうか？　その人は幸せを感じていないのですから，人間的な価値をもはや持ち得ないのでしょうか？

2番目の欠点は，恐れている幻想の技法の練習で見たように，すべての自尊感情を測る体系が，ある人は他の人よりも優れると結論づけてしまうことです。例えば，成功が自尊感情の基準だとすると，その基準を採る人は，その人以上の成功を収めた人に劣等感をもつかもしれません。そして，

自分よりも成功していない人に優越感をもつのでしょうか？ その人は，ある人に優越感を，他の人に劣等感をもつことを望むのでしょうか？ それはなぜですか？ もしそうでないとすればその理由は何ですか？

　3番目の欠点は，これらの体系では，その人の行動ではなく，その人の自己全体の格づけが求められる点です。良い（または悪い），価値のある（または価値のない）行動は存在します。しかし，良い人間や悪い人間は存在しません。優れた人間など存在しないのと同様に，劣った価値のない人間など存在しないのです。

　自分の格づけ体系を放棄するには，基本的に2つの戦略があります。最初の戦略は，「自分の価値を測ることに，どんな意味があるのだろうか？ 自尊感情の基礎を自分の特性や業績に置くことの利益は何で，損失は何だろう？ それがどのように私の役に立ち，どのように私に害を与えるのだろうか？」と問うことです。メリット・デメリット分析は，この戦略を用います。

　2番目の戦略は，「価値のない人間，あるいは価値のある人間というものは存在するのか？ こうした概念に意味があるのか，それとも無意味か？」と問うことです。この練習は，この2番目の戦略に基づいています。目標とするところは，参加者に自尊感情の概念をまるごと排除するよう促す点にあります。そうすることで，人間として本来備わる価値の格づけや測定から彼らを解放するのです。多かれ少なかれ価値ある行動は存在するものの，良い人や悪い人などは存在しないことを彼らは理解するでしょう。私たちは自分の個人的特性を格づけすることはできますが，自己を格づけすることはできません。

　これは，任意選択の練習です。その理由は，リーダーに若干の技能が必要とされるからです。この練習を行う場合は，グループのいかなるメンバーとの議論も避けるように努めてください。

　価値ある人間や無価値な人間が存在しないことを実証する方法の1つに，言葉を定義する技法があります。参加者に，「無価値な人」（あるいは「劣っ

た人」または「悪い人」）の定義を，ワークブック234頁に記入するよう求めてください。記入し終わったら，彼らに1人ずつ定義を読み上げるよう求めます。あなたは，それぞれの定義を発表用紙に書き写します。

　それぞれの定義をあなたが書き写し終えたら，グループ全体に，「この定義には，どこかうさんくさくて，怪しいところはありませんか？」と尋ねます。話し合いを指導しながら，あなたはそれぞれの定義が無価値で無意味なことを示して行きます。その理由は，それらの定義が下記のいずれかの欠点をもっているからです。

- その定義はすべての人間にあてはまる。
- その定義はいずれの人間にもあてはまらない。
- その定義は「全か無か思考」に基づいている。

　例えば，参加者の1人が以下のような定義を下したとします。「無価値な人，または劣った人とは，何事も正しく行うことができない人である。」
　あなたは，だれでも正しく行えることが何かしらあること，そのため，無価値で劣る人は存在しないことを指摘します。
　ワークブックの236〜237頁には，無価値あるいは劣った人の定義がさらにいくつか記載されています。参加者に，これらの定義から1つか2つを選び，右側の欄に反論を記入するよう求めてください。この練習は，個人でも班別でもできます。その後に，結果について話し合います。
　本書の217〜220頁にある表は，無価値あるいは劣った人の定義への反論方法が載っています。これらを研究するにつれて，あなた独自の考えが追加されて行くと思います（この表は，ワークブック251〜253頁にある表よりも若干詳細に書かれています）。

ステップ7 自尊感情とはどんなもの？ どうすれば得られるのだろう？ 217

無価値あるいは劣った人の定義	反　論
1. 悪いことをする人。	1. 私たちはだれもが少しは悪いことをしているので，皆が価値のない人間ということになる。
2. 失敗したりミスを犯す人。	2. 私たちはだれもが失敗しミスを犯すので，皆が価値のない人間ということになる。
3. 51％の確率で失敗したりミスを犯す人。	3. これは，50％の確率で失敗する人は価値があり，51％の確率で失敗する人は価値がないということだろうか？
4. 他人を傷つける意図をもち，意地悪で不愉快なことを行う人。	4. 自分が傷つけられたと感じたり，怒りを感じたりするとき，私たちはだれもが多少意地悪で不愉快なことをするものだ。自分に対して間違ったことをした相手に仕返しを望む衝動は，美しいものではないが，ほとんど誰にでも共通する人間的特徴だ。それが理由で，私たちは皆無価値な人間になってしまうのだろうか？　意地悪で不愉快な衝動を何回感じれば，無価値な人間になるのか？
5. 怠け者で，自己中心的考えをもち，非生産的で社会的に価値のない人。	5. 私たちはだれもがときには怠け者で非生産的になることがある。ということは全員が無価値ということだろうか？
6. 誰からも好意をもたれない人。	6. アブラハム・リンカーンのような偉大な英雄も数多くの敵をつくった。同じように，サダム・フセイン，ヒトラー，チャールズ・マンソンなどの破壊的な人々にも，崇拝者はたくさんいた。

（次頁へ続く）

無価値あるいは劣った人の定義	反　論
7. 愚かで能力のない人。	7. 私たちはだれもが多くのことに知恵が働かず，多くの分野で才能に恵まれてはいない。例えば，筆者のデビッド・バーンズは，物理，ギリシャ語，フランス語（フランス語では本当に劣等生だった）などの学問ではほとんど何も知らない。歌は下手だし，楽器はほとんど何も弾けない。この定義では，皆が無価値な人間になる。
8. 何の能力もない人。価値あるためには，少なくとも1つのことがらに秀でていなければならない。	8. 1つのことに秀でるとは，0から100％でどの程度を言うのか？ 結局，私たちの多くが，いろいろなことに優れた才能をもっている。例えば，歩くこと，話すこと，音楽を聴くこと，料理，素描，計算などだ。
9. 価値あるためには，社会から非常に重要とみなされ，ある分野にとても優れていなければならない。その分野のトップ100人中5位以内でなくてはならない。	9. この定義によると，外科医のトップ100人中6番目の外科医は，無価値な人間と考えられてしまう。
10. 自分のことが好きではない人。自分に価値がないと感じる人。	10. うつ状態にある人のほとんどが，自分は無価値と感じ，自分を好きになれないでいる。低い自尊感情はうつ病の1つの症状だ。ということは，うつ状態にある人すべてが価値のない人間ということだろうか？ おまけに，連続殺人鬼の多くは，自分に対する強い好意をもっている。自分が好きということだけで，彼らを価値ある人間とすることができるのだろうか？

（次頁へ続く）

ステップ7 自尊感情とはどんなもの？ どうすれば得られるのだろう？ 219

無価値あるいは劣った人の定義	反　論
11. 殺人犯は，意図的に他者を殺害したのだから，無価値な人間である。	11. 他人を殺すことは，通常邪悪で軽蔑すべき行為だ。しかし多くの殺人が恋人や配偶者により，嫉妬や結婚生活上の衝突の結果引き起こされている。有罪判決を受けた殺人犯を，「悪者」や「無価値な人」とレッテル貼りすることは何の役にも立たない。殺人犯は，危険で衝動調節に障害があった人と言うほうが正確だ。
12. その他：アドルフ・ヒトラーのように，誇大性，嫌悪，大規模な暴力などを助長した偏執狂が，悪者あるいは無価値な人間である。	12. この定義には，いくつかの問題がある。まずこれは，あなたが指導するグループのだれにも当てはまりそうにないこと！ 2番目には，言葉の使い方に問題がある。確かにヒトラーは，数多くの軽蔑すべき，不道徳で邪悪な思考や感情をもち，行為を行った。数多くの恐ろしく邪悪な罪を犯した。しかし，彼とて少なくともいくつかの長所はあったはずだ。例えば，フォルクスワーゲン社を設立したのは彼だし，彼は犬を可愛がっていた。彼の「良い」性向は，彼を「良い」人間にするだろうか？ 私たちは誰かの行為のレッテル貼りからその人全体のレッテル貼りに飛躍する必要があるのか？ その過程で何が得られ何が失われるだろうか？ 人間を「悪者」や「価値のない人」とレッテル貼りすることのメリット・デメリット分析をやってみてはどうか？

(次頁へ続く)

無価値あるいは劣った人の定義	反　論
	ひとたびこの種のレッテル貼りを始めると，問題が複雑になって収拾がつかなくなる。ナチはユダヤ人を悪者とレッテル貼りをした。一部のイスラエル人はパレスチナ人を悪者と呼び，その反対のケースもある。この種のレッテル貼りは，一度始めたら終わりはあるのだろうか？　その結果はどのようになるのか？ もう1点，興味深いことは，ヒトラーはこのレッテル貼りにとても熱心だったことだ。彼はドイツ人が「優れた」人種であること，ユダヤ人を含む少数民族が「劣った」人種であるという考えでドイツ人を洗脳した。この論理が，虐殺と大戦を招き，多くの人々を苦しめたのだ。

　この練習を行う際に，アドルフ・ヒトラーを「価値のある人」と擁護したり，議論に入り込んだりすることは非生産的であることを，再度私は強調しておきます。そうではなく，有価値，無価値に関するすべての定義を，具体的行動ではなく自己全体に適用するのは，無用で無意味かつ破壊的になりがち，という考えに沿ってグループを指導するよう努めてください。

劣等感の練習

　低い自尊感情の持ち主は，他人に対して劣等感を抱きます。劣等コンプレックスは，通常望ましいものではないと考えられていますが，劣等感にはメリットが隠されている場合もあります。仮に，参加者の何人かに，自分は他人よりも賢くなく，成功していないために劣っているとの思い込み

があるとしましょう。彼らに，この思い込みのメリットとして何か思いつくことがあるか尋ねてください。メリットがいくつか挙げられたら，それをワークブック239頁にある，劣等感のメリット・デメリット分析の左コラムに記入するよう求めます。同時にあなたは，劣等感をもつことのメリットを発表用紙にリストアップします。メリットには，以下のような項目が含まれるかもしれません。

- 劣等感をもてば，私は他人に近づく必要はなくなり，拒絶のリスクをおかす必要がなくなる。
- 恨みや不幸を感じるための良い言い訳ができる。
- 新しいことを試す必要がなくなるので，失敗することもない。
- 自分の問題を，運命のせいにできる。
- 自分が本当に他人より劣ると心から信じるのだから，私は正直で現実的なのだと思うことができる。
- 自分を哀れむことができる。
- 他人に対して積極的に主張する必要がなくなる。

次に，自分が劣っていると思い込むことのデメリットを何か考えつくことができるか，参加者に尋ねます。そして，ワークブック239頁の劣等感のメリット・デメリット分析用紙の右欄に，デメリットをリストアップするよう指示してください。デメリットはたくさんあると思います。

- 私はうつ状態になるだろう。
- 私は孤立するだろう。
- 私は危険をおかさず，新しく挑戦的な活動を試そうとはしなくなる。

参加者が，劣等感のメリットとデメリットをいくつかリストアップし終えたら，メリットとデメリットのどちらが大きいか評価して，頁下段の丸

の中に，合計して100になるよう採点を指示します。

　自分には欠陥があり，他人より劣っていると考えることのデメリットがメリットを上回ると参加者が結論づけた場合は，この思い込みに代わる新たな態度または思い込みを考えさせます。新たな態度を，ワークブック238頁に記入するよう指示します。

満足度予想表の用い方

　この練習は，当初自尊感情の問題とは全く無関係に見えるかもしれません。事実，満足度予想表は，もともと重度のうつ状態にある人が，人生により生産的に関与するよう動機づけるために私が開発したものです。その後，ステップ6および7で取り上げたような，いくつかの自虐的思い込みの確度をテストする目的にも用いられ得ることを私は発見しました。

　満足度予想表を記入するための下記ステップについて，参加者と話し合ってください。

- 左端の「活動の内容」欄には，満足，知識，人間的成長などが得られる可能性のある活動予定を記入させます。
- 左から2番目の「一緒に行う人」の欄には，それぞれの活動を誰と一緒に行うかを記入させます。予定する活動のいくつかは1人で，その他を他人と共同で行うように注意します。自分1人で行う活動予定の場合，この欄には「1人で」と書かずに，「自分と」と記入させてください。
- 「予想される満足度」と書かれた3番目の欄には，それぞれの活動が，どのくらいの満足度をもたらすと考えられるか，0%から100%で予想し書き入れるよう指示します。この予想度は，活動開始前に記入させてください。
- そして最後の4番目の欄に「実際の満足度」を記入させます。ここには各活動が終わった後の満足度を，同じように0%から100%で評価し

書き入れさせてください。

　満足度予想表を用いれば，自分の予想が実際にはどうなったのかを参加者は比較することができます。うつ状態にある人は，一般に満足度を過小評価します。それは，彼らが先延ばしをしたり，人生に諦めを感じる理由の１つでもあります。さまざまな活動が実際には予想より楽しいことを理解すると，彼らはしばしば人生により生産的に関与し，モチベーションが高まることがあります。

　この練習が参加者にもたらすメリットには，さらに以下のようなものがあります。

- どのような活動が，自分にとって実際に満足感を与えるものかを理解することができる。
- 他人と一緒の活動によって得られる満足度を，自分１人で活動することで得られる満足度と比較することができる。
- 「１人でいるとみじめになる」，「幸せで価値があると感じるためには，大きな成功を収めなければならない」，「ものごとは完全にできないと，それを楽しむことはできない」などの自虐的思い込みをテストすることができる。

　この練習は，人々にとって時たま啓発的な経験となります。例えば，私がかつて治療した男性患者のジョシュは，妻との別居以来重度のうつ状態に悩んでいました。あるエキサイティングな弁護士と出会った妻は，ジョシュのもとを離れ，彼と暮らし始めたのです。ジョシュは，彼女なしには幸せになれないとの思い込みをもっていたために，自分を無価値な人間と考え，希望をもてずにいました。彼は，１人でいるとみじめになると確信していました。

　配偶者や愛する人から虐待を受けたり，捨てられたりした人は，必ずと

言って良いほどこうした思い込みをもつものです！　彼らは，自分をひどく扱った人間をしばしば偶像化し，自分を虐待したり酷使したりする人こそが幸福と自尊感情の源泉との考えに傾倒するのです！

　ジョシュは，彼の妻を「ビューティフルピープル」の1人であると表現しました。彼によれば，彼女の性格はすばらしく，ファッションデザイン界においてかなり華麗な職業経歴の持ち主なのだそうです。対照的に，彼は自分が退屈で，平凡で，性的魅力の乏しい人間と考えていました。自分は，退屈でつまらない会計士に過ぎないと済まなさそうに彼は説明するのでした。妻なしには，二度と自分の人生がもとに戻らないとジョシュは確信していたのです。

　私は彼に，満足度予想表の最上段に，「仮説：私の人生の幸せはすべて妻を源泉としている。彼女と離れた独りきりの人生では，私は必ずみじめになる」と書くよう指示しました。ジョシュは，これを100％信じると言いました。

　私は彼に，満足度予想表を使い様々な活動を計画することで，この思い込みをテストするよう求めました。彼は，ジョギングや机上の整理など，1人で行う活動をいくつか計画しました。私は，他人と一緒の活動もアレンジするよう説得しました。その結果，彼は知り合ったある女性とのデートに同意しました。最後に，比較目的で彼は妻との活動も計画しました。別居の詳細を話し合うために，数日後に彼女の妻と昼食をとることにしたのです。

　私はジョシュに，仮説を科学的にテストするために満足度予想表の予想される満足度と実際の満足度のコラムを使うように言いました。彼は，まず活動の内容欄に活動ごとの簡単な内容を記述し，一緒に行う人の欄には誰と一緒にそれを行うかを記入しました。そして3番目の欄である予想される満足度には，各活動の予想される満足度を0〜100％で記録しました。彼は，妻との活動がすばらしいものであり，満足度100％と予想しました。そして，それ以外のジョギング，机の整理，デートなどは，寂しく，退屈

な活動と予想し，予想満足度をそれぞれ10%としました。そして，すべての活動をその翌週行って，実際の満足度を事後に記録することに同意しました。

　ジョシュは，1人で行った活動や出会った女性とのデートが，実際にはとても満足度が高かったことに驚きました。実際の満足度のコラムに，彼はそれぞれ90%以上と記しました。

　対照的に，彼の妻との昼食は，みじめな経験に終わりました。彼女は食事の時間ほとんどを，彼をけなしたり，新しい恋人との生活がいかにロマンチックで性的にも満たされたものかを，夢中になって語り続けたのです。ジョシュは，彼女とのセックスにしばしば勃起不全を起こしていたので，この経験はとても屈辱的なものとなりました。彼は，実際の満足度のコラムに0%と記録しました。すべての幸せの源泉は妻との思い込みと，満足度予想表のデータは，ほとんど一致しなかったのです！

　この苦痛に満ちた予期せぬできごとは，彼女から精神的に離れる力をジョシュに与えました。彼は，さらに独創的でやり甲斐のある単独活動を計画したり，より積極的なデートを始めたりしました。結果として，彼は自尊感情の増大を経験し，うつからの回復を果たしたのです。その後約12回のセッションを経て，彼の治療は終了しました。

　それから何年か経ち，私はジョシュの親戚から，彼と妻がその後離婚したことを聞かされました。ジョシュは最終的に別の女性と再婚し，以来2人はうまく行っています。残念なことに，彼の別れた妻の恋愛は長続きせず，すぐに終わりを迎え，彼女は結局1人きりで，ひどく不幸せになったようです。

　参加者には，次週までの宿題の1つとして，満足度予想表を使った練習を割り当てます。娯楽，満足，親密さ，自己成長などの面で可能性のあるいくつかの活動を，最初のコラムに記入します。これらの活動には，学習，生産的または独創的な行為，他人の手助け，愛する人との語らい，または単純に友人と楽しい時を過ごす，などが含まれます。2番目のコラムには，

活動を共にする同伴者を書きます。そして，3番目のコラムには，それぞれの活動の満足度を0～100%で予想します。次回セッションの冒頭に，実際の満足度と予想とを比較した結果，この練習から何を学んだかを彼らに報告させます。

満足度予想表についてさらに知りたい参加者がいれば，『フィーリングGoodハンドブック』の127～131頁（訳注：邦訳168～170頁）を補足読書として薦めてください。

条件つきの自尊感情 VS 無条件の自尊感情の練習

ほとんどの認知療法セラピストは，うつ状態にある人の否定的思考がとても非現実的なものになりがちであると考えています。また，人生の意味や人間的価値に関する深く根ざした思い込みの多くは，かなり非論理的で自虐的なものであるとも考えています。こうした否定的思考パターンに代わる，新しく，よりポジティブな価値体系として私たちは何を提唱することができるでしょうか？　より高い自尊感情，そしてより大きな喜びと生産性にむすびつく考え方には，どのようなものがあるでしょうか？

うつ状態にある人が最初に受診するときは，通常意気消沈して無価値感にとらわれています。彼らは自らの欠点のみを重視し，自分がもつ力を見過ごしています。そして，しばしば愛されていないと感じ，自分は不適格と感じています。最初のステップとして，自分がすでに積み重ねてきた業績により大きなプライドをもつことで，より高い自尊感情を実現できる人もいます。いつも失敗したことばかりくよくよ考えずに，自分の資質の良いところを強調するのです。対人関係の問題を解決し，職業上の挫折や失敗を克服することで，そうした人々の気分が改善されることがあります。

しかし，この条件つき自尊感情では，将来うつとの戦いで彼らを脆弱にし，再び挫折を感じたり愛されていないと感じた場合に，彼らは不安になります。そのため，多くのセラピストは，無条件の自尊感情というより深くより強力な概念に，クライアントを導こうと努力してきました。この概

念では，価値ある人間であるための基準に照らした比較や，そのための行動の必要はまったくありません。愛する友人や，問題を抱え悩む子供に対するのと同じように，あなたは自分に愛情と尊敬をもって接します。その理由は，あなたが人間だからです。あなたの愛情は努力して得るものでなく，無条件に与えられているものです。なぜなら，愛情は必要だからです。

　無条件の自尊感情という概念は，同時に制約もあわせもちます。なぜなら，人は自分に価値があると感じなければならない，という考えはいつまでも残る可能性があるからです。クライアントによっては，あたかもそれが常になくてはならないものであるかのように，自尊感情を実現するための多大な努力に足をとられてしまう人もいます。彼らは，常に幸福で愛情を感じているべきとも考えているかもしれません。

　クライアントの中には，自尊感情の必要性を完全に放棄し，より深い価値体系を発展させる人がいるかもしれません。価値のある人間など存在しないのと同様，自尊感情などは存在しないことを彼らは不意に悟り，自尊感情の概念を捨て去ります。もともと自尊感情を必要としていなかったことを理解したからこそ，彼らは自尊感情を完全に捨て去ることができたのです。同時に，クライアントの中には，自分の同一性を捨て去ることができる人もいます。彼らには，自己意識が成長を阻害する幻想にすぎないと映るのです。

　もちろん，こうした考え方は，最初のうち容易に伝わらず，理解されないかもしれません。西洋文化には，特別で価値ある人間になるために，たくさん業績を上げる努力をすべきでとの考えがあります。失敗しても，または見捨てられたと感じていても，私たちには価値があるという考えは，異質なものに思えます。私たちは自尊感情も，また同一性すらも必要としない，という根本的な考え方に，当初はまごつくかもしれません。

　しかし，ひとたびこの概念を理解すれば，それは疑う余地のない，信じられないほどの自由を与えてくれます。それは，神秘的な迷信ではなく，非常に実践的で明白な，癒しに満ちた概念なのです。

ワークブック243〜248頁には，こうした自尊感情への異なるアプローチの概観が記載されています。条件つきの自尊感情が無条件の自尊感情と比較対照され，参加者はメリット・デメリット分析を用いて無条件の自尊感情を評価するよう求められています。

　参加者に，このセクションをすでに読んでいるかどうか尋ね，反応を求めてください。そして，発表用紙を使って，無条件の自尊感情のメリット・デメリット分析を行います。無条件の自尊感情のメリットを左コラムに，デメリットを右コラムにリストアップします。同時に，ワークブック247頁のメリット・デメリット分析用紙に記入するよう参加者に指示します。リストアップを終わったら，彼らにメリットとデメリットの重みづけを100点満点で行うよう指示してください。そして彼らの評価の結果を尋ねます。メリットとデメリット，どちらが大きかったでしょうか。

　最後に，ワークブック248頁の議論にあるように，自尊感情を完全に放棄するという考えについて，すでに読んだり考えたりした参加者がいるかどうか尋ねます。彼らはこの概念を理解したでしょうか？　それは彼らに何かを訴えましたか？　それとも自尊感情という概念を持ち続けるほうが望ましいと彼らは考えますか？　参加者の何人が，下記のいずれかを支持するか，尋ねてください。

- 条件つきの自尊感情：「自分は成功を収めたので（または愛されているので，または他人に親切なので，など），価値のある人間だ」と言うことができます。
- 無条件の自尊感情：「1人の人間なのだから，私には価値がある。自尊感情は贈り物であり，それを努力して得る必要はない」と言うことができます。
- 自尊感情の概念を完全に放棄：「自尊感情は有益な概念ではない。実際に，自尊感情などというものは存在しない。それゆえ私はそれについて心配する必要はない。私は自尊感情を放棄し，ただ単に毎日を可能

な限り生産的に，やりがいのあるものにするよう努力する」と心に決めることができます。

この問いには，正しい答も間違った答もないことを強調してください。要は各参加者にとって最適な価値体系を見出すことなのです。この練習は，このセッションで提示された考え方を統合するポジティブな方法を提供し，肯定的で前向きな印象を与えてステップを終わらせます。

ステップ7の反応と評価

セッション終了時，議論したいくつかの考え方を要約します。参加者に，自尊感情について，どのようなことを学んだかを質問します。彼らに，条件つきの自尊感情と無条件の自尊感情との違いについて尋ねてください。自尊感情と自信の違いは何ですか？ 自尊感情を育むにはどのようにすれば良いのでしょうか？ 劣等コンプレックスのメリットをいくつか挙げることはできるでしょうか？ 満足度予想表はどのように用いるのでしょうか？ この技法の目的は何ですか？

どんなことが気に入ったか，気に入らなかったことは何かなどを，参加者に質問します。ワークブック254頁のステップ7の評価を記入するよう指示してください。評価の発表を希望する参加者はいないかを尋ねます。彼らが批判や否定的反応を発表する際には，あなたは自己弁護的返答を行わないよう注意します。

ステップ8のためのセルフヘルプ課題

参加者がセッションルームを離れる前に，ワークブック256頁に記載されているステップ8のためのセルフヘルプ課題について話し合います。

ステップ8

自虐のための完全主義者の脚本

リーダーのためのステップ8の準備

準備項目	準備済みの項目に○をつける
1. 参加者用ワークブックの259頁から始まるステップ8を読む。	
2. リーダーズマニュアルのステップ8にあるチェックリスト（次頁）およびリーダーへのヒント（238頁〜）を学習する。	
3. 『いやな気分よ，さようなら』の第14章および『フィーリングGoodハンドブック』の第7章を読む。	

ステップ8のチェックリスト

活動項目	必須または任意選択	最小所要時間（分）	終了した項目に○をつける
1. 83頁のリーダー用データシートを用いて，参加者の，3つの気分測定テストの得点を，宿題の実施状況および出席状況の得点とともに記録する。	必須	10	
2. ステップ7の肯定的および否定的反応と評価を求める。	必須	5	
3. 満足度予想表，メリット・デメリット分析，日常気分記録表などの宿題について話し合う。	必須	5～10	
4. このステップのテーマを紹介する。このステップのための読書課題について話し合う。	必須	5	
5. 完全主義 VS 優れたものを健全に追求することについて話し合う。	必須	5～10	
6. 完全主義の様々な種類について話し合う。	必須	10～15	
7. 完全主義の練習その1：完全を目指すことのデメリットと隠れたメリット。	必須	10～15	
8. 完全主義の練習その2：日常気分記録表。	任意選択	10～15	
9. 完全主義の練習その3：失敗について話し合う。	必須	10～15	
10. ステップ8の肯定的および否定的反応と評価を求める。	必須	5	
11. ステップ9のための宿題を割り当てる。	必須	3	

ステップ8の概要

　私たちは，学校や職場で，あるいはメディアを通じて，完全を求めることがいかにすばらしいかのメッセージを日々浴びせられています。雑誌やテレビには，「ワクワクするような完全さ」の経験を約束する製品の宣伝が数多く見られます。モチベーショナル・スピーカー（意欲を与える話し方をする人）は，努力を尽くして自分を信じれば，なにごとも達成が可能と人々に語ります。

　それに比べ，人を無力にする恥辱，劣等感，自分は不十分だとの思いこみによる絶望感などについては，多く語られていません。最近の研究では，完全主義的思い込みと，うつ，不安，摂食障害，物質乱用など数多くの精神障害との重大な関連性が確認されています。

　日常臨床で，私は毎日のように完全主義の被害者に出会っています。ある完全主義者の教授は，私にこう言いました。「ときどき自分の職業が，終わりのない回転ドラムのように思えます。私は一生懸命，頂上を目指して登り続けるのですが，頂上にたどりつけば，その先にはさらに高い頂が見えるのです。そして，私は山を登り続けなければならないと感じます。どこに喜びがあり，やりがいがあるのでしょうか？」

　多くの完全主義者が耐え忍ぶ苦痛にもかかわらず，完全主義には常習性があり，その放棄は困難な場合があります。完全主義者の多くは，過酷な自己批判に大きな誇りをもっています。彼らは，たとえ完全主義によって自分が緊張し，追い詰められ，苛立ちを感じても，この考え方は，より一層努力してより優れた製品を生み出す動機づけになると信じています。完全主義を放棄してしまったら，月並みな自分に甘んじる以外になく，人生は輝きを失うと彼らは思いこんでいるのです。

　実際には，完全主義が目標達成の動機づけになるとの思い込みを裏づける証拠はほとんどありません。完全主義が不安やうつの原因となる可能性

から、むしろ独創性と生産性を低減するという、反対の作用を及ぼしかねないのです。多くの完全主義者は、おそらく完全主義のおかげでではなく、その完全主義にもかかわらず、成功しているのです。

　変化への抵抗のもう1つの理由は、多くの人が、優れたものを健全に追求することと神経症的完全主義を区別しないことにあります。最善を尽くすことや偉大さを目指すことに、悪い点はもちろんありません。アインシュタインやモーツァルトのような業績がなければ人類はどうなっていたでしょうか？　強迫的完全主義は、優れたものを健全に追求することとは違います。私の意味する完全主義者とは、追い詰められた喜びのない生活を送り、目標を達成できないときは容赦なく自分を痛めつけ、失敗は人間的なことではなく、むしろ恥辱であると深く思い込んでいる人を指します。

　このステップでは、さまざまな種類の完全主義について議論し、完全主義の隠れたメリットとともに、参加者にこの考え方のデメリットを気づかせます。あなたは、メリット・デメリット分析と日常気分記録表を用いて完全主義的態度と戦う方法を彼らに示します。

　セッションの最後に、不完全さが実際には長所の1つとなり得るという考えを、あなたは紹介します。本当の問題は、私たちの不完全さにあるのではなく、恥辱にあります。恥辱を放棄することで、私たちの不完全さは、より深い絆を他人との間に形成し、自分自身のスピリチュアリティ（精神性）に触れる手助けをしてくれるのです。

　しばしばこの考えの理解は、欲求不満、誤解、抵抗などの過程を経た後に、可能になることがあります。この考えは、人生上の実経験に活かされなければなりません。さもなければ、それは火のついていない薪のようなものです。火がなければ、暖もとれません。私の経験では、声の外在化のロールプレイでグループの参加者が自分の否定的思考への反論と取り組んでいる最中に、この考えが急に生き生きと理解できることがあります。そして、心を開き互いを信用して人生の苦痛や恥辱に満ちた経験について参加者が話し合うときにも、この考えの理解が進みます。

グループの参加者がこの種の信頼と理解を得られるようにするためには，グループリーダーの忍耐，共感，そして勇気がしばしば必要となります。プレスビテリアン医療センターで私が最近指導した外来患者グループでは，ベニーという名の若者が，グループと共に着席するよう指示したにもかかわらず，グループから外れて腕組みをしたまま，挑戦的態度で立ち続けていました。ベニーは，ハンサムで筋肉質の体格をしていました。おまけに数多くの逮捕歴をもち，危険そうに見えたので，私は彼と対決する気にはなれませんでした。私が彼にグループの輪に入ってくれませんかと求めると，彼は怖い顔をして私をにらみました。急にパニックを感じた私は，すぐにグループへの参加や心を開くことを私たちは決して強制しないことを伝え，彼がオブザーバーとして参加したいのであればそれでも一向にかまわないことを伝えました。幸い彼はこの申し出に満足した様子でしたが，セッションを開始すると，檻に入れられたトラのように部屋の中を行ったり来たりし始めたのです。

　私は，自分を悪い母親と思いこみ，罪の意識をもつ女性の指導を始めました。うつを再燃し再入院したため，見捨てられたと感じた子供たちが自分を嫌っているのではないか，と彼女は言いました。彼女は，こうした考えを丹念に日常気分記録表に記述していました。私は彼女の否定的思考役に他の患者さんを選び，彼女とロールプレイをするよう指示しました。

　ロールプレイの最中，ベニーは突然攻撃的な声でこう言いました。「価値ある人間になるために，一定レベルの成功を収めなければならないとかの，でたらめに俺はもう飽き飽きしたぜ！」

　セッションルームは，墓場のように静まりかえりました。もしあなたがグループリーダーなら，どんなことを言いますか？　この先に進む前に少しこのことについて考えてください。

　ベニーのような人は世間にたくさんいます。病院，刑務所などの環境で，物質乱用，犯罪行為，パーソナリティ障害などの既往歴をもつ人々のグループ治療に携わると，こうした人々と頻繁に出会います。企業経営者な

どのいわゆる高機能の人々のグループでも，ときにこうした人からの挑戦を受けることがあります。指導者であるあなたの反応スタイルは，グループの士気と成功に大きな影響を与えます。さて，あなたならベニーにどう答えますか？

そのとき私は，「ベニー，私にはあなたの意見が仏教的に聞こえます。ところでベニー，それが認知療法の基本中の基本なんですよ。あなたのその考えこそが，私が皆さんに努力して説明し，理解してもらいたいことなんです。多くの人が，価値ある人間になるためには成功を収める必要などないことを理解していないんです。でもあなたは，その点が分かっている。できれば，他の患者さんにもそれが分かるように手伝ってくれませんか？そうすれば，他の人たちも，自分は十分に賢くないからとか，能力がないからとか，成功していないからなどと考えて，いつも自分をクズのように感じなくてもすむんです。」

「先生，それは本当かい」とベニーは言いました。

私はこう答えました。「本当です，ベニー。それは，仏教の基本的考えの1つなんです。あなたは仏教徒ですか？ この問題には明るいようですね。」

ベニーは，すっかり生き生きとしてきました。彼は，グループの中へ入ってきて，他の人と同じように自分もロールプレイに参加したいと言いました。そして，彼が子供の頃，大好きで尊敬していた叔父が，目の前でピストル自殺をした経験を語り始めたのです。彼の家族は，その叔父を含め組織犯罪に関わっていたこと，自分はマフィアの人々を尊敬することなどを，彼は皆に話しました。そして，自分は何度も刑務所に収監された経験があり，数多くの暴力事件を起こし，麻薬中毒者であることなどを語ったのです。最後に彼はこう言いました。「俺の否定的思考は，『自分は絶対に変わらない』。これさ。さあ，先生，こいつをどうするんだい？」

私は，「わかりました！ じゃあ発表用紙にそれを書いて，メリット・デメリット分析を試してみましょう。ベニー，この否定的思考を信じることのメリットは？」

ベニーは,「そんなもんありゃしねぇよ,先生。俺は,ずっと刑務所へ出たり入ったり,病院へ出たり入ったりするだけさ。そのうち死んじまうだろう。それも,もうじきな」と答えました。

「いや,それは違うでしょう,ベニー。この思考にはとても大きなメリットがあります。発表用紙に,あなたが絶対に変わることはないと信じることのメリットを,全部リストアップしてみましょう。ちょっと考えてみてください。他人をたたきのめすことができる,コカインやヘロインなどの麻薬を好きなだけ打つことができる,ジェームス・ディーンみたいにエキサイティングな人生を送ることができる。これ以上すばらしいことはないじゃないですか」と私は言いました。

「そうだよ,先生,そのとおりだ。あんたは俺たちの世界のことを本当によく知ってるね」とベニーは言いました。

ベニーを含む数名の参加者は,方法こそ違え,「あなたには能力が足りないから,本当の自分以上に頑張って期待に応えなくてはならない」とする価値観と,一生懸命戦っていました。自分が悪い母親だと思い込んでいた女性は,自己嫌悪や絶望とともに,敗北感に屈服していたのです。そして他の人々も,ベニーのように反抗し,薬物乱用や反社会的行動に走りました。

90分のセッションが終わる頃には,8名の参加者中4名がかなり気分が改善されたと報告しました。その結果は,バーンズうつ状態チェックリストのスコア改善にも反映されていました。このグループが成功した理由は,いくつかあります。第一には,ベニーがそれ以上グループから離れないように,私は臨床経験をフルに使って彼と辛抱強く接したことです。彼が対決したとき,私は武装解除法(自己弁護的にならずに彼の発言に真実を見出した)そして相手を尊重する技法(彼が不信の念を抱き攻撃的に振舞っても,尊敬を込めて賞賛の言葉をかけた)を用いました。この臨床スタイルが,彼の心を開くことに役立ったかもしれません。

第2には,無慈悲なまでに正直な参加者間の共有が,グループの成功に

貢献したことが挙げられます。彼らの率直さが伝染性の同志愛を誘発し，それは私の気分をも高揚させました。グループの成長とともに，全員が活気づき，互いの暖かさを感じることができました。

最後に挙げられるのは，生き生きとした個人的経験のレベルで，完全主義のように抽象的な心理学的概念と彼らが取り組むことができた点です。これによって，セッションは単調で過度に学問的なものにならず，知性だけでは気づかなかったであろう新たな深い真実を，彼らは心を開いて発見したのです。

リーダーへのヒント

データの収集

参加者の3つの自己評価テスト（気分測定テスト〔BDC, BAI, RSAT〕）の得点を，83頁に記載したリーダー用データシートに記録します。76頁の3点法評価尺度を用いて，宿題の実施状況を記録します。そして，78頁の2点法評価尺度を用いて，参加者の出席状況を記録します。

参加者の反応と評価ならびに宿題の点検

参加者に，自尊感情をテーマとした前回のセッションについての反応を聞きます。何が気に入らなかったでしょうか？　彼らの自尊感情への考えは，どこか変わったでしょうか？　条件つきの自尊感情と無条件の自尊感情の違いはどこにありますか？　どの概念を彼らは気に入ったでしょうか？彼らは自尊感情が努力すれば得られると考えますか？　それはなぜですか？　もし，そうでないとしたら，それはなぜでしょう？

自尊感情を愛情，成功，その他の特質と関連づけることのメリット・デメリット分析をさらに行った参加者はいますか？　もしいれば，その分析結果はどのようなものでしたか？

彼らは満足度予想表を使ってみたでしょうか？　どのような活動が彼ら

にもっとも大きな満足を与え，そしてもっとも小さい満足を与えたでしょうか？　彼らの予想した満足度は，予想表右端の欄に記した実際の満足度と比較して，どのような差を示したでしょうか？

　日常気分記録表を用いた筆記宿題について，彼らの意見を尋ねてください。参加者は否定的思考にうまく反論できたでしょうか？　もしそうなら，彼らにその成功例を示すよう求めます。

　参加者に自分の宿題の結果をグループで共有したい人はいるか尋ねてください。彼らはどのような問題に悩まされたでしょうか？　反論できなかった否定的思考はありましたか？

完全主義 VS 優れたものを健全に追求すること

　参加者に割り当てた完全主義に関する読書課題で，何が気に入り何が気に入らなかったかを尋ねます。

　彼らに，完全主義の結果生じる問題について質問してください。その問題には，以下のようなものが含まれるでしょう。

- 仕事や学校でのストレス
- うつや不安などの気分変動
- 孤独感と恋愛関係の構築困難
- 人間関係における過剰な欲求不満，怒り，衝突
- 批判，失敗，ミスなどから学ぶことの障害
- 難しい仕事へのこだわりと先延ばし

　参加者がさらに多くの問題点を挙げた場合，あなたはそれを発表用紙に書き出します。同時に，ワークブックの266頁に，これらの問題をリストアップするよう彼らに指示します。こうした問題を，経験した実例として挙げることができる人がいるか尋ねてください。彼らは目標達成に失敗したときに，落胆を感じましたか？　彼らは，自分よりも知性があり，多くの

成功を収めた友人や同僚に劣等感を抱いたことはありますか？

　参加者の中に，完全主義と優れたものを健全に追求することとの違いを考えつく人がいるかどうか尋ねてください。その違いについては，ワークブック267頁の表に説明があります。彼らがそこに記載されている以上に違いを考え出したら，あなたはそれを発表用紙に書き出します。参加者はこの区別を，抽象的で哲学的な考え方ととらえたか，それとも日常生活で有益なものと考えたかを彼らに尋ねます。

完全主義の種類

　ワークブックの268頁に記載された完全主義の定義を1つずつあなたが読み上げてください。あなたはそれぞれの定義を読みながら，参加者に自分，あるいは家族，友人，同僚などの問題と関連づけて理解できるかを質問します。

　この練習を行うことで，あなたはかなりの議論を誘発することができるはずです。参加者がポジティブな反応を示したら，この種の完全主義をもつこと，あるいはその考え方で他人とつき合うことなどを，彼らはどのように考えるか尋ねます。個人的な例を彼らは示すことができるでしょうか？

1. 身体の完全主義：身体の完全主義者は，魅力的であるためには，完全な容姿をもたなければならないと考えます。
2. 業績の完全主義：業績の完全主義者は，ミスを犯すこと，失敗すること，あるいは仕事や学業において個人的目標を達成できないことをひどく嫌います。
3. 自己認識の完全主義：この完全主義者は，他人の好意と尊敬を得るために，自分を印象づける必要があると確信しています。もし自分が失敗したり，他人の前でしくじったり，ミスを犯したりしたら，相手は自分を軽蔑すると思い込んでいます。

4. 感情の完全主義：感情の完全主義者は，孤独感，憂うつ，怒り，不安，パニックなどの，否定的で脆弱な感情を恥辱と感じます。他人が自分の本当の感情を知ったら，自分は受け入れられず，愛されないだろうと彼らは思い込んでいます。自分が常に幸せで，感情をコントロールできなければならないと確信している可能性があります。

5. 自尊感情の完全主義：この完全主義者は，自分に十分な価値がないと思い込んでいます。自分よりも知的で，魅力があり，成功をおさめた人に劣等感をもちます。

6. 人間関係の完全主義：この完全主義者は，互いを大切に思う者同士は，決して喧嘩をしたり言い争ってはならないと思い込んでいます。彼らは人間関係での対立を避け，誰とでもうまくやらなければならないと考えます。

7. 恋愛の完全主義：恋愛の完全主義者は，相手に決して満足することがないため，長続きする恋愛関係を築くことはむずかしいと考えます。彼らは，相手の欠点にこだわります。

8. 全能感：この完全主義者は，他人に非常に厳しく，自分の期待どおりでないことに動揺を感じます。彼らは，電車が遅れたり，交通渋滞に巻き込まれたり，他人から失礼な扱いを受けたりすると，過剰な怒りと欲求不満を感じることがあります。

9. 強迫性傾向：この傾向をもつ人は，自分の家やオフィスが常に完全に清潔でなければ気がすみません。そのため，掃除，整理整頓，物事の確認，勘定などの儀式に過剰な時間をかけます。

10. その他：上記以外の完全主義が考えられるか参加者に質問します。

完全主義の練習　その1

　グループを3〜6人の班に分けます。各班は，下記の思い込みから1つを選び，ワークブック273頁にある態度のメリット・デメリット分析用紙を使って分析します。

- 私は常に完全を追求しなければならない。
- 私が失敗したり，ミスを犯したりすれば，人々は私を軽蔑する。
- 私が価値ある人間で愛されるためには，他人よりも優秀でなければならない。

参加者に，「この考えを信じることが，どんな役に立つのだろうか？ どのような害を及ぼすだろうか？」と自問するよう指示します。

各班は，まず完全主義の隠れたメリットを左側の欄に記入します。それは以下のようなものを含むでしょう。

- 私は一生懸命努力するだろう。
- 私は中くらいで妥協することはないだろう。
- 私の個人的基準はとても高いので，自分は「特別」な存在と感じることができるかもしれない。
- 私は非常に野心的で勤勉なので，人々から尊敬されるだろう。
- 私が良い仕事を達成したら，自分に格別の価値があると感じるだろう。
- 私は失敗の可能性を含んだ，危険で恐ろしい状況を回避することができる。

例えば，完璧な論文を作成しなければならないと考える女子学生がいたとします。彼女は自分の作品が批判される危険を最小に抑えるため，終わりのない努力を続けるかもしれません。また，デートの相手に「完全な」女性を見つけなければならないと考える男性がいたとすれば，女性に声をかけデートに誘う手間を省くことができるでしょう。なぜなら，彼にとって十分に完全な女性などはいそうにないからです。彼は，拒絶されるリスクや他人と親密になることのリスクをおかす必要はありません。

参加者は，分析用紙の右側のコラムに，完全主義のデメリットもリストアップします。完全主義は，彼らの人生に問題を生じるでしょうか？ そ

の問題とはどのようなものでしょう？　完全主義のデメリットには以下のようなものが含まれます。

- 批判や不承認への私の対処は困難になるだろう。
- 私は先延ばしするかもしれない。
- 私をより多くの不安とうつが襲うかもしれない。
- 私は自分が求めた完全さを達成できないときに，低い自尊感情をもつかもしれない。
- 孤独感から，私には親しい人間関係を築くことが難しくなるだろう。
- 状況が期待どおりにならないと，私は怒りやすくなったり，いらいらしたりするだろう。

　班のメンバーに，完全主義のメリットとデメリットの重みづけを100点法で行い，その結果をメリット・デメリット分析の下段の○印に記入するよう指示します。例えば，完全主義のメリットのほうが大きければ，左側の○印に60を，右側には40を書き入れます。

　彼らが選んだ態度のデメリットがメリットよりも大きいと感じたときは，右側の○印により大きい評価点を書き入れます。この場合，新たにどのような態度を元の態度に代わってとることができるか，彼らに質問します。彼らは，ワークブックの指定された部分に，その修正した態度を書き入れます。

　その後にグループを再び全体として集合させ，各班のスポークスパーソンから班の結論を要約して発表させます（メリット・デメリット分析の記入例はワークブックの282頁に記載されています）。

完全主義の練習　その2

　うつと同じように，完全主義は非論理的否定的思考から生まれることを，あなたは参加者に指摘します。完全主義者がいつも正しくあろうと努力し

ても，彼らの思考はしばしば非常に非合理的で歪んでいます。

　もっとも一般的な歪みは，全か無か思考です。完全主義者が何かを完璧に遂行できない場合，自分が完全なダメ人間であり，まったくのゼロと感じてしまう可能性があります。その他の一般的な歪みには，「すべき」思考（「私はしくじるべきではなかった」），心の読みすぎ（「誰もが自分を軽視するだろう」），感情的決めつけ（「自分がなんだかダメ人間に思える。だからきっとそうに違いない」），心のフィルター（失敗をくよくよと考えて，業績を無視してしまう）などがあります。

　人生のなんらかの局面における失敗―職業，子育て，恋愛関係，ダイエット，禁酒などでの失敗―を経験したために動揺した具体的な例を思い出すことができるか，参加者に尋ねてください。ワークブック275頁にある日常気分記録表のステップ1に，その失敗経験を簡単に記述するよう彼らに指示します。何を書いたのか，数名に尋ねてください。

　そして，日常気分記録表のステップ2に，そのとき感じた否定的感情を記述するよう求めます。その感情は，苛立ちでしたか？　それとも，卑屈，劣等，落胆などの感情でしょうか？　彼らに，0％（最小）から100％（最大）までの点数でそれぞれの否定的感情の強さを評価させます。

　参加者が経験と感情について話し合った後，そのとき自分自身を動揺させる，どのような内容のことを自分に言っていたかを尋ねます。彼らの否定的思考には番号を順番にふって，日常気分記録表の左欄に記入するよう指示します。そして，それぞれの否定的思考をどの程度強く信じていたかを，0％（全くない）から100％（完全に）の尺度で評価するよう指示してください。

　次に，参加者の否定的思考にある歪みを，ワークブックの50頁にある歪んだ思考リストを参考に特定します。数分経過後，彼らが自分の思考に発見した歪みについて，話し合うよう求めます。こうすることで，彼らの完全主義的思考がいかに非現実的なものかを気づかせます。

　最後に，ワークブック135頁に記載した戦略を用いて，否定的思考に代

わり得る合理的思考を求めます。

完全主義の練習　その3

多くの完全主義者は，自分が何かに秀でることによって，他人からの愛情と承認を努力して得なければならないと思いこんでいます。これに代わるのは，最終的には成功や強さではなく，脆弱さや欠点こそが私たちを愛される存在，そして人間的存在にするという哲学です。人々は成功や業績によって賞賛されたり恨まれたりしますが，それらによって愛されることは決してありません。

深く，偽りなく誰かを思いやるとき，私たちはその人の苦痛や欠点に気づいているはずです。本当に完全で，まったくミスを犯さない人は，愛されることはないでしょう。私たちの「不完全さ」は，人間的であるために必要不可欠なものです。失敗や絶望は，成功，親密さ，精神性の気づき（スピリチュアル・アウエアネス），自己受容のための潜在的好機となります。参加者は，この考え方をどのようにとらえるでしょうか？　意味があると考え方と思いますか？　あるいはナンセンスと考えているでしょうか？

グループがこれらの考え方を議論した後，参加者の中で，職業上経験した失敗や，苦痛に満ちた個人的体験を全員で共有しても良いと考えるボランティアがいるかどうか尋ねてください。この議論に適したほぼ普遍的問題として，下記のような例があります。

- 同僚や家族から批判を受けたこと
- 個人的目標の達成に失敗したこと
- 子供との問題
- 恋愛関係の相手から拒絶されたこと
- 人間関係でのあらゆる対立
- アルコール依存症や過食症などの個人的癖にともなう恥辱
- 不全感と性的問題

- 人前で話すことによる緊張，あるいは社交的状況での引っ込み思案

　これらの否定的経験の，肯定的および否定的結果について話し合うよう参加者に指示します。彼らは，完璧な人生を送るほうがずっと良いと考えますか？ あるいは，こうした絶望と自信喪失が，実際には人生をより良くすると考えているでしょうか？ それは，どのように人生を良くしてくれるのでしょうか？

ステップ8の反応と評価

　セッション終了時，議論したいくつかの考え方を要約します。どんなことが気に入ったか，気に入らなかったことは何かなどを，参加者に質問します。彼らに，ワークブック283頁のステップ8の評価を記入するよう指示してください。評価の発表を希望する参加者はいないか尋ねます。彼らが批判や否定的反応を発表する際には，あなたは自己弁護的返答を行わないよう注意します。

ステップ9のためのセルフヘルプ課題

　参加者がセッションルームを離れる前に，ワークブック285頁に記載されているステップ9のためのセルフヘルプ課題について話し合います。

ステップ 9

先延ばしをする人のための処方箋

リーダーのためのステップ 9 の準備

準備項目	準備済みの項目に○をつける
1. 参加者用ワークブックの 287 頁から始まるステップ 9 を読む。	
2. リーダーズマニュアルのステップ 9 にあるチェックリスト（次頁）およびリーダーへのヒント（249 頁～）を学習する。	
3. 『フィーリング Good ハンドブック』の第 9 章および第 10 章を読む。	

ステップ9のチェックリスト

活動項目	必須または任意選択	最小所要時間（分）	終了した項目に○をつける
1. 83頁のリーダー用データシートを用いて，参加者の，3つの気分測定テストの得点を，宿題の実施状況および出席状況の得点とともに記録する。	必須	10	
2. ステップ8の肯定的および否定的反応と評価を求める。	必須	5	
3. 日常気分記録表を用いた筆記宿題について話し合う。	任意選択	5〜10	
4. このステップのための読書課題について話し合い，今日のテーマを紹介する。	必須	5〜10	
5. 先延ばしテスト。	必須	15	
6. 先延ばしのメリット・デメリット分析と行動のメリット・デメリット分析。	必須	10〜15	
7. 悪魔の代弁者の技法。	必須	10〜15	
8. TIC-TOC技法。	必須	10〜15	
9. 偉大な仕事のための小さなステップの練習（反先延ばし表）。	必須	10〜15	
10. プランを作るの練習。	必須	10〜15	
11. ステップ9の要約。	任意選択	5	
12. ステップ9の肯定的および否定的反応と評価を求める。	必須	5	
13. ステップ10のための宿題を割り当てる。	必須	3	

ステップ9の概要

　今日のステップは，今までの数セッションと3つの点で異なります。今までは主として思考と態度に重点を置いてきましたが，今日のセッションではモチベーション（動機づけ）と行動の2つに的を絞ります。以前のセッションでは，自己受容の大切さが強調されましたが，今回は，個人の責任に重点をおきます。そして，以前は指導方法がどちらかといえば直接的でしたが，このステップでは逆説的方法が強調されます。
　このステップの終わりには，参加者は以下のことが可能になるはずです。

- 彼らの生活における先延ばしの具体例を認識する。
- 先延ばしの10の原因を特定する。
- 先延ばしの隠れたメリットを理解する。
- 先延ばしのメリット・デメリット分析，悪魔の代弁者の技法，TIC-TOC技法，反先延ばし表などを用いて先延ばしと戦う。

リーダーへのヒント

データの収集

　参加者の3つの自己評価テスト（気分測定テスト〔BDC, BAI, RSAT〕）の得点を，83頁に記載したリーダー用データシートに記録します。76頁の3点法評価尺度を用いて，宿題の実施状況を記録します。そして，78頁の2点法評価尺度を用いて，参加者の出席状況を記録します。

参加者の反応と評価ならびに宿題の点検

　参加者に，完全主義をテーマとした前回のセッションについての反応を聞きます。何が気に入り，何が気に入らなかったでしょうか？　彼らの完

全主義への考えに何か変化はあったでしょうか？ 完全主義の種類にはどのようなものがありますか？ 完全主義と優れたものを健全に追求することとは，どのように異なるのでしょうか？

　日常気分記録表を使った宿題について質問します。参加者は自分の否定的思考にうまく反論できたでしょうか？ 反論に成功した例の発表を彼らに求めてください。筆記宿題に書いた内容を，グループで共有しても良いという人がいるかどうか尋ねます。彼らはどのような問題に遭遇したでしょうか？ 反論できない否定的思考はありましたか？

先延ばしの理由

　先延ばしに関して割り当てられた読書課題について，参加者の感想を聞きます。先延ばしが，いままでに彼らにとって問題となったかどうかを尋ねてください。どんなことを彼らは先延ばしにしましたか？ 何について先延ばししたかを，ワークブック294頁に記述したでしょうか？ その内容は，机の上の整理や小切手帳の計算のような日常的仕事から，試験勉強をぎりぎりまで先延ばしする，職場でのプロジェクトを期日までに終わらせない，新たな求職活動をしない，誘惑したりデートを申し込んだりしない，いつまでもダイエットを始めないなどの，より重要な問題の回避でもかまいません。

　ワークブック295～296頁に記載された先延ばしテストを行うよう彼らに指示してください。テストの採点には，297頁の注意事項を参照させます。10種類の先延ばし原因それぞれの得点は，0から6点までとなります。低得点ほど良好で，高い得点ほど不良です。先延ばしの原因には，本末転倒，支配モデル，失敗への恐怖，完全主義，報酬の欠如，「すべき」思考，消極的攻撃性，自己主張の欠如，強いられるという感覚，欲望の欠如などがあります。

　こうした原因の特徴について参加者と話し合いながら，「この特徴は，あなたの家族や同僚にあてはまりますか？」と彼らに質問します。

先延ばしのメリット

あなたは参加者の1人ひとりに，彼らがいま先延ばしにしていることを1つ挙げるよう求めます。その時点で先延ばしにしていることを考えつけば，それだけこのセッションは彼らにとって有意義なものになります。何も考えつかないのであれば，むかし先延ばししていたことを思い出して記述させてください。彼らが挙げる例は，具体的であることが重要です。例えば，土曜日にソファに寝転がり，スナック菓子をつまみながらテレビを観て，一向にテラスの網戸修理に取り掛からない，というような例です。参加者の中には，セッションの合間にセルフヘルプ課題の練習をいつまでも先延ばしにすることを挙げる人がいるかもしれません！

各参加者に，ワークブック302頁にある先延ばしのメリット・デメリット分析の上段に，自分が先延ばしにしている具体的なことがらを1つ書き込むよう指示します。そして何を記述したか，数名に発表を求めます。

彼らが挙げたそのことがらを，今日先延ばしにするメリットは何なのか考えるよう彼らに指示します。その際，明らかなメリットだけでなく，隠れたメリットについても特定するように指示してください。思いついたメリットは，メリット・デメリット分析用紙の左欄に記入します。同時にあなたは，発表用紙の真ん中に縦線を引き，そのメリットを左側に書きます。

最初のうちは，先延ばしのメリットが参加者にははっきりと分からないかもしれません。それは，一般に先延ばしが「問題」の1つと考えられているからです。それにもかかわらず，明らかなメリットだけでなく隠れたメリットは数多くあります。参加者は，それらすべてを明らかにする必要があるのです。彼らの挙げるメリットのリストには以下のようなものが含まれるでしょう。

- 先延ばしはラクだ。
- 私には今日他にやらなければならない重要なことがたくさんあり過ぎ

る。
- 私は動揺するのを避けることができる。
- 私はいやなことをやらないで済む。
- 私は今を大切にすることができるし，もっと楽しいことができる。
- 寝転がってだらだらするのは楽しい。
- 自分にプレッシャーをかける人や強く要求する人に対して仕返しができる。
- あくせく働かなくても良いし，いやな仕事をやらなくても良いから，王子様か王女様のように「特別な」存在でいられる。
- 私が受身の態度で頼りなげに振る舞えば，周囲は私に多くを期待できないことが分かるだろう。
- 周囲の人たちは，私の行動開始を待つよりも自分でやったほうが早いことが分かるだろう。そうすれば，皆にいやな仕事をまかせることができる。

　あなたが先延ばしのメリットを発表用紙にリストアップしている間，参加者にはワークブック302頁にある先延ばしのメリット・デメリット分析用紙の左欄に，それを書き込むよう指示します。
　次に，先延ばしのデメリットを先延ばしのメリット・デメリット分析用紙の右欄に記述させます。彼らに，先延ばしのマイナス面を考えるよう求めるのです。先延ばしによって支払わなければならない代償は何でしょうか？　彼らが挙げるデメリットを，あなたは発表用紙の右欄に記入します。
　メリットとデメリットを十分に書き出したら，参加者には，メリットとデメリットを比較して，両方の合計が100点になるように重みづけするよう求めます。ワークブック302頁のメリット・デメリット分析用紙の下部に，この分析結果を示す評価点を左右合計して100点になるように記入させます。
　例えば，今日先延ばしにするメリットのほうが少し大きい場合，用紙の

下段の○の中に記入する点は60点，右側の○には40点のようになります。反対に，もしデメリットのほうがかなり大きいと評価したら，左側の○には35点，右側には65点といった具合になります。メリットのほうが大きいと評価した参加者は何人いるか尋ねてください。そしてデメリットのほうが大きいとした人は何人いるでしょう？

　先延ばしは欠点または悪い性格特性と考えることが社会的に正しいとされるため，当然ほとんどの参加者が，先延ばしのデメリットをより大きいと結論づけることが予想されます。同時に，先延ばしをする人の多くは極端に頑固で，その動機を隠していることも私たちは知っています。もし本当にデメリットがより大きいのであれば，先延ばしする人はこの世にいないはずです！　先延ばしのメリット・デメリット分析が，最初のステップにすぎないのはこのためです。本当の変化をもたらすには，さらに強力な治療が必要です。

　彼らが先延ばしをやめ行動開始を決定する前に，彼らの動機について厳密な検査を最低もう1回受ける必要があることを，あなたは彼らに指摘します。彼らがどう感じているかを確実に知るために，ワークブック303頁にある行動のメリット・デメリット分析用紙の右欄に，先延ばしにしていた作業を今日始めることのデメリットを記述するよう指示します。行動のメリット・デメリット分析用紙は，彼らが用いたばかりの先延ばしのメリット・デメリット分析用紙の次頁にあることに注意してください。ややこしいので，この点を彼らに注意喚起します。

　参加者がデメリットを挙げたら，あなたは新しい発表用紙でメリット・デメリット分析を作り，その右欄に記入して行きます。行動開始のデメリットは，下記の例を含みかなりたくさんあることでしょう。

- その作業は，むずかしくて退屈だろう。
- その作業は，時間と努力を必要とするだろう。
- その作業は簡単だから，いつでもできる。

- そんな作業より，もっとやりがいのあることをやったほうがいい。
- その作業をやり終えたら，皆は私にさらに多くを期待するだろう。そうすると私は，いつまでもより多く働き続けなければならない。
- 人生は今よりも魅力的でなくなり，もっと普通で退屈なものに感じられるだろう。
- 自分が本当は望んでいない多くのことを，結局私はやらなければならないことになる。

これは逆説的な戦略です。あなたは，より生産的になるよう参加者を説得するのではなく，先延ばしの理由を数多く気づくよう促すのです。

この練習が重要な理由は，先延ばしをする人のほとんどが，先延ばしの理由への洞察力をほとんどもたないように見えるからです。彼らは，先延ばしがまるで大きな謎であるかのように振る舞います。一見途方に暮れて，困っているように見えるでしょう。しかし，通常この外面の裏には，強力で系統立った戦略が隠されているのです。自分が現状維持に強くコミットしているという事実を受け入れない限り，人々は変化のモチベーションを高めることはできません。逆説的に言えば，ひとたび自分に変化を求めるつもりがほとんどないことを認めると，彼らはしばしばより生産的かつ速やかに行動し始めるのです。

参加者が，今日行動開始することのデメリットをリストアップし終えたら，次にメリットをリストアップするよう求めます。今日行動開始することのメリットを，彼らがワークブック303頁のメリット・デメリット分析用紙の左欄に記入する間，あなたは発表用紙の左側にそれを記入して行きます。

最後に，今日行動を開始することのメリットとデメリットを比較して，100点満点で両者を重みづけするよう指示します。以前同様，ワークブック303頁にある行動のメリット・デメリット分析用紙下部の○印に採点結果を記入させてください。例えば，もし今日行動開始することのデメリッ

トが，メリットよりやや大きければ，左側の◯に45，右側の◯に55というふうになります。

そして，彼らに評価結果について尋ねます。行動開始のメリットが大きいと感じた参加者は何人いるでしょうか？ 反対にデメリットが大きいと感じたのは何人でしたか？ 彼らは何を学んだでしょうか？ この分析結果は，彼らが先延ばしをする理由の理解に役立ちましたか？ 列挙したデメリットを考慮に入れてもなお，彼らは今日行動開始することを望んでいますか？

この技法は，通常逆説的に用いられた場合にのみ効果を発揮します。この練習を行う際あなたは，先延ばしのメリットそして行動開始のデメリットを数多く強調します。先延ばしを諦めたいと結論づけた参加者は，要点を理解していない可能性があります。彼らはまだ自分を欺いているかもしれません。経験を積んだ先延ばし人の多くは，今もそして予見できる将来も，先延ばしを変えるつもりはないのです！ 先延ばしに自分が深くコミットしていることを発見した参加者こそ，変化を実現する絶好のチャンスに恵まれているのです。

もしあなたが理想主義者で，頑固な先延ばし信奉者を論理と理性に訴えて変えることが可能と信じているのであれば，おそらく落胆する目にあうでしょう。先延ばしをする人は，普通はとても愛想が良く，あなたの推奨する提案に丁寧に同意するかもしれません。変えたい意思は十分ある，と彼らはあなたに言うでしょう。しかし，次回会うと，彼らは困惑したり避けるような態度をとって，行動開始を「忘れた」とか，「時間がなかった」などと告白するのです。私はこのパターンをあまりにも数多く見てきたので，上述の逆説的メリット・デメリット分析練習のような，より強硬でより直接的ではない戦略に切り替えたのです。

私は，先延ばしをする参加者の予後について，冷笑的になったり，過度に悲観的になることを勧めているのではありません。ただあなたに，この問題には手の込んだアプローチが必要なことを理解してもらいたいのです。

臨床経験から私は，逆説的戦略がクライアントにとり潜在的に有益なことを発見しました。さらに，この戦略はセラピストとしての私に力をくれました。なぜなら，手助けする立場に立ち助言をしても，クライアントが結局は従わないことで私が落胆することはなくなったからです。

次の練習は，先延ばしは止めたいと主張する参加者のモチベーションを強化するよう設計されています。先延ばしにコミットしている自分をはっきりと気づかせることを目的としたロールプレイ技法で，あなたは彼らに圧力をかけるのです。

悪魔の代弁者の技法

悪魔の代弁者の技法と呼ばれる新技法を実演するため，あなたはグループからボランティアを募ります。ボランティアは，マイケルという名のガレージ清掃を先延ばしし続ける男性の役を演じます。ガレージはここ数年散らかりっぱなしで，ガラクタがうずたかく積まれたままになっています。

さらに悪いことに，マイケルの妻は早くガレージを掃除するよう彼をしつこく攻め立てます。それに対して，やる気はあるのだが，なぜか手をつけられないでいると彼は答えます。この件は，彼ら夫婦のイライラの原因となっています。彼は，自分でもなぜ手をつけられずにいるのか不思議でなりません。強い決意と多大な努力にもかかわらず，まるで見えない壁が神秘的な力で彼をさえぎっているかのようです。グループがこの問題解決を助けてくれることを，彼は期待しています。

マイケルのメリット・デメリット分析を見ると，ガレージ清掃の数多くのメリットと，さらに先延ばしすることのデメリットがたくさん挙がっています。それにもかかわらず，彼の意思に反して，清掃は 18 カ月（連続して約 500 日）も先延ばしにされていました。なぜでしょうか？

ガレージの清掃を考えるたびに，以下のような否定的思考をマイケルは抱きます。ボランティアに，下記の否定的思考を声を出して読み上げるよう指示してください（これらの否定的思考はワークブックの 304 頁にも記

載されています)。

1. 掃除しなければと心から思うのだが，気分がのらない。
2. もう少しあとでもいいだろう。もっと気分がのるまで待とう。
3. ガレージの中にあるガラクタのことを考えたくない！ きっと山のようになっていることだろう。
4. 掃除を始めたら，いつまでたっても終わらないだろう。
5. いま掃除を始めても焼け石に水だ。3日間休める週末がくるまで待とう。
6. いまは他にもっと重要なことをやらなければならない。くつろいでビールを飲みながら，テレビでフットボールの試合を観たい。
7. きっと疲れるだろう。
8. 掃除しても，すぐにまた散らかる。
9. なぜ妻はああガミガミ言うのだろうか？ ガレージがそもそもなぜそんなに大切なのか？ いまのままで十分じゃないか。
10. なぜ私たち夫婦はもっと頻繁にセックスしないのだろう？ セックスしないのなら，ガレージの掃除はやらなくてもいいはずだ！

　参加者に，彼らが先延ばしをするときにも同じような否定的思考をもつことがあるか尋ねてください。彼らの否定的思考はどのようなものでしょうか？ 彼らが自分の思考を挙げたら，あなたは以下のように言います。「良いですね。それはすばらしい先延ばし思考ですよ。他の参加者も先延ばしするときに同じような思考をもちますか？」こう質問することで，彼らは自分自身の否定的思考を特定しやすくなります。彼らはあなたが後に紹介するTIC-TOC技法を用いて，こうした否定的思考に取り組みます。

　簡単な話し合いのあと，ボランティアにマイケルの合理的思考役を演じるよう指示します。そして，あなたがマイケルの否定的思考を演じ，ボランティアに先延ばしするよう説得する役を演じることを伝えます。ロール

プレイには，あなたがもつ先延ばしの隠れたメリットに関する知識とあなたの直感をもって臨んでください。先延ばしを続けるよう，あなたは最大限の努力を注ぎます。

マイケルの合理的思考役を演じるボランティアは，ガレージを本当に清掃したい気持ちをあなたに対して説得します。彼は今日，このセッションから帰ったら必ず清掃を開始するつもりになって議論します。

あなたは，下記の対話例のように否定的思考役を第二人称（君／あなた）を使って演じます。ボランティアは第一人称（私）を使い，あなたに反論しなくてはなりません。彼はあなたの反対にもかかわらず，今日必ず行動開始する決心の堅いことを主張します。このロールプレイは，2人の人間が対話しているように見えても，実際はマイケルの心の中の，否定的で怠け者の部分と，肯定的で責任感のある部分をそれぞれ代表していることをあなたは強調してください。

この実演は，あなたとボランティアが下記の対話を読むことから始めます。同じ対話はワークブックの305頁にも記載されています。

リーダー（悪魔の代弁者として）：ガレージの掃除を始めるには，今日はもう遅すぎる。君は疲れているんだし，明日にしたほうが良い。

ボランティア（合理的思考として）：いや，もう本当に始めないと。

リーダー：こんなに遅い時間だから，今から始めても，今日はどのみちたいしたことはできないじゃないか。

ボランティア：たとえ15分でも掃除すれば，少なくとも手をつけたことになる。そこに意味がある。

リーダー：そんなことをしても焼け石に水だ。おまけに外は寒いし，もう暗い。君は疲れきっているんだから，ビールでも飲んでテレビを観たらどうだい？　おもしろい試合をやっているかもしれない。3連休の週末まで待てば，全部一気にかたづけができるじゃないか。

ボランティア：そうなんだ。しかし，妻が掃除しろとうるさく言うし，彼

女をだまらせるためにも掃除を始めないと。
リーダー：そのとおりだが，結局彼女は小言を言うだろうし，君の存在を感謝しているようには見えないよ。ビールを2, 3杯飲めば，そんなことは気にならなくなるよ。なぜ彼女のために，君がそんなにあくせくしなきゃならないんだ？
ボランティア：しかし，これは結婚生活を壊しかねない問題なんだ。彼女は苛立つし，私たちは，もうずっとセックスしていないんだよ。
リーダー：わかった。しかし，奥さんとセックスしたいためにガレージを掃除するべきではないだろうな。なんといっても，君は週60時間も，オフィスで奴隷のように働いているのだ。それなのに，家に帰れば奥さんがガミガミ言う。そんな扱いを受ける理由はないはずだ。ガレージの掃除は，別の日まで待てばいい。

　気が乗ったら，この後もアドリブで数分間対話を続けます。この練習を成功させる秘訣は，マイケルに先延ばしを続けさせるよう一生懸命説得することにあります。マイケルの合理的思考を演じるボランティアが行き詰まってギブアップしたら，役割をあなたと交替することもできます。あなたはボランティアに否定的思考役を演じるよう指示し，あなた（あるいはグループから募ったもう1人のボランティア）は，合理的思考の役を演じます。

　ガレージの清掃を想定した練習の後は，実例を使って参加者とこの練習を続けることができます。2人目のボランティアを募ってください。以前行った先延ばしのメリット・デメリット分析を上手に完成させた参加者の中から選ぶと良いでしょう（今回は女性のボランティアと仮定します）。彼女がずっと先延ばしにしてきて，今日，手をつける決心をした具体的なことがらがあることを確認します。

　彼女がその行動を始めようと考えるときは，きまっていつもたくさんの否定的思考が心に浮かびます。彼女はどんなことを自分に言うのでしょう

か？　彼女が書いた先延ばしのメリット・デメリット分析と行動のメリット・デメリット分析の，先延ばしのメリットと今日行動開始することのデメリットをおさらいし，参加者に先延ばしのメリットは何か他にないか尋ねます。

そして，悪魔の代弁者の技法の練習を再度始めます。以前と同様，あなたは否定的思考の役を演じます。前と同じに，あなたは第二人称（君／あなた）を使います。ボランティアは第一人称（私）を使い，あなたに反論しなくてはなりません。彼女は，あなたの反対にもかかわらず，自分が今日帰ったら行動を開始すると強く心に決めたと主張します。

TIC-TOC技法

ここまでくれば，先延ばしするときには，自分を動揺させる否定的メッセージを自分に向けて発している事実に参加者は気づいたはずです。こうしたメッセージは，TIC（Task-Interfering Cognition— 作業を妨害する認知）と呼ばれます。TICというのは，否定的思考の別名です。ワークブックの308頁には，以下のようなTICの例が記載されています。

TIC	歪み	TOC
1. 勉強しなければならないことがたくさんありすぎる。全部を学ぶことは無理だ。		

参加者に，このTICの歪みを特定できるか尋ねてください。特定した歪みは，ワークブック308頁にあるTIC-TOC技法用紙の中央の欄に記入するよう彼らに指示します。次に，TIC-TOC技法用紙の右側のコラムに，TOC（Task-Oriented Cognition—作業志向的な認知）を書き込むよう彼らに指示します。TOCは合理的思考の別名です。ワークブック308頁に，こ

の記入例があります。参加者がどのような内容を記入したか，彼らに尋ねてください。説得力のある TOC を彼らは考えついたでしょうか？

　次に，自分自身の TIC を特定するよう参加者に指示します。先延ばしをするとき，彼らはどんなことを自分に言うでしょうか？これらの TIC をワークブック 309 頁のブランクの TIC-TOC 技法用紙に記入するよう指示します。同時にあなたはそれを発表用紙に書き写します。参加者に，歪みの特定にはワークブック 50 頁に記載された歪んだ思考リストを参照するよう指示します。最後に，これらの TIC にどのように反論できるか彼らに尋ねます。彼らが挙げた TOC は，彼らはワークブックの用紙に，そしてあなたは発表用紙に，それぞれの右欄に記入します。

　ここでグループを 2〜3 人の班に分け，悪魔の代弁者の技法の練習を行います。今回は，先延ばししている具体的な仕事について，参加者が実際にもっている思考を使っての練習です。メンバーの 1 人は TIC の役を，他の 1 人が TOC の役を演じます。彼らがワークブックに先ほど記述した内容を，TIC に使うこともできます。

　TOC 役は，実際に何かを先延ばししている人物が演じると効果的です。これによって，他の参加者が手助けしたり助言を与えたりすることを防ぐことができます。基本的考えは，参加者が自分の TIC に挑戦するよう仕向けることです。

　本書の 262 頁に記載した悪魔の代弁者の技法を要約した表は，ワークブックの 307 頁にも同様に記載されています。

　この練習は，かなり難しいかもしれません。あなたは班を巡回し，練習を監督指導します。参加者の会話が一般的にならないよう確認し，割り当てた課題に集中するよう参加者に促します。

　練習が終わったら，ロールプレイの印象を彼らに尋ねます。何がうまく行き，何がうまく行かなかったでしょうか？　彼らはどんな問題にぶつかりましたか？　彼らは，先延ばしを誘惑する悪魔との議論に勝利することができましたか？

> ## 悪魔の代弁者の技法
>
> 1. 先延ばしする際の否定的思考をリストにします。先延ばしすることの，すべてのメリットを考えます。「いまはその気分になれない」のように，先延ばしする際に自分に言い聞かせる言葉を書き出します。こうした言葉は，TIC (Task-Interfering Cognition— 作業を妨害する認知) とも呼ばれます。
> 2. パートナーを選び，互いに向き合います。
> 3. パートナーに，あなたの否定的思考を1つずつ第二人称(君／あなた)を使って読み上げるよう伝えます。パートナーには，先延ばしをさせることを意識して，あなたを誘惑し説得するよう演じさせます。
> 4. あなたは，パートナーに第一人称（私）を使って反論します。相手に負けないよう，がんばって反論してください！ 今日すぐにそれを始めることが，自分の利益になることを強調して議論します。これらの合理的思考は，TOC (Task-Oriented Cognition— 作業志向的な認知) とも呼ばれます。
> 5. 行き詰まってしまったら，役割交替を行います。

偉大な仕事のための小さなステップ

　生産性の高い人は，困難な仕事に一度に取り掛かるということをめったにしません。彼らは，仕事をいくつかの最小構成単位に分け，小さなステップを1つずつこなして行きます。

　この方法には2つあります。もっとも簡単な方法は，例えば15分といった細かな時間単位で仕事をこなすことです。その原理は，15分たてばやめることができると知りつつ何かを行うほうが，比較的簡単だからです。もちろん一度取り掛かってしまえば，気分が乗ってそれ以上の時間を作業することは，しばしばあります。

　この簡単な方法の効果は，とても高いにもかかわらず，先延ばしをする

人の多くが，下記のような理由を挙げてこれに頑固に抵抗します。

1. 15分なんて，作業の開始にほとんど役立たない。
2. 作業を正しく行える時期が来るまで私は待つつもりだ。
3. ほんの少しだけ作業をすることは無意味だ。

　困難な仕事に15分割くことを拒否するときの言い訳を，上記以外に考えつくことができるか参加者に尋ねてください。
　2つ目の方法は，その作業を論理的に順序づけし，連続した最小構成単位に整理することです。例えば，マイケルがガレージを清掃することに決めたとします。彼ならば，おそらく以下のようなステップをリストアップするでしょう。

1. ガレージに行き，見回す。
2. ゴミ袋をいくつか買う。あるいは探し出す。
3. ゴミ袋にゴミを詰める。
4. 上記3のステップを数回繰り返す。
5. 捨てないで保管しておくものを，整理整頓する。
6. 床を掃く。

　あなたのグループの参加者の中に，内気で悩んでいる独身男性がいると仮定しましょう。彼は，ばかげていると思われたくないがために，あるいは拒絶されたりすることの恐怖から，女性に声をかけたりデートに誘うことできません。この問題を解決するために，彼は行動を下記のように小さなステップに分けることができます。

1. 練習のため，来週私は15人の見知らぬ人に笑顔で挨拶する（年齢や性別にこだわらない）。

2. この目標が達成できたら，デートしたいと思わせる魅力的な女性5人に，笑顔で挨拶する。ただし，話しかけたり，デートに誘ったりする必要はない。
3. 次に，見知らぬ人数人（年齢や性別にこだわらない）と，練習目的の無害で短い世間話をする。
4. 次に，昼食時に食堂で出会ったり，ビルのエレベーターで出会ったりする魅力的な女性数人と，練習目的の無害で短い世間話をする。
5. その後，デートしたいと思わせる魅力的女性の少なくとも1人に電話番号を尋ねる。
6. 上記ステップ3～5を繰り返す。

グループを少人数の班に分け，ワークブック312頁にある反先延ばし表を参考に，困難な仕事を可能な限り小さな部分に分けるよう参加者に指示します。各班の参加者は，実際に彼らが先延ばししている仕事を課題にしても良いですし，あなたが彼らに課題を割り当てても良いでしょう。作業の1つ1つのステップには順に番号をつけ，反先延ばし表の左端の欄に記入するよう指示してください。そして，各ステップがどの程度困難で，どの程度満足が行くものかを0%から100%までの尺度で予測評価させます。これらの予測値は，2番目と3番目のコラムに記録するよう指示します。

約5分程度経過後，各班のスポークスパーソンに練習の結果を要約するよう求めます。反先延ばし表を宿題に割り当て，結果を次回のセッションで話し合うことを参加者に提案することも可能です。参加者には，仕事を小さなステップに分解し，各ステップの難易度と満足度を0%から100%までの尺度で予測評価し，2番目と3番目のコラムに記録するよう指示します。そして，それぞれのステップの，実際の難易度と満足度を0%から100%で評価した結果は，用紙の4番目と5番目のコラムに記録させます。

プランを作る

参加者が先延ばしを克服したいのであれば，行動を開始するための具体的プランを作る必要があります。このプランには，何を，どのように，いつ行うか，そして行動開始とともに出会うであろうと予想される数多くの障害をどのように乗り越えるか，などが記述されます。

まず，参加者が完成させたいと思う具体的な作業を，ワークブック313頁に簡単に記述するよう，彼らに指示してください。

次に，彼らが行動を開始するときに真っ先に手をつけなければならない作業を記述するよう指示します。前述したように，最初のステップは15分以内で完成する程度の小さな活動にするよう指示してください。

そして，作業の完成に向けたその最初のステップを，彼らは今日何時に始めるつもりか，具体的な時間を記入させます。

彼らが行動を開始する際に，作業を先延ばしにする原因としてどんな問題が予想されるかを尋ねてください。彼らが，もっともありそうな問題を1つか2つ，ワークブックに記入している間，あなたは発表用紙にそれらを書き写します。例えば，午後3時に15分間勉強をするつもりでいると，そこに偶然友人から電話がかかってくるかもしれません。または，突然疲れを感じたり，勉強に飽きて昼寝や間食をしたり，図書館へ本を探しに行くことを思い出したりするでしょう。

次に，これらの問題に対する解決策を記入するよう彼らに求めます（例えば，誰かから電話がかかってきたら，自分は今忙しいので，15分後に電話を返すと約束するなどです）。

ステップ9のまとめ

多くの人が，先延ばしは何とかしなければならない問題と言い張ります。しかし実際には，彼らは先延ばしに深くコミットしているのが普通です。その理由は，太りすぎの人が，ダイエットする代わりに食べ続けるのと同

じです。つまり，食べたいから食べるのです。そのほうが，ダイエットするよりもずっと楽しいからです！ 体重を減らしたい人は，それは真実ではないだろうと言うかもしれません。彼らが欲しいのは，体重の減少ではなく，ごちそうなのです！ 彼らは痩せてセクシーになることを夢見ているかもしれませんが，ダイエットのつらさには魅力を感じていないのです。

このセッションでは，メリット・デメリット分析と悪魔の代弁者の技法を用いて，先延ばしする参加者がもつ表立った理由や隠れた理由の特定を，あなたは手助けしました。これらは逆説的戦略です。なぜなら，あなたは参加者に先延ばしの利点を売り込もうとしたからです。もしそうではなく，あなたが彼らに先延ばしをやめるよう説得したとすれば，あなたは彼らの両親のような立場に立つことになります。そうなれば彼らは，あなたに礼儀正しく同意したとしても，おそらくセッションの合間にはやる気をなくし消極的に反発したことでしょう。

こうした逆説的方法は，参加者のモチベーションを高めること，TIC-TOC技法や反先延ばし表などの技法効果の増強などを目的としています。

267頁の，5つのステップからなる先延ばし解決法は，ワークブック316頁の表と同じものです。このリストについて参加者と話し合い，どの考えと技法が，もっとも有益と思うか彼らに質問してください。

ステップ9の反応と評価

セッション終了時，どんなことが気に入ったか，気に入らなかったことは何かなどを，参加者に質問します。彼らに，ワークブック317頁のステップ9の評価を記入するよう指示してください。評価の発表を希望する参加者はいないか尋ねます。彼らが批判や否定的反応を発表する際には，あなたは自己弁護的返答を行わないよう注意します。

ステップ10のためのセルフヘルプ課題

参加者がセッションルームを離れる前に，ワークブック319頁に記載さ

先延ばし解決法

1. 本末転倒しない：モチベーションが高まるまで待たずに，まず始めることです。アクションが先で，モチベーションは二の次です。
2. 具体的プランを作る：いつか手をつけることにしよう，と自分に言う代わりに，具体的プランを作ります。もし今日始めるのであれば，何時から始めますか？　最初に何から始めますか？
3. 作業は簡単に：全部いちどきに片づけてしまうつもり，と自分に言う代わりに，10〜15分だけ作業にかかることにします。作業を小さなステップに分け，今日は最初の小さなステップだけやれば良いのだと自分に言い聞かせます（偉大な仕事のための小さなステップ）。15分経過後は，安心して作業を終えるか，さらに作業を続けます。しかし，最初の小さなステップが，彼らにとってその日の大きな手柄です。
4. 前向きに考える：参加者は，彼らを罪悪感と不安で悩ます否定的思考（TIC）を書き出し，より前向きで現実的な思考（TOC）で置き換えます。
5. 自分を褒める：参加者は，達成しなかったことを考えるのではなく，達成したことについて自分を褒めてあげます。

れているステップ10のためのセルフヘルプ課題について話し合います。彼らが先延ばししてきた仕事を小さなステップに分解し，そのステップを1つあるいは2つ実施して，予想と実際の難易度と満足度を反先延ばし表に記録するよう指示します。

ステップ 10

練習あるのみ！

リーダーのためのステップ 10 の準備

準備項目	準備済みの項目に○をつける
1. 参加者用ワークブックの 321 頁から始まるステップ 10 を読む。	
2. リーダーズマニュアルのステップ 10 にあるチェックリスト（次頁）およびリーダーへのヒント（273 頁～）を学習する。	
3. 過去に割り当てられた読書課題で未読のものをすべて読む。	

ステップ10のチェックリスト

活動項目	必須または任意選択	最小所要時間（分）	終了した項目に○をつける
1. 84頁のリーダー用データシートを用いて，参加者の，3つの気分測定テストの得点を，宿題の実施状況および出席状況の得点とともに記録する。	必須	10	
2. ステップ9の肯定的および否定的反応と評価を求める。	必須	5	
3. 反先延ばし表と日常気分記録表を用いた筆記宿題について話し合う。	必須	5〜10	
4. このプログラムで参加者が達成した進歩を評価する。	必須	15	
5. 予防のための小さな努力（再燃予防）の練習。	必須	20	
6. 回復への鍵の練習。	任意選択	10〜15	
7. 自尊感情と精神性の練習。	任意選択	10〜15	
8. 練習あるのみ！	任意選択	20	
9. 「もういちど自分らしさに出会うための10日間」のおさらい。	必須	20	
10. 「もういちど自分らしさに出会うための10日間」の反応と評価とその共有。	必須	10〜15	
11. 「もういちど自分らしさに出会うための10日間」の評価を完成させるよう参加者に求める。	必須	5	

ステップ 10 の概要

　プログラムの最後となるこのセッションでは，重要な課題が数多くあります。

- 参加者は，ここまでの彼らの進歩を評価し，さらに成長の余地を残す領域を調べます。あなたは，依然としてうつ状態にある参加者やさらに練習を希望する参加者に，さまざまな選択肢を紹介します。
- 再燃予防の練習は，回復後の参加者に絶望感への対処法や将来発症するうつの克服法を示します。このテーマは非常に重要です。うつ状態にある人は，ほとんど全員の気分が遅かれ早かれ改善されます。しかし，気分がうきうきするこの突然の改善の後には，急性で予期しない再燃がしばしば続発します。この再燃は非常に危険です。なぜなら，これによってとても大きな幻滅と絶望感を抱く人があり，多くの人が自殺を考えるからです。この再燃に事前の対策をとれば，その苦痛はかなり低減されます。参加者が，最初の回復に効果を示したものと同じ技法を再び用いれば，通常再燃はかなり迅速に消退します。再燃から回復すれば，学んだ技法に対する彼らの信頼は深まります。最初の改善がまぐれではなく，自分が学んだ技法の直接的効果であることを理解するのです。
- ほとんどの人にとってある特定の種類の問題がうつを引き起こすという事実は，重い再燃の予防をいくらか楽にしてくれます。ある人にとっては，批判や不同意が嫌な気分の原因となりますが，他の人にとっては予想どおりにものごとが進まないことが動揺の原因になります。同じように，回復の鍵となるのは，それぞれの人にとって，固有で特別なものという傾向があります。ある人は，ずっと回避してきた行動を開始したときに回復することがあります。また別の人は，承認

依存のメリット・デメリット分析を行っているときや，批判に対して非自己弁護的に応答しているときに気分が改善する場合もあります。あなたは，このセッションで参加者の回復の鍵を特定する手伝いをします。これは，参加者各人が学びとった真髄―彼らの人生にもっとも大きな衝撃を与えた1つの考え方または技法―を意味します。

- あなたは，参加者がこのプログラムで学ぶ内容と，彼らの価値観や精神的信念（スピリチュアル・ビリーフ）との関連性についての議論を指導します。指導するグループがある1つの宗教的志向をもつ場合，彼らが学ぶ考え方と宗教的信念との統合について，そしてそれらが両立する部分のみならず彼らが感じる相容れない部分についての議論をあなたは促します。

- あなたは，参加者がグループを離れたあとも，紙と鉛筆を用いた練習を継続することの重要性を強調します。実際に日常気分記録表などの技法は，彼らが動揺したときは生涯を通じていつでも使うことができます。あなたは，グループ全員に日常気分記録表の練習を指導します。

- あなたは，このプログラムで参加者が学んだ考え方や技法のいくつかを，彼らと系統的に復習します。

- 参加者は，このプログラムの経験が個人レベルでどのような意味をもつかについて，話し合いの機会をもちます。

- 参加者は，「もういちど自分らしさに出会うための10日間」の評価用紙を記入します。この評価は，彼らが何を気に入り，何を気に入らなかったかについての貴重な情報をあなたに提供します。これによってあなたは，もっとも効果的であった指導方法や効果的ではなかったことがらを特定することができます。この情報を用いて，あなたの指導するプログラムをよりやりがいのあるものになるよう修正することができます。

リーダーへのヒント

データの収集

参加者の3つの自己評価テスト（気分測定テスト〔BDC, BAI, RSAT〕）の得点を，84頁に記載したリーダー用データシートに記録します。76頁の3点法評価尺度を用いて，宿題の実施状況を記録します。そして，78頁の2点法評価尺度を用いて，参加者の出席状況を記録します。あなたは，この時点で預託金を参加者に払い戻すか，あるいは後日小切手の郵送で払い戻すか，彼らに伝えます。

参加者の反応と評価ならびに宿題の点検

参加者に，先延ばしをテーマとした前回のセッションについての反応を聞きます。参加者の中に，『フィーリング Good ハンドブック』の第9章および10章を読んだ人はいますか？ 彼らは，この教材について何か疑問がありますか？ 反先延ばし表をセッションの合間に練習した人はいますか？ 彼らの中に，先延ばしにしてきた行動を開始しようとして，何か抵抗を感じた人はいるでしょうか？ そのとき何を考え，何を感じましたか？ TIC-TOC 技法が役に立つと思いましたか？

宿題で，日常気分記録表を練習してきた人はいるでしょうか？ 彼らにグループ全体で共有したい質問あるいは個人的な感想はありますか？

進歩の評価

参加者の進歩を評価するもっとも簡単な方法は，3つの気分測定テストのステップ10での得点を，最初に測定したステップ1の得点と比較することです。これらの得点を，ワークブック328頁の表に記入するように彼らに指示してください。同じ表は次頁にもあります（彼らのステップ1の点数は，ワークブックの9, 13, 17頁にあります。あなたは，リーダー用データ

気分測定テスト	ステップ1の点数	ステップ10の点数	最適な点数の範囲
バーンズうつ状態チェックリスト			5以下
バーンズ不安調査表			5以下
関係満足度評価			35以上

シートから同じ情報が得られます)。

　バーンズうつ状態チェックリスト（BDC），バーンズ不安調査表（BAI），そして関係満足度評価（RSAT）の得点が改善された人は何人いるか尋ねます。その比較結果は妥当と考えるかどうか，彼らに質問してください。これらの得点は，彼らの現在の気分を正確に反映しているでしょうか？現在の気分と比較結果との違いがあると思う人で，思考，感情，行動などの点でどのように違うか，例として挙げることができる人はいますか？

　参加者が彼らの進歩を評価できるもう1つの方法は，この経験で彼らが設定した個人目標を見直すことです。ステップ1で話し合った，このプログラムのための以下の3種類の目標を思い出すよう彼らに求めてください。

- 心理的目標：自分の気分を理解し，否定的感情へのより効果的な対処法を学ぶ。
- 対人関係の目標：似たような興味と関心をもつ他者と知り合いになる。
- 哲学および精神性の目標：自分の態度，信念，価値観を考察する。

　ワークブックの18頁には，この経験における彼ら自身の個人目標が記入されています。これらの目標を今すぐ参照するよう指示してください。彼らに自分がどれだけ進歩したかを尋ねます。彼らは目標のいくつかを達成できたでしょうか？　将来も自分で勉強し，あるいは追加のモジュールに

参加して，追求し続けたい目標はありますか？

　ワークブック329頁に，彼らが達成した目標，そしてまだ改善の余地があると思う部分について，簡単に記述するよう指示します。自分が行った進歩の評価について，グループで共有したいと思う人がいるかどうか尋ねます。

　参加者の中には，3つの気分測定テストの自己評価点が，十分な改善を示していないと感じる人がいるかもしれません。また，ステップ1で設定した個人目標を全部達成できなかった人もいるでしょう。あなたは，各人で進歩の度合いが異なることは当たり前であることを伝え，彼らを安心させます。ある人は迅速に回復する一方，ある人は長時間かけたねばり強い努力を必要とします。

　ゆっくりと時間をかけた回復が，異常でも恥ずかしいことでもないことを，あなたは強調します。回復に時間のかかる人々（参加者）が希望がもてない他の参加者とはちがう存在だと言っているのではありません。それが意味するのは，本書の考え方や技法を使って引き続き問題と取り組む必要があるということだけです。このセッションを終了した後，自己成長のプログラムを継続希望する参加者には，以下のような数多くの選択肢があります。

- 「もういちど自分らしさに出会うための10日間」プログラムにもう一度参加します。こうした考え方に繰り返し接して練習することは，非常に役立つと多くの人が考えています。同じ考え方でも多少異なった表現を読むと，突然意味を持ち始めることがあるからです。こうした考え方は，長い期間それを用いて練習するほどより深くその考え方を理解することができます。とくにセルフヘルプ課題をセッションの合間に練習しなかった参加者には継続した取り組みが有益と思われます。
- 追って発表予定の，対人関係問題に的を絞ったモジュールなどへの参加が可能です。これは，考え方や技法もかなり異なっていて「もうい

ちど自分らしさに出会うための 10 日間」で学んだ内容を補足するモジュールとして最適です。
- 心理士または精神科医の診察を受け，個別の心理療法または抗うつ薬による治療が有効がどうかを試します。
- National Depressive and Manic Depressive Association のような組織の地方支部で行っているセルフヘルプ・グループへ参加することもできます。

　参加者が自分の進歩について落胆したり，否定的思考をもっていないか，尋ねてください。こうした思考は，取り組む課題としてとても有益です。ある参加者は，他の参加者と自分とを比べ劣等感をもったかもしれません。また，ある参加者は，設定した目標をすべて達成できなかったために，完全主義的または自己批判的になっている可能性もあります。あるいは，期待に反して良い結果がでなかったことに怒りを感じる参加者もいるでしょう。
　彼らがこうした懸念を口にするときに，あなたは防御的にならないことが大切です。武装解除法を使い，相手への敬意をこめた態度で対応することを忘れないようにしてください。そして，他の参加者も時々このような感じをもつかどうか尋ねます。
　時間が許せば，あなたはこれらの否定的思考を発表用紙に書き，グループで練習を行います。発表用紙に 3 本縦線を描き，日常気分記録表の 3 コラムを作ります。参加者に，自分がまだ十分に改善していない場合，このセッションでどんな思考をもつと思うかを挙げてもらいます。そして，その否定的思考を左端のコラムに書き入れ，参加者にも彼らのワークブックにある日常気分記録表のブランク用紙に記入するよう指示します。右頁がその記入例です。
　参加者に，これら否定的思考の中から歪みを特定し，合理的思考を右端の欄に提示するよう指示します。すでに改善した参加者は，依然として動揺を感じている参加者に対して，有益かつ思いやりのある意見を提供する

否定的思考	歪　み	合理的思考
1. 私にはどこか悪いところがあるに違いない。　100%		
2. ここまでくれば，回復していてもいい頃だ。　75%		
3. 私の病気は回復の見込みがない。75%		
4. 他の参加者は，私のことを軽蔑するだろう。　75%		

機会がこの練習で得られます。この練習は，否定的反応が恥辱や異常ではないと感じさせることで，グループの士気を高める可能性があります。

予防のための小さな努力

この練習で，参加者はコインの裏側にも注目します。症状が改善し以前よりもずっと気分が良くなったのであれば，彼らは何をすべきでしょうか？

重度のうつ病に長い間苦しんだ場合も含め，うつ状態にあった人のほとんどは，遅かれ早かれ改善します。ときには治療早期に改善が現れることがありますが，数カ月から1年以上の困難で粘り強いセラピーを経て改善する場合もあります。しかし，患者さんが頑張って努力を続ければ，遅かれ早かれほとんど常に改善は現れます。

症状が改善し，バーンズうつ状態チェックリスト（BDC）の得点が5以下になると，それまでの何年間に感じたことがないほど，気分は良くなります。中には今までの人生で感じた最高の気分と言う人もいます。それは目くるめくような経験です。絶望とうつの苦痛や苦悩は圧倒的で，耐えがたいものに思えたはずです。こうした感情が突然なくなると，新たで幸せな人生が与えられたような気分になる人もいます。

多くの人が多幸感をもちます。突然自分が再び価値のある存在と感じ始めるのですから，これは衝撃的事件です。「ほら，問題は解決した。私は結局大丈夫だったんだ。私のうつは，間違った考えから生まれたものだ。悪ふざけだったんだ。とうとう怪物をやっつけることができたぞ。この先ずっといい気分が続く！」と考える人もいるかもしれません。

参加者に，気分がよくなり始めてこうした経験をもったことがある人はいるか尋ねてください。そして，この経験に続いて一般に何が起こるか，誰か知っている人がいるかどうか尋ねます。誰かが，「再燃という大きな失望がやってきます」と答えるでしょう。それは，完全な正解であることをグループに伝えます。そして，うつの再燃はどのくらいの確率でやってくると予想するか彼らに尋ねます。

彼らが予想して答えた後，あなたはその確率が100％またはほぼ100％であることを伝えます。うつから回復した人の実質的にすべてが，遅かれ早かれ再燃を経験します。それは，最初の回復から2, 3週間以内に頻繁に起こります。再燃はとても一般的なので，あなたが指導するグループの参加者の多くは，回復後ほとんど確実に同じ経験をします。これは，必ずしも問題ではありません。事実，それは利点にもなります。ただし，彼らが再燃を予想し，それに備えた事前の準備をした場合に限ります。しかし，不意打ちを食ったときは注意が必要です！　苦痛，苦々しさ，幻滅は強烈で，多くの人が自分の病気は結局絶望的と結論づけ，自殺を考えるようになります。

幸いなことに，こうした再燃に備える優れた方法があります。その最初

のステップは，参加者が再燃は起こると予測し，対処計画を作ることです。2番目のステップは，再燃したことを想定して，そのとき彼らがもつであろう否定的思考を書き出し，それに反論できるよう練習することです。彼らはこれを，今すぐ，再燃が起こる前に行う必要があります。

再燃期間中，ほとんどすべての人がまったく同じ否定的思考をもつことを参加者に説明します。そのため，こうした思考への反論は比較的容易です。ワークブック333頁には，再燃したある女性の日常気分記録表の記入例が記載されています。

参加者に自分がこの女性の立場に立ったものと想像するよう指示します。慢性のうつに何年間も悩まされた後，彼女は劇的な気分の改善を経験し，この数十年感じたことのない幸せを経験しました。そして，テニスの試合で夫と言い争った後，彼女は急激なうつの再燃におそわれたのです。圧倒的なうつ状態におちいり，彼女は自己批判的になって意気消沈してしまいました。

日常気分記録表の否定的感情の項目に，彼女は絶望感，劣等感，悲哀，欲求不満，怒り，敗北感などを記録しています。

次に，彼女は以下のような否定的思考を日常気分記録表の左欄に記入しました。

1. 今までで最低の気分だ。またゼロ地点に逆戻りした。 100％
2. これらの技法は結局役には立たない。 100％
3. 私の改善はまぐれだった。自分をだましていたのだ。 100％
4. 今回のことで，結局自分には希望がもてないことがわかった。 100％
5. 私は決して改善しないだろう。ずっとうつ状態のままだ。 100％
6. 私は全く価値のない人間だ。 100％

ほとんどすべての人が，再燃中に上記否定的思考と似たような思考をもちます。彼女の立場に自分が立ったものと想像し，上記の中から1つだけ

否定的思考を選ぶよう参加者に指示します。その否定的思考を，あなたは発表用紙に書き写し，「100%」と付記します。そして，参加者にこの否定的思考の歪みを特定するよう指示します。彼らが特定した歪みを，あなたは発表用紙の中央の欄に，参加者はワークブックの333頁にある用紙の同じ場所にそれぞれ書き込みます。次に，ワークブック337頁の思考の歪みを取り除く15の方法の中から，いくつかの技法を用いて，その思考に反論する方法を考えるよう指示してください。

合理的思考は，日常気分記録表の右欄に記入します。そして，その思考をどの程度強く信じるかを，0%（全然信じない）から100%（完全に信じる）までの点数で評価するよう指示します。それと同時に，あなたは彼らの合理的思考を発表用紙に書き写します。最後に，否定的思考を現時点ではどれだけ信じるか，0%から100%で再評価するよう指示します。当初の評価は棒線で抹消し，その横に再評価したより低い点を書き添えるよう指示します。

練習中あなたは，参加者に下記の点を強調します。

1. 日常気分記録表を練習する際の，パーセンテージを用いた評価の重要性に注意するよう伝えます。
2. 信用できる妥当な合理的思考のみが役に立ちます。偽の正当化は役立ちません。
3. それぞれの否定的思考を信じる度合いが0%近くまで低減しない限り，彼らの気分は改善しません。これは容易なことではなく，すぐには実現できない場合が多いかもしれません。自分が確実に希望のもてない敗者，と長い間思い続けてきた人は，この思い込みの誤りを証明するためのさまざまな種類の合理的思考を使って，何週間も取り組む努力が必要となるでしょう。
4. 日常気分記録表は，紙の上に記入しなければなりません。頭の中で想像するだけでは役に立たないでしょう。

ここで，前述したリストの4番目に挙げられた「今回のことで，結局自分には希望がもてないことがわかった」という否定的思考をグループが取り上げたと仮定しましょう。ワークブック337頁の思考の歪みを取り除く15の方法の中から，どの技法を用いてこの思考と戦うか尋ねてください。その中から，いくつかの考え方をここに紹介します。

1. 歪みを特定する：この思考には，全か無か思考，一般化のしすぎ，心のフィルター，マイナス化思考，先読みの誤り，拡大解釈，感情的決めつけなど，数多くの歪みが含まれています。

　参加者がこれらの歪みを特定したら，あなたは，希望がもてない感じは，常に全か無か思考から派生することを指摘します。その理由はなぜか，彼らに尋ねてください（その答えは，彼女が自分は完全に治癒したか，または完全に希望がもてないかのいずれかと考えているからです。実際には，私たちの気分はローラーコースターのように上下します。いつも完全に幸せ，または完全にうつ状態にある人は存在しません）。

2. 直接的アプローチ：彼女が自分に対してより思いやりがあり現実的な言葉をかけるとすれば，どのような言葉が考えられますか？
3. 灰色の部分があると考える：彼女は，自分の気分が生涯変化し続けること，そしてそれはすべての人に共通して起こることを忘れずにいると良いでしょう。現在彼女の気分はすぐれませんが，1，2週間前は今よりずっと気分は良かったはずです。自分が絶望的なケースであると主張することは，まったく非現実的です。代わりに，何が彼女を動揺させるのかを的確に把握し，その対処法を計画します。彼女の再燃が，夫との口喧嘩に続いて起こったことは，彼女のうつの引き金に関する重要なヒントになります。彼女は，怒るとふくれっ面をして，自分の感情を抑えてしまうのかもしれません。問題と直面せずに，うつ状態

へ引きこもってしまう可能性があります。そうすることで彼女は対立を回避し，自分を哀れみ，彼女の怒りの対象である人物を罰しているのです。

4. 二重の基準技法：彼女は，うつ病の友人が再燃したとしたら，もう希望はもてないとその友人に言うでしょうか？ なぜそう言うのでしょうか，またもし言わないとしたらその理由は？

5. メリット・デメリット分析：すべてに希望がもてないと主張することの，メリットとデメリットは何ですか？

6. 実験技法：希望がもてないという思い込みが本当かどうか，彼女はその後数週間をかけた改善努力を継続することで実験します。バーンズうつ状態チェックリスト（BDC）を週に2回行い，どの程度自分が改善しているか検証します。

7. 言葉を定義する：「希望がもてない人間」をどのように定義しますか？考えつく定義は，すべて妥当性をもたない結果に終わります。例えば，彼女が希望がもてない人とは，いつも完全なうつ状態にあると定義したとします。しかし，生まれてこの方，絶え間なく「完全なうつ状態」にある人など存在しません。次に，希望がもてない人とは，ときどきうつ状態にある人と彼女が定義したとします。しかし，ほとんどすべての人が，少なくとも数回，怒り，不幸，落胆などを感じる期間を経験しています。その定義によると，ほとんどすべての人が希望のもてない人たちになってしまい，明らかに定義は意味を失います。彼女が希望がもてない人をどのように定義しても，その定義は常に崩れ去ってしまいます。

8. 言葉を置き換える技法：自分には希望がもてないと言う代わりに，彼女は自分が苦しんでいて支持を必要としていると言うことができます。

9. 満足度予想技法：彼女は，快楽，学習，自己成長などの面で可能性のある一連のさまざまな活動を計画し，その満足度を0%から100%の尺度で予想します。そして，事後に実際の満足度を再評価し記録します。

おそらく彼女は，多くの活動が予想したよりもずっとやりがいのあることを発見するでしょう。このことは，自分に希望がもてないという思い込みと矛盾します。彼女の感じ方を改善するためには，多くの方法があるからです。

10. 責任再配分技法：私たちは，彼女の自己批判的否定的思考と絶望感が，夫との議論に引き続いて起きたことを知っています。自分には希望がもてない，ダメな人間だと言うことに活力を費やしてしまうのではなく，夫婦二人が揃って自己防衛的になってしまったことを認め，夫とじっくり話し合うよう心がけます。問題を回避せずにそれと取り組むことで緊張が減少することを，彼女は理解するでしょう。

　上述した10の技法は，思考の歪みを取り除く方法の完全なリストからはほど遠いものです。ある技法が有効ではない場合，否定的思考の誤りが証明できるまで，別の技法，さらに別の技法と試して行きます。成功への道は，他人からの思いやりや支持とともに，粘り強さと創造性をもつことにあります。

　気分が急激に悪い方向へ向かったとき，どのようなことを考えるかを紙に書くことが再燃への事前準備を可能にします。この点をあなたは参加者に強調します。彼らが事前に準備すれば，再燃は，以前に効果的だった技法をもう一度使い，うつを再び克服する絶好のチャンスとなります。これによって，彼らの経験した改善が偶然ではなかったことが証明され，この先意気消沈したときには，いつでもこれら技法を用いることができることへの自信につながります。

　時間が許せば，あなたはグループを2ないし3班に分け，彼らが以前のセッションで学んだ声の外在化技法を練習します。これはとても有益な復習です。ワークブック333頁の日常気分記録表をもとに，1人の参加者が否定的思考役を，もう1人が合理的思考の役を演じます。彼らは，二重の基準技法または対決技法を用います。下記の表に示すように，二重の基準

技法では，否定的思考役は第一人称を使い，対決技法の否定的思考役は第二人称を使います。

	否定的思考を演ずる人が用いるのは	合理的思考を演ずる人が用いるのは
二重の基準技法	第一人称（「私は今までで最低の気分を感じている。またゼロ地点に逆戻りした。」）	第二人称
対決技法	第二人称（「あなたは今までで最低の気分を感じている。またゼロ地点に逆戻りした。」）	第一人称

　私は，再燃予防を目的としたこの練習ではパンチの効いた対決技法を好みます。

　再燃を予防するための話し合いは，十分な希望と楽観的な雰囲気で締めくくることを忘れないようにしてください。常に再燃とみじめさに満ちた生涯を参加者が送る運命にあるかのような印象は，生じさせない注意が必要です。回復への道は，ときに険しいことがあっても，不断の成長と着実な改善の見込みは十分あることを彼らに強調します。

　日常診療で私はすべてのクライアントに，否定的思考を紙に書くことで再燃に備えるよう強く勧めています。そして，声の外在化技法を用いて否定的思考に反論する練習をします。この予防措置は，期待どおりの効果を十分発揮します。クライアントが再燃すると，「バーンズ先生は，いずれ再燃がやってくると言っていた。ひどいことが起こったように思えても，またいくつか技法を使って取り組めばすぐに回復できるだろうと先生は言っていた」と思い出すでしょう。ほとんどの場合，これらの再燃は非常に短期間のもので，認知技法の価値を再認識する貴重な機会となります。

回復を左右する本当の鍵となるのは，良い気分になることではなく，より健康になることにあります。より健康になるということは，参加者が気分の落ち込みの原因を理解し，より効果的な対処方法を学びとることを意味します。ねばり強い努力によって，嫌な気分をより良くコントロールすることができ，幸せで生産的な期間をさらに長く経験することができます。

回復への鍵

　あなたは，回復の経験が人によってさまざまなことを参加者に説明します。幸せを感じ始めると，自分の態度や考え方の変化に気づく人がいます。例えば，幸せでやりがいを感じるためには，誰の承認も要らないことを不意に理解します。誰かが自分に批判的で怒りを向けているとき，自己防衛的になり打ち負かされた感じを抱くのではなく，「そうだ，もしかしたら彼らの批判にも正しい部分があるかもしれない。自分に学ぶことはないか考えてみよう」と自分に言い聞かせるようになります。この新しい考え方は，自尊感情を改善し相手とのより良い人間関係につながる可能性をもたらします。

　参加者の中に，「もういちど自分らしさに出会うための10日間」を受けている間，態度や思考パターンの大きな変化に気づいた人はいるか尋ねてください。その変化はどのようなものか，説明を求めます。

　また，回復したときに自分の行動の変化に気づく人もいます。その人たちは，動揺を感じたときはいつも物ごとを先送りにしたり，個人的問題との直面を避けていたかもしれません。彼らにとっての回復は，ただ単に回避してきた問題や課題の直面に過ぎない可能性もあります。参加者に，「もういちど自分らしさに出会うための10日間」を受けたことで行動の変化に気づいた人はいるか尋ねてください。彼らの先延ばしは減りましたか？　他人との付き合い方が変わったでしょうか？　自分の感情によりオープンになり，そして正直になったでしょうか？

　通常，回復の鍵は人それぞれに少しずつ違います。回復は一般に，ある

簡単な考え方や技法に基づくものです。しかし，各人はそれぞれ個別に鍵をもっています。参加者の中に，自分の回復への鍵は何か，すでに気づいた人はいますか？ 過去9つのステップから，自分にとってとくに役立った考えや技法を1つか2つ特定できる人はいますか？

この鍵を発見できれば，将来何回でもそれが役に立つ確率は非常に高くなります。うつがやってくる度に，どうしたら良いか長いこと悩む必要はなくなるでしょう。

自尊感情と精神性

心理療法と宗教は，20世紀のほとんどを通じて対立する関係にありました。しかし，本書に紹介した考えや技法は，実際には広範な宗教的または哲学的態度と非常に良く調和する可能性をもっています。この練習は，より多くの参加者にこの関連性を気づかせることを目的に作られたものです。この練習は，彼ら自身の宗教的信念を強くし，回復をより意味のあるものにする可能性を秘めています。

この練習の目的は，特定の宗教あるいは宗教一般を奨励するものではありません。グループリーダーは，参加者の大多数と同じ宗教的態度をもつことは必要ありません。しかし，参加者の宗教的また精神的信念を尊敬することは，指導を成功させる上で望ましいと思われます。この練習であなたは，参加者が学んだ新たな考え方や技法と彼らの信念との統合を促します。

例えば，彼らは旧約聖書からの以下の一節を，ステップ2で学んだことに関連づけることができるでしょう。

箴言23：7 「その人が心の中で考えることは，その人自身である」

この箴言の意味は，外的事象ではなく私たちの思考こそが気分を左右するという考えに良く似ています。参加者の中に，認知療法の原理と聖書の

一節との間に類似性を発見した人がいるか尋ねてください。

　このプログラムは，自尊感情に焦点を当てています。その理由は，自尊感情の欠如が，うつ病のもっとも苦痛を伴う症状だからです。ステップ7であなたは，自尊感情を育てるいくつかの方法に関する話し合いを指導しました。自尊感情へのこれらのアプローチは，ユダヤ教やキリスト教の基本的教義のみならず，仏教など東洋の宗教とも良く一致します。ワークブックの345〜353頁の記述は，これらの類似性について書かれています。自尊感情の精神性および哲学性についての議論は，このプログラムでここまでに紹介された数多くの考え方を要約し，強化するものです。今回のステップを指導する前に上記頁の記述を熟読することで，あなたはグループの議論を容易に活性化できるようになるでしょう。

　過去9つのステップを学んだ結果，自分の態度や価値観が変わったと考えるかどうか参加者に尋ねてください。人生の意味と目的を，彼らは新らたな違った方法で考えるようになりましたか？　自分の個人哲学に起こった変化について，説明できる参加者はいますか？　自分の信仰についてより深い理解を経験した人はいるでしょうか？　このプログラムのどの考え方が，彼らの精神的信念（スピリチュアル・ビリーフ）ともっとも良く一致したでしょうか？

　参加者は，ワークブック351〜352頁にこうした疑問への回答を簡潔に記入するよう求められています。これらの疑問について話し合う際，参加者の中に自分が記述した回答をグループで共有することを希望する人がいるかどうか尋ねます。

　参加者が学んだことの中に，彼らの精神的信念と対立するものはあったでしょうか？　もし，彼らの信念と心理療法との間に対立する領域が指摘されたら，あなたはグループにこの対立を融和させる方法を考えつく人がいるか尋ねます。例えば，キリスト教原理主義者には，非宗教的な心理療法は信用できないものと映るかもしれません。キリストを個人的救済者とする信仰のみが，感情的困難からその人を救い得ると彼らは主張する可能

性があります。しかし，下記の聖書の言葉が，精神的癒しと心理療法は必ずしも対立するものではないことを示唆しています。

> ヨハネによる福音書第1章14節：そして言葉は肉体となり，私たちのうちに宿った…

> ヨハネによる福音書第3章16節：神はそのひとり子を賜ったほどに，この世を愛してくださった。それはみ子を信じるものがひとりも滅びないで，永遠の命を得るためである。

上記の聖書の引用について考える一方法として，聖職者と心理療法士には，人々の苦悩を理解しやわらげるという共通の目標があるとの考えに基づくアプローチがあります。上記の新約聖書の言葉で，キリストによる救済がこの世における神の業の結果と聖ヨハネは説いています。キリストは生身の人間として私たちとともに生き，働きました。キリスト教徒は，神はこの世を愛し，癒しと救済を与えるために，その子をこの世に遣わしたと信じています。

同様に，心理的癒しは人間の交流を通して行われます。この癒しは，人と人との思いやりのある優しい相互関係を背景に生まれる贈り物です。心理療法は，たとえセラピストが無心論者であり，日々の診療の中に祈りや宗教的考えを引用しなくても，精神的献身のあらわれとなり得るのです。

練習あるのみ！

うつや不安からの回復には，セルフヘルプが非常に重要な鍵となります。いつでも動揺を感じたときに行う日常気分記録表による練習，練習，そして練習を重ねることによって，達成した進歩のこれからの維持と，将来も進歩が継続する確率が高まることを参加者に再度指摘します。

参加者に，バーンズうつ状態チェックリスト（BDC）の得点が5を上回

る場合は常に，日常気分記録表を1日10分から15分練習することを勧めてください。彼らがセラピーを受けているか否かにかかわらず，これは非常に重要な手続きです。日常気分記録表を頭の中だけで練習する誘惑は常にあることを忘れないよう，参加者に注意します。頭の中だけでは，効果はありません。この練習の成功の秘訣は，紙の上に書くことです！

今日のセッションでは，参加者が日常気分記録表に書いた否定的思考をグループで共有し，認知技法を用いて合理的思考を考え出すこともできます。もしある参加者が，恋愛関係での拒絶を経験した場合，彼（彼女）は以下のような否定的思考のために悲哀と落胆を感じているかもしれません。

1. 悪いのは自分だ。
2. 私は愛されない存在だ。
3. もう二度と彼（彼女）のような人を見つけることはできない。

これら否定的思考を，1つずつ発表用紙に記して行きます。各思考に含まれる歪みを同定し，合理的思考と置き換えるようグループに指示します。

グループが否定的思考の反論に失敗したときは，ワークブック337頁に記載された思考の歪みを取り除く15の方法のリストを参照するよう指示します。また，ワークブック102頁のトラブルシューティング・ガイドも参照させます。

日常気分記録表のブランク用紙は，巻末の付録にも記載されていることを参加者に注意喚起してください。ブランク用紙は必要に応じてコピーできるよう少なくとも1部残しておきます。

もういちど自分らしさに出会うための10日間—復習

このステップの終わりにかけて，「もういちど自分らしさに出会うための10日間」で参加者が学んだことの復習があります。まず，認知療法の基本原理は何かを彼らに質問します。この問いの回答として，参加者はワー

クブック358頁にどんなことを記述したでしょうか？ 基本原理には以下の項目が含まれます。

1. 実際の事象ではなく，あなたの考えがあなたの気分を作ります。
2. 罪悪感，怒り，うつ，不安などの特定の種類の否定的感情は，特定の種類の否定的思考から生まれます。
3. 否定的感情の中には，健全なものと不健全なものがあります。否定的感情が健全で適切な場合は，それを表現するか，またはそれに基づいて行動することができます。否定的感情が不健全で不適切な場合は，日常気分記録表を使ってそれを変えます。
4. うつ，神経症性不安，破壊的怒りなどの不健全な感情は，歪んで非論理的な否定的思考から生まれます。しかし，こうした思考はしばしば全く妥当に見えるため，私たちは自分がそれを感じていることに気づきません。
5. 完全主義や承認への依存などの自虐的態度は，うつ，不安そして対人関係における対立などへの脆弱性をもたらすことがあります。
6. 私たちは，考え方を変えることで，感じ方を変えることができます。

　グループの参加者に，上記のような考え方に対する反応を尋ねてください。上記それぞれの項目がすべて理解できたでしょうか？ 何かそれに関して質問はありませんか？（上記の考え方の短いバージョンが，参加者用ワークブック365頁に記載されています）
　ワークブックの359頁で，参加者は健全な否定的感情と不健全な否定的感情との違いを5つ挙げるよう求められています。この質問への回答を彼らに発表させて，あなたは発表用紙にそれを書き出して行きます。その違いの中には以下のようなものが含まれるでしょう。

1. 健全な悲哀と比較して，うつはしばしば自尊感情の喪失を伴います。

うつ状態にある人は，劣等感を持ち，自分が無価値な敗者と感じます。
2. 不健全な感情は，しばしば他人への尊敬の欠如も伴います。例えば，不健全で破壊的怒りを感じる人は，他人が完全に悪意のある間抜けで，拒絶，懲罰，報復などに値すると考えます。
3. 不健全な感情はほとんど常に歪んで非論理的な思考から生まれます。対照的に健全な否定的感情は，通常は現実的な思考から生まれます。
4. 不健全な感情は，しばしば絶望感を伴います。自分の問題は決して解決することはなく，惨めさは一生続くだろうと確信します。
5. 健全な否定的感情は通常ストレスの多いできごとから生まれ，ほとんどの人が同じような感情をもちます。この例として，愛する人の死による悲嘆が挙げられます。不健全な否定的感情は，原因となる否定的なできごとが明確ではないときも，信じがたく強烈な場合があります。この例としては，食料品店のレジで順番待ちをしているときに起きるパニック発作などがあります。
6. 健全な否定的感情は，持続しません。慢性のうつなどの不健全な否定的感情は，ときに数年間も持続します。
7. 不健全な否定的感情は，機能の欠如や生きる意欲の喪失につながることがあります。不健全な感情は，食べ過ぎ，薬物乱用，暴力行為などの破壊的行動を伴います。対照的に，健全な否定的感情は，建設的行動につながります。友人に腹を立てても，適切に敬意をもって話し合い，問題を解決するため，友情がより深くなることがあります。

　こうした考え方のいくつかをグループで話し合った後，健全な感情と不健全な感情の区別がなぜ重要なのかを参加者に質問します（こうした考え方のいくつかは，ワークブックの366頁に簡単に記述されています）。
　参加者に，日常気分記録表の記入ステップを説明できるかどうか尋ねます。そのステップは以下のとおりです。

1. 動揺させるできごとの記述：参加者は，何が起こったのかを簡単に記述します。場所，時間，誰が関係するかについて具体的でなければなりません。
2. 否定的感情の記述：参加者は否定的感情を記録し，それぞれの感情の強さを0％から100％までの点数で評価します。
3. 3コラム技法：参加者は，左のコラムに否定的思考を記入し，それをどの程度強く信じるかを0％から100％までの点数で評価します。次に否定的思考の歪みを特定し，より現実的でポジティブな合理的思考と置き換え，それを右のコラムに記入します。それぞれの合理的思考を0％から100％までの点数で評価し，再び否定的思考をどの程度強く信じるかを0％から100％までの点数で再評価します。彼らがすべての否定的思考の誤りを証明できたら，否定的感情の強さを0％から100％までの点数で再評価します。この結果が，彼らの改善の有無と程度を示します。

参加者に，否定的思考に反論する技法をいくつか挙げるよう求めます。彼らから出された回答を，あなたは発表用紙に記入してください。そこには下記の項目を含む技法が挙げられるはずです。

- 歪みを特定する
- 直接的アプローチ
- 垂直矢印技法
- メリット・デメリット分析
- 証拠を探す
- 実験技法
- 調査技法
- 二重の基準技法
- 灰色の部分があると考える

- 具体的に考える
- 言葉を置き換える技法
- 言葉を定義する
- 満足度予想表
- 声の外在化技法
- 責任再配分技法
- 悪魔の代弁者の技法
- 受け入れの逆説技法

　参加者がそれぞれの技法を挙げるときに，それがどのようなものか例を挙げて説明するよう求めてください。あなたは，彼らの努力を褒めることを忘れないようにします。彼らが挙げた技法の説明が十分ではないと思われる場合，あなたはその例に若干の修正を加え，言葉を換えて言い直します。参加者が学んだことに誇りと自信をもてるよう，彼らを引き立てるよう努めてください。

　メリット・デメリット分析にはどのような種類があるか，参加者に尋ねます。メリット・デメリット分析は，以下のようなことがらの長所と短所を評価するために用います。

- 罪悪感，絶望感，不安，怒りなどの否定的感情
- 「それはすべて自分の責任だ」などの否定的思考
- 「私には全員の承認が必要だ」などの自虐的思い込み
- 先延ばし，食べ過ぎ，不適切な相手（配偶者のいる相手など）とのデートなどの自虐的行動

　メリット・デメリット分析は，直接的方法（協調的な人向け）あるいは逆説的方法（抵抗を示し反抗的な人向け）で行うことができることを忘れないでください。

参加者に，自虐的思い込みと否定的思考との違いについて質問します（この回答は，ワークブックの190頁にあります）。
　参加者に，自己弁護技法と受け入れの逆説技法の違いについて質問します（この回答は，ワークブックの166頁にあります）。
　参加者に，「私は完全な失敗者だ」という否定的思考に代わる合理的思考を，自己弁護技法を用いてワークブックの362頁に書くよう指示してください。そしてどんな回答を書いたか尋ねます（この回答は，ワークブックの366頁にあります）。
　次に，上記と同じ否定的思考の代替となる別の合理的思考を，受け入れの逆説技法を用いてワークブックの362頁に記入するよう，参加者に指示します。そしてどんな回答を書いたか尋ねます（この回答は，ワークブックの366頁にあります）。
　参加者に上記2つのアプローチのいずれがより有益かを尋ねます。彼らは，否定的思考に反論する際に，自己弁護技法と受け入れの逆説技法のどちらが気に入りましたか？
　参加者に，完全主義の種類を5つリストアップするよう指示してください（この回答は，ワークブックの268〜269頁にあります）。
　あなたは，「自尊感情とは何ですか？　私たちはどのようにしたら自尊感情を育むことができるでしょうか？　自尊感情と傲慢とはどのように違いますか？　条件つきの自尊感情と無条件の自尊感情との違いは何ですか？　より良い自尊感情を育てるためにはどうすれば良いでしょうか？　私たちに自尊感情は本当に必要でしょうか？」などの質問を参加者に投げかけることができます（これらは一般的な議論のための質問で，ワークブックには記載されていません）。
　グループの参加者にこうした考え方の研究と練習を継続するよう促してください。彼らが動揺したときには日常気分記録表を使うことを忘れないよう伝えます。一貫性をもって毎日10〜15分筆記宿題を行うことが，しばしば回復への鍵となります。

「もういちど自分らしさに出会うための10日間」の反応と評価とその共有

セッションの最後に少なくとも10分間を充て，「もういちど自分らしさに出会うための10日間」の経験について参加者が話し合いをもつようにしてください。彼らがもっとも気に入ったことは何でしょうか？ 彼らは何を学びましたか？ 読書課題は役に立ちましたか？ どのセッション，どの考え方や技法がもっとも有用で有意義でしたか？

リーダーは参加者の助けになったでしょうか？ 心を開き，グループの他の参加者と知り合いになったことは役に立ちましたか？ 参加者の中の特定の人で他の人にポジティブな影響を与えた人はいますか？ それはどのような影響ですか？

このグループが自分にとってどのような意味をもつかについての個人的意見を発表する機会を，参加者全員に与えます。

プログラムの反応と評価

最後に，ワークブックの368～370頁に記載された「もういちど自分らしさに出会うための10日間」参加者評価用紙を記入するよう求めます。同時に，ワークブック371頁の共感の評価表も記入するよう求めます。彼らのワークブックにそれぞれ記入し，退室前にそれをあなたまで提出させます。もし彼らのワークブックから記入用紙を切り離すことをあなたが望まない場合，次頁にある評価用紙をコピーし，それを参加者に記入させることもできます。

参加者の評価結果を要約し慎重に吟味することで，グループのあなたに対する見方，他の参加者や全体的経験への意見に関する貴重な情報が得られます。こうした評価を，あなたは次のグループをより効果的なものとするために利用できます。このプログラムを指導するたびに同じ評価用紙を使うことで，異なるグループの効果を比較し，グループリーダーとしてのあなたの進歩を記録することができます。

参加者評価用紙

日付：＿＿＿＿＿＿＿＿＿＿　　　氏名：＿＿＿＿＿＿＿＿＿＿＿＿＿

あなたの評価に該当する点数を右欄から選び○をつけてください。	強く同意する	同意する	どちらとも言えない	同意しない	強く同意しない
1. プログラム全体の目標は達成された。	5	4	3	2	1
2. 自分の個人的な目標は達成できた。	5	4	3	2	1
3. 各セッションは明確で理解しやすく，良く構成されていた。	5	4	3	2	1
4. 指導方法は私にとって役に立つものだった。	5	4	3	2	1
5. 施設は居心地よく快適だった。	5	4	3	2	1
6. このプログラム参加は価値ある学習経験だった。	5	4	3	2	1
7. この経験は，私の生活にとって役に立つものだった。	5	4	3	2	1
	毎日行った	しばしば行った	たまに行った	ほとんど行わなかった	全く行わなかった
8. 各セッションの間に，どのくらいの頻度でセルフヘルプ練習を行いましたか？	5	4	3	2	1
9. 「もういちど自分らしさに出会うための10日間」において，どのくらいの頻度で読書課題を行いましたか？	5	4	3	2	1

参加者評価用紙（続き）

	とても助けになった	助けになった	どちらとも言えない	どちらかといえば助けになった	ほとんど助けにならなかった
10. 「もういちど自分らしさに出会うための10日間」のワークブックはどの程度役に立ちましたか？	5	4	3	2	1
11. セッションとセッションの間，セルフヘルプ課題はどの程度役に立ちましたか？	5	4	3	2	1
12. セッション中の議論はどの程度役に立ちましたか？	5	4	3	2	1
13. グループ練習はどの程度役に立ちましたか？	5	4	3	2	1
14. グループリーダーはあなたにとってどの程度支持的で助けになってくれましたか？	5	4	3	2	1
15. 他のグループメンバーはあなたにとってどの程度支持的で助けになってくれましたか？	5	4	3	2	1
16. このプログラムはあなたの気分を理解する上でどの程度役に立ちましたか？	5	4	3	2	1
17. このプログラムはあなたの気分を変える方法を学ぶ上でどの程度役に立ちましたか？	5	4	3	2	1
18. このプログラムはより良い自尊感情を育てる上で，どの程度役に立ちましたか？	5	4	3	2	1
19. このプログラムは全体的に見てどの程度役に立ちましたか？	5	4	3	2	1

参加者評価用紙（続き）

20. 低い評価項目について説明してください。

21. このプログラムについて，あなたがもっとも気に入らなかったことは何ですか？

22. このプログラムについて，あなたがもっとも気に入ったことは何ですか？

23. あなたが学習した中で，もっとも役立つと思うことは何ですか？

24. 全体的コメントを書いてください。

共感の評価表*

各項目の記述で，あなたがもっとも同意する項目に○をつけてください。

	全く同意しない	いくらか同意する	ほどほどに同意する	大いに同意する
1. セッションを通じてグループリーダーに信頼感をもった。	0	1	2	3
2. リーダーは，私を価値ある一員と感じていた。	0	1	2	3
3. リーダーは，私に親切で暖かく接していた。	0	1	2	3
4. リーダーは，セッションを通じて私の言うことを理解していた。	0	1	2	3
5. リーダーは，私に同情的で，私を気遣っていた。	0	1	2	3
1〜5項目の合計点　→				
6. リーダーは，時々誠実ではないと私には思えた。	0	1	2	3
7. リーダーは，私に実際以上に好意をもっているかのように振る舞った。	0	1	2	3
8. リーダーは，必ずしも常に私を気遣ってくれているようには見えなかった。	0	1	2	3
9. リーダーは，必ずしも常に私が感じていることを理解していなかった。	0	1	2	3
10. リーダーは，見下すような態度と話し方で私に接した。	0	1	2	3
6〜10項目の合計点　→				

* Copyright © 1993 by David D. Burns, M. D., from *Ten Days to Self-esteem*, copyright © 1993.

付録：A
追加のリーダー用データシート

リーダー用データシート

参加者名	事前審査 日付 _____			ステップ１ 日付 _____				
	BDC (0-45)	BAI (0-99)	RSAT (0-42)	BDC (0-45)	BAI (0-99)	RSAT (0-42)	宿題 (0-3)	定時出席？ (0-2)

リーダー用データシート（続き）

参加者名	ステップ2 日付_____					ステップ3 日付_____				
	BDC (0-45)	BAI (0-99)	RSAT (0-42)	宿題 (0-3)	定時出席？ (0-2)	BDC (0-45)	BAI (0-99)	RSAT (0-42)	宿題 (0-3)	定時出席？ (0-2)

リーダー用データシート（続き）

参加者名	ステップ4 日付 _____					ステップ5 日付 _____				
	BDC (0–45)	BAI (0–99)	RSAT (0–42)	宿題 (0–3)	定時出席？ (0–2)	BDC (0–45)	BAI (0–99)	RSAT (0–42)	宿題 (0–3)	定時出席？ (0–2)

リーダー用データシート（続き）

参加者名	ステップ6 日付 _____					ステップ7 日付 _____				
	BDC (0-45)	BAI (0-99)	RSAT (0-42)	宿題 (0-3)	定時出席？ (0-2)	BDC (0-45)	BAI (0-99)	RSAT (0-42)	宿題 (0-3)	定時出席？ (0-2)

リーダー用データシート（続き）

参加者名	ステップ8 日付＿＿＿＿					ステップ9 日付＿＿＿＿				
	BDC (0–45)	BAI (0–99)	RSAT (0–42)	宿題 (0–3)	定時出席？ (0–2)	BDC (0–45)	BAI (0–99)	RSAT (0–42)	宿題 (0–3)	定時出席？ (0–2)

リーダー用データシート（続き）

参加者名	ステップ10 日付 _____					フォローアップ 日付 _____				
	BDC (0–45)	BAI (0–99)	RSAT (0–42)	宿題 (0–3)	定時出席？ (0–2)	BDC (0–45)	BAI (0–99)	RSAT (0–42)	宿題 (0–3)	定時出席？ (0–2)

付録：B
事前審査用履歴書用紙

　この付録には，参加者の事前審査に用いる履歴書の用紙が含まれています。この用紙は，心理療法の個別治療および「もういちど自分らしさに出会うための10日間」のグループ参加の両方に適した内容となっています。あなたが指導するグループのセッティングに適合するよう，体裁を自由に変えて使ってください。

　この用紙の記入所用時間は約1時間です。審査の最後にあなたはDSM-III-Rの診断記録を求められます。もしあなたが，多くの臨床医がそうであるように，さまざまな疾患名，コード，診断基準を熟知していない場合は，Diagnostic and Statistical Manual of Mental Disorders, 3rd ed. rev., DSM-III-R（Washington, D.C.: American Psychiatric Association, 1987—精神疾患の分類と診断の手引　第3版R　米国精神医学会，1987）を参照してください。

履歴書用紙

〈身元確認および紹介元〉

名前	年齢	日付 / /

住所

電話番号（自宅）	電話番号（勤務先）
持ち家ですか，賃貸ですか？	人種
同居人がいますか？　それは誰ですか？	
この治療の紹介者は誰ですか？	

〈婚姻状況〉

独身ですか？	既婚ですか？	同棲ですか？
既婚または同棲の場合，どのくらいの期間が経ちましたか？		
あなたは初婚ですか？		配偶者は初婚ですか？
別居中ですか？	離婚経験は？	死別ですか？
別居，離婚，または死別してからどれくらい経ちますか？		
子供の名前			
子供の年齢			

〈学歴と職歴〉

最終学歴	
職業	
雇用期間	現在の月収
失業中の場合，その理由は？	
同居人の職業	同居人の月収

〈保険および障害の状況〉

障害給付金を受給中あるいは申請中ですか？
障害の種類
保険から還付される割合は？
プログラム参加費は適切ですか？　金銭問題が予想されますか？

〈緊急時の連絡先〉

緊急時の連絡先は誰ですか？	
その人は友人ですか？　親族ですか？	電話番号

〈初回心理テスト結果〉

テスト	得点	テスト	得点
バーンズうつ状態チェックリスト		関係満足度評価	
バーンズ不安調査表		その他	

〈治療を求める理由〉

　参加者が現在かかえる仕事上の問題や対人関係の対立など生活上の問題を記述します。最近起こったストレスの多いできごとについて質問してください。罪悪感，うつ，不安，易怒性などの症状を記述します。

　参加者はなぜこの時期にセラピーを受けることを決めたのでしょうか？彼または彼女は，治療を受けるモチベーションを感じて決心したのか，誰かからの圧力によって治療を受けることにしたのか確認してください。

〈治療を求める理由（続き）〉

_____
_____
_____
_____
_____
_____
_____
_____
_____
_____

〈グループ療法への理解〉

　参加者がグループ参加に適切と考えられる場合，「いままでにグループ療法に参加したことはありますか？　それはプラスの肯定的経験でしたか，それともマイナスの否定的経験でしたか？」と質問してください。

_____
_____
_____
_____
_____

　もし彼または彼女が，グループ療法で不愉快な経験をしたのであれば，「もういちど自分らしさに出会うための10日間」の特徴（気まずい思いをすることなく，うつを克服し自尊感情を強化するための技法を楽しい支持的雰囲気のもとで学ぶ）を説明してください。

〈治療薬の調査〉

現在使用中の精神治療薬以外の治療薬

治療薬	用量	目的	現在までの投与期間
1.			
2.			
3.			

現在使用中の精神治療薬

治療薬	用量	現在までの投与期間	その効果は？	すべての副作用を記述
1.				
2.				
3.				

過去に使用した精神治療薬

最初に投与された治療薬から時系列的に記載します。

治療薬	用量	最初の投与日と現在までの投与期間	その効果は？	すべての副作用を記述
1.				
2.				
3.				
4.				
5.				
6.				
7.				
8.				
9.				
10.				

〈以前受療した心理療法のまとめ〉

参加者が受療したセラピストを，最初のセラピストから時系列的に記載します。

セラピスト名と資格	セラピー開始日と期間ならびに頻度	受療の理由	どんなセラピーでしたか？それは役に立ちましたか？否定的な反応がありましたか？
1.			
2.			
3.			
4.			
5.			

〈家族歴〉

過去に，うつ病，躁病，統合失調症，自殺，神経性破局反応，精神遅滞，薬物乱用，アルコール乱用，警察との問題，幻覚，精神病，またはその他の感情障害を含む精神障害に罹患した親族はいますか？

親　　族	症状および診断

〈性的履歴〉

| 1. 性的嗜好
(1つを○で囲む) | 異性愛者 | 同性愛者 | 両性愛者 |

2. この参加者の現在の性的関係はどのようなものですか？ 関心の欠如，性的経験の欠如，勃起障害，オルガズム障害，性交疼痛障害，早漏，本人が不快と感じる性的空想または行動などを含むあらゆる抑制や問題を記述します。

_____
_____
_____
_____
_____

3. この参加者は，以前に親密な関係で性的問題を抱えていましたか？

_____
_____
_____
_____
_____

4. 上記以外に関連性のある性的経験，問題，懸念について記述します。

_____
_____
_____
_____
_____

〈性的, 身体的または心理的虐待〉

　この参加者は, 児童の頃または成人してからを含め, いままでに性的, 身体的または心理的虐待を受けたことはありますか？　家族または親族と性的活動を行ったことはありますか？　いままでに強姦または打擲（殴打）されたことはありますか？

_____
_____
_____
_____
_____

〈その他の情報〉

　上記の他にまだ話に出ていなかった, 孤立, 夫婦間の対立, 仕事または法律問題などを含む感情面または行動面での問題はありませんか？

_____
_____
_____
_____
_____

〈履歴情報の質〉

　この参加者が, 恥しさまたは困惑からあなたに話すことができなかったことはなかったか尋ねてください。その中には, 薬物乱用, アルコール乱用, 突然の激しい怒り, 自殺願望, 性的虐待などが含まれるかもしれません。インタビューの間, この参加者は完全に率直で包み隠しのない態度を維持できたでしょうか？

　情報の質に影響を与える可能性のある隠された動機に注意してください。

_____

_____
_____
_____
_____

〈治療の目標〉

　この参加者に魔法の杖があって，その一振りですべての問題が解決できると仮定したら，解決を望む問題のリストにはどのような項目が挙がりますか？　もしこのセラピーが大成功をおさめたとしたら，あなたはどのようにして，または何によってその成功を知ることができるでしょうか？　この参加者の人生はどのように変わるのでしょうか？　この参加者がセラピーで達成したいと思う目標は何ですか？

　もしこの参加者が目標を特定できない場合，あなたは履歴インタビューの際に話に出た問題を示唆してください。また，参加者の多くがより高い自尊感情を育むこと，生産性を高めること，うつの克服，対人関係の改善などを目標に挙げることを伝えます。

1. _____
2. _____
3. _____
4. _____
5. _____
6. _____
7. _____

〈DSM-III-R　第I軸疾患の要約〉

診断*	はい	いいえ	いつから？	いつまで？
1. アルコール依存　303.90				
2. アルコール乱用　305.00				
3. 精神活性物質依存　304.XX				
4. 精神活性物質乱用　305.XX				
5. 気質性精神障害 　290.21＝抑うつ気分を伴うアルツハイマー病				
6. 統合失調症　295.X				
7. 双極性障害 　296.4＝躁病を伴うもの 　294.5＝うつ病を伴うもの 　294.6＝混合性				
8. 大うつ病性エピソード 　296.2＝単一性 　296.3＝反復性				
9. 気分変調症　300.40				
10. 広場恐怖を伴わないパニック障害　300.01				
11. 広場恐怖を伴うパニック障害　300.21.				
12. パニック障害の既往歴のない広場恐怖　300.22				
13. 社会恐怖　300.23				
14. 単一恐怖　300.29				
15. 強迫性障害　300.30				
16. 外傷後ストレス障害　309.89				
17. 全般性不安障害　300.02				
18. 適応障害 　309.24＝不安を伴うもの 　309.00＝抑うつ気分を伴うもの				

〈DSM-III-R　第I軸疾患の要約（続き）〉

診断*	はい	いいえ	いつから？	いつまで？
19. 神経性無食欲症　307.10				
20. 神経性大食症　307.51				
21. その他の第1軸障害（特定せよ）				
22.				

＊第I軸診断基準については，Diagnostic and Statistical Manual of Mental Disorders, 3rd ed. rev., DSM-III-R (Washington, D.C.: American Psychiatric Association, 1987―精神疾患の分類と診断の手引　第3版R　米国精神医学会，1987) を参照してください。

〈DSM-III-R　第II軸疾患の要約〉

診断*	はい	おそらく	いいえ
1. 回避性パーソナリティ障害　301.82			
2. 依存性パーソナリティ障害　301.60			
3. 強迫性パーソナリティ障害　301.40			
4. 受動攻撃性パーソナリティ障害　301.84			
5. 自虐性パーソナリティ障害　301.90			
6. 妄想性パーソナリティ障害　301.00			
7. 統合失調症型障害　301.22			
8. シゾイドパーソナリティ障害　301.20			
9. 演技性パーソナリティ障害　301.50			
10. 自己愛性パーソナリティ障害　301.81			
11. 境界性パーソナリティ障害　301.83			
12. 反社会性パーソナリティ障害　301.70			
13. 特定不能のパーソナリティ障害（NOS）　301.90			

＊第II軸診断基準については，Diagnostic and Statistical Manual of Mental Disorders, 3rd ed. rev., DSM-III-R (Washington, D.C.: American Psychiatric Association, 1987―精神疾患の分類と診断の手引　第3版R　米国精神医学会，1987) を参照してください。

〈DSM-III-R　第III軸　一般身体疾患〉

最近の疾患をすべて記述します。治療が必要と思われるあらゆる症状（発熱，疼痛，説明できない体重減少など）について質問してください。

_____

_____

_____

_____

〈DSM-III-R　第IV軸　心理社会的ストレス〉

最近の心理的問題の直前に起こった，症状発症の原因と思われるストレスの多いできごとをすべて記述します。

_____

_____

_____

_____

○で囲んでください	現在の苦痛を伴うエピソード発症時のストレスの程度*
99	情報不十分
1	なし（現在のエピソード発症直前にストレスの多いできごとはなし）
2	軽度（ボーイフレンドとの別離；学校からの卒業）
3	中等度（結婚；別居；失業；流産）
4	重度（離婚；初産）
5	極度（配偶者の死；重篤疾患；強姦）
6	破滅的（子供の死；配偶者の自殺）

* Diagnostic and Statistical Manual of Mental Disorders, 3rd ed. rev., DSM-III-R (Washington, D.C.: American Psychiatric Association, 1987 —精神疾患の分類と診断の手引　第3版R　米国精神医学会，1987) から翻案。

〈DSM-III-R　第Ⅴ軸　機能の全体的評定尺度〉

○で囲んでください	機能障害の程度*
81 – 90	症状は全くないか少しだけ。すべての面で良い機能。
71 – 80	症状は一過性で，職業的または社会的機能にわずかな障害があるのみ。
61 – 70	いくつかの軽い症状または機能の軽い障害がある。
51 – 60	中等度の症状または中等度の機能障害がある。
41 – 50	重大な症状（自殺の考え，強迫的儀式がひどい）または重大な機能の障害がある。
31 – 40	現実検討にいくらかの障害（非論理的会話）または判断，思考，気分，機能に重大な障害がある。
21 – 30	行動は妄想に相当影響されている。またはすべての面で機能することができず判断に重大な障害がある。
11 – 20	自己または他者を傷つける危険がかなりある。または清潔維持ができない（大便を塗りたくるなど），また意思伝達に粗大な欠陥（無言症など）がある。
1 – 10	自己または他者をひどく傷つける危険が持続する。

＊ Diagnostic and Statistical Manual of Mental Disorders, 3rd ed. rev., DSM-III-R （Washington, D.C.: American Psychiatric Association, 1987 —精神疾患の分類と診断の手引　第3版R　米国精神医学会，1987）から翻案。

管理チェックリスト	チェック済に○をつけます
1. セルフヘルプ：この参加者はセッションの合間に宿題として課される日常的セルフヘルプ課題が必要なことを理解していますか？　この参加者は，セルフヘルプ課題を課さないセラピストへの紹介のほうを好むでしょうか？	
2. 中途脱落：この参加者は，プログラム中途で不満になって脱落を決めても最後までセッションに参加することに同意するでしょうか？　この参加者は，参加料がセッション全部に対するもので，中途で脱落しても払い戻されないことを理解していますか？	
3. 法律問題：セラピーは，現在または近い将来予定されている訴訟，傷害保険請求，離婚手続きなどの一部となるのですか？	
4. 財政的裏づけ：財政的問題の有無を尋ねます。この参加者は支払い手続きを理解していますか？　この参加者はプログラムの参加費用を支払うことができますか？	
5. 間際のキャンセル：間際になってのキャンセルに関する規定を説明します。個人診療では，通常費用のかからないキャンセルには，理由の如何を問わず24時間前までの事前通知が必要です。「もういちど自分らしさに出会うための10日間」では，通常プログラム全体への参加費用を一括で支払います。参加するセッションの数で参加費用が清算されることはありません。この参加者は，この支払い手続きを理解しているでしょうか？	
6. 預託金制度：預託金制度を用いる場合，参加者はグループにかかる費用の他にこの預託金を支払います。預託金はセッションの定刻出席，宿題の実施などの状況を見て払い戻されます。	
7. 緊急時：緊急時の呼び出し制度と手続きについて説明します。あなたはセッションの合間の緊急呼び出しに応えられますか？　緊急時とはどのような状態を意味しますか？　あなたに連絡するにはどうすれば良いのですか？	

管理チェックリスト（続き）	チェック済に○をつけます
8. 否定的感情：あなたやプログラムにこの参加者が不満を感じた場合はいつでもあなたに不満を訴えるよう促してください。この参加者がいままでに感じた肯定的または否定的意見があるか尋ねます。	
9. グループへの関与：この参加者は，一貫性のない出席状況，遅刻の常習，中途脱落，セルフヘルプ課題の不履行などがグループの秩序を乱すことを理解していますか？	
10. その他：その他に話し合った追加の事務管理的問題はありましたか？ それは何ですか？	

付録：C
追加の経過記録用紙

「もういちど自分らしさに出会うための10日間」

経過記録

患者名：＿＿＿＿＿＿＿＿＿＿＿＿＿＿＿＿＿＿＿＿＿＿＿＿＿＿＿＿＿＿

セッションの日付：＿＿＿＿＿＿＿＿　　セッション番号：＿＿＿＿＿＿

　BDC得点＝＿＿＿＿　　BAI得点＝＿＿＿＿　　RSAT得点＝＿＿＿＿

目標：＿＿＿＿＿＿＿＿＿＿＿＿＿＿＿＿＿＿＿＿＿＿＿＿＿＿＿＿＿＿
＿＿＿＿＿＿＿＿＿＿＿＿＿＿＿＿＿＿＿＿＿＿＿＿＿＿＿＿＿＿＿＿＿＿

目標への経過：＿＿＿＿＿＿＿＿＿＿＿＿＿＿＿＿＿＿＿＿＿＿＿＿＿＿
＿＿＿＿＿＿＿＿＿＿＿＿＿＿＿＿＿＿＿＿＿＿＿＿＿＿＿＿＿＿＿＿＿＿
＿＿＿＿＿＿＿＿＿＿＿＿＿＿＿＿＿＿＿＿＿＿＿＿＿＿＿＿＿＿＿＿＿＿
＿＿＿＿＿＿＿＿＿＿＿＿＿＿＿＿＿＿＿＿＿＿＿＿＿＿＿＿＿＿＿＿＿＿
＿＿＿＿＿＿＿＿＿＿＿＿＿＿＿＿＿＿＿＿＿＿＿＿＿＿＿＿＿＿＿＿＿＿
＿＿＿＿＿＿＿＿＿＿＿＿＿＿＿＿＿＿＿＿＿＿＿＿＿＿＿＿＿＿＿＿＿＿
＿＿＿＿＿＿＿＿＿＿＿＿＿＿＿＿＿＿＿＿＿＿＿＿＿＿＿＿＿＿＿＿＿＿
＿＿＿＿＿＿＿＿＿＿＿＿＿＿＿＿＿＿＿＿＿＿＿＿＿＿＿＿＿＿＿＿＿＿
＿＿＿＿＿＿＿＿＿＿＿＿＿＿＿＿＿＿＿＿＿＿＿＿＿＿＿＿＿＿＿＿＿＿
＿＿＿＿＿＿＿＿＿＿＿＿＿＿＿＿＿＿＿＿＿＿＿＿＿＿＿＿＿＿＿＿＿＿
＿＿＿＿＿＿＿＿＿＿＿＿＿＿＿＿＿＿＿＿＿＿＿＿＿＿＿＿＿＿＿＿＿＿
＿＿＿＿＿＿＿＿＿＿＿＿＿＿＿＿＿＿＿＿＿＿＿＿＿＿＿＿＿＿＿＿＿＿
＿＿＿＿＿＿＿＿＿＿＿＿＿＿＿＿＿＿＿＿＿＿＿＿＿＿＿＿＿＿＿＿＿＿
＿＿＿＿＿＿＿＿＿＿＿＿＿＿＿＿＿＿＿＿＿＿＿＿＿＿＿＿＿＿＿＿＿＿
＿＿＿＿＿＿＿＿＿＿＿＿＿＿＿＿＿＿＿＿＿＿＿＿＿＿＿＿＿＿＿＿＿＿

記録者署名：＿＿＿＿＿＿＿＿＿＿＿＿＿

「もういちど自分らしさに出会うための10日間」

経過記録

患者名：＿＿＿＿＿＿＿＿＿＿＿＿＿＿＿＿＿＿＿＿＿＿＿＿＿＿＿＿＿

セッションの日付：＿＿＿＿＿＿＿＿　　セッション番号：＿＿＿＿＿＿

　BDC 得点＝＿＿＿＿　　BAI 得点＝＿＿＿＿　　RSAT 得点＝＿＿＿＿

目標：＿＿＿＿＿＿＿＿＿＿＿＿＿＿＿＿＿＿＿＿＿＿＿＿＿＿＿＿＿
＿＿＿＿＿＿＿＿＿＿＿＿＿＿＿＿＿＿＿＿＿＿＿＿＿＿＿＿＿＿＿＿

目標への経過：＿＿＿＿＿＿＿＿＿＿＿＿＿＿＿＿＿＿＿＿＿＿＿＿＿
＿＿＿＿＿＿＿＿＿＿＿＿＿＿＿＿＿＿＿＿＿＿＿＿＿＿＿＿＿＿＿＿
＿＿＿＿＿＿＿＿＿＿＿＿＿＿＿＿＿＿＿＿＿＿＿＿＿＿＿＿＿＿＿＿
＿＿＿＿＿＿＿＿＿＿＿＿＿＿＿＿＿＿＿＿＿＿＿＿＿＿＿＿＿＿＿＿
＿＿＿＿＿＿＿＿＿＿＿＿＿＿＿＿＿＿＿＿＿＿＿＿＿＿＿＿＿＿＿＿
＿＿＿＿＿＿＿＿＿＿＿＿＿＿＿＿＿＿＿＿＿＿＿＿＿＿＿＿＿＿＿＿
＿＿＿＿＿＿＿＿＿＿＿＿＿＿＿＿＿＿＿＿＿＿＿＿＿＿＿＿＿＿＿＿
＿＿＿＿＿＿＿＿＿＿＿＿＿＿＿＿＿＿＿＿＿＿＿＿＿＿＿＿＿＿＿＿
＿＿＿＿＿＿＿＿＿＿＿＿＿＿＿＿＿＿＿＿＿＿＿＿＿＿＿＿＿＿＿＿
＿＿＿＿＿＿＿＿＿＿＿＿＿＿＿＿＿＿＿＿＿＿＿＿＿＿＿＿＿＿＿＿
＿＿＿＿＿＿＿＿＿＿＿＿＿＿＿＿＿＿＿＿＿＿＿＿＿＿＿＿＿＿＿＿
＿＿＿＿＿＿＿＿＿＿＿＿＿＿＿＿＿＿＿＿＿＿＿＿＿＿＿＿＿＿＿＿
＿＿＿＿＿＿＿＿＿＿＿＿＿＿＿＿＿＿＿＿＿＿＿＿＿＿＿＿＿＿＿＿
＿＿＿＿＿＿＿＿＿＿＿＿＿＿＿＿＿＿＿＿＿＿＿＿＿＿＿＿＿＿＿＿

記録者署名：＿＿＿＿＿＿＿＿＿＿＿＿＿

付録：D
参加者の同意書見本

　この付録には「もういちど自分らしさに出会うための10日間」の参加者用の，2種類の同意書が記載されています。328〜330頁の参加同意書Aは，預託金制度に触れています。預託金の金額はブランクになっています。グループにとって適切な金額をあなたが記入してください。

　331頁の参加同意書Bは預託金制度に触れていません。預託金制度はあなたの指導するグループに適さないと判断した場合，こちらを用いることができます。

　あなたの判断で，より適切と思う形式を選択し，適宜修正してください。同意書用紙は最初のセッション時または開始前に参加者に2部渡します。参加者が記入署名後，1部はあなたがファイルし，1部は参加者が保管します。

「もういちど自分らしさに出会うための10日間」参加同意書Ａ

　私こと＿＿＿＿＿＿＿＿＿＿＿＿＿(楷書体で名前を記入してください)は,「もういちど自分らしさに出会うための10日間」に以下の条件で参加することに同意します。私は,気分障害と対人関係問題の対処に関する10回のセッションへの参加を求められることを了解します。各セッションで,私はより前向きで肯定的な思考パターンと改善された自尊感情を育むことに役立つよう設計されたグループ練習に参加することを了解します。

　私は,「もういちど自分らしさに出会うための10日間」に参加することを約した以上,グループの士気は部分的に私の一貫した出席と関与にかかっていることを了解します。もし私が中途で脱落したり,一貫した出席を維持できない場合は,その行為がグループの士気に悪い影響を与え,それを損なう可能性があることを了解します。

　一貫性のある出席について,あなたが今感じていることをもっとも適切に表現している項目にチェックを入れてください。

- ☐ 私は,確実にこのプログラムの10セッションすべてに参加するつもりです。
- ☐ 私は,すべてのセッションに参加することはできないだろうと予想しています。

　私は,「もういちど自分らしさに出会うための10日間」と題されたワークブックに記載されたセルフヘルプ課題を,セッションの合間に毎日行うことを求められることを了解します。これらの課題には,読書,自分の進歩を評価するための自己評価テスト（気分測定テスト）の実施,否定的思考と感情の日常的記録,より生産的になるよう努めること,他人とのより効果的なつきあい方を試すことなどが含まれます。

私は，セッションの合間に行うセルフヘルプ課題にかける時間に私の学習が左右されること，そして毎日約30分をそのために割く必要があることを了解します。私はこの宿題の実施に失敗することが，このプログラムで私が経験するであろうあらゆる学習と成長を損ねるであろうことを理解しています。

宿題について，あなたが今感じていることをもっとも適切に表現している項目にチェックをいれてください。

- ☐ 私は，確実にセルフヘルプ課題に毎日平均30分を費やすつもりでいます。
- ☐ 私は，一貫性をもって宿題を実施できるかどうか確かではありません。
- ☐ 私は，一貫性をもって宿題を実施するつもりはありません。

私は，＿＿＿＿＿＿＿＿＿＿（金額）をプログラムの開始時に預託することに同意します。私は，セッションへの一貫した出席とセッションの合間にセルフヘルプ課題を実施することで，その金額の全部または一部を取り戻すことができると了解しています。もし私がセッションに定刻より遅れて参加した場合，あるいはセッションの合間に課題を実施することができなかった場合，私はこの預託金の全部または一部を失うであろうことを了解しています。

プログラム終了時に私が受け取る払戻金は，以下の要領で計算されるものと了解します。私は定刻にセッションに出席すること，およびセッションの合間にセルフヘルプ課題を実施することでポイントを受け取ります。最後のセッションで私が受け取る払戻金は，私が受け取るポイントの合計に基づき計算されることを了解します。私がもしすべてのセッションを定刻に出席し，宿題をすべて実施すれば，私は預託金全額の払い戻しを受けることができます。

私が，病気またはその他不可抗力によって参加できないセッションがある場合は，リーダーに対して少なくとも 24 時間前に通知することに同意します。もし私が 24 時間前の事前通知を守り，セッション合間のセルフヘルプ課題をすべて実施した場合は，不可抗力によって欠席したセッションによるポイント喪失は発生しないものとします。

　私は，この同意書を読み，「もういちど自分らしさに出会うための 10 日間」の目的と参加の詳細について質問する機会を与えられました。私は，この書面の記述に従って参加することに同意いたします。

あなたの署名　＿＿＿＿＿＿＿＿＿＿＿＿＿＿

今日の日付　　＿＿＿＿＿＿＿＿＿＿＿＿＿＿

「もういちど自分らしさに出会うための 10 日間」参加同意書 B

　私こと＿＿＿＿＿＿＿＿＿＿＿＿＿（楷書体で名前を記入してください）は，「もういちど自分らしさに出会うための 10 日間」に以下の条件で参加することに同意します。私は，気分障害と対人関係問題の対処に関する 10 回のセッションへの参加を求められることを了解します。各セッションで，私はより前向きで肯定的な思考パターンと改善された自尊感情を育むことに役立つよう設計されたグループ練習に参加することを了解します。

　私は，「もういちど自分らしさに出会うための 10 日間」に参加することを約した以上，グループの士気は部分的に私の一貫した出席と関与にかかっていることを了解します。もし私が中途で脱落したり，一貫した出席を維持できない場合は，その行為がグループの士気に悪い影響を与え，それを損なう可能性があることを了解します。

　一貫性のある出席について，あなたが今感じていることをもっとも適切に表現している項目にチェックを入れてください。

- ☐ 私は，確実にこのプログラムの 10 セッションすべてに参加するつもりです。
- ☐ 私は，すべてのセッションに参加することはできないだろうと予想しています。

　私は，「もういちど自分らしさに出会うための 10 日間」と題されたワークブックに記載されたセルフヘルプ課題を，セッションの合間に毎日行うことを求められることを了解します。これらの課題には，読書，自分の進歩を評価するための自己評価テスト（気分測定テスト）の実施，否定的思考と感情の日常的記録，より生産的になるよう努めること，他人とのより効果的なつきあい方を試すことなどが含まれます。

私は，セッションの合間に行うセルフヘルプ課題にかける時間に私の学習が左右されること，そして毎日約30分をそのために割く必要があることを了解します。私はこの宿題の実施に失敗することが，このプログラムで私が経験するであろうあらゆる学習と成長を損ねるであろうことを理解しています。

宿題について，あなたが今感じていることをもっとも適切に表現している項目にチェックをいれてください。

- ☐ 私は，確実にセルフヘルプ課題に毎日平均30分を費やすつもりでいます。
- ☐ 私は，一貫性をもって宿題を実施できるかどうか確かではありません。
- ☐ 私は，一貫性をもって宿題を実施するつもりはありません。

私は，この同意書を読み，「もういちど自分らしさに出会うための10日間」の目的と参加の詳細について質問する機会を与えられました。私は，この書面の記述に従って参加することに同意いたします。

あなたの署名　_____

今日の日付　_____

グループリーダーの教育訓練

　治療またはグループリーダーのためのトレーニングに関する情報が必要な場合，下記の住所へ連絡し，著者に質問することができます．
　David D. Burns, M.D., and Bruce Zahn, M.A.
　c/o Presbyterian Medical Center of Philadelphia
　39th and Market Streets
　Philadelphia, PA 19104

索　引

〈和文索引〉

【あ】

悪魔の代弁者の技法　256, 260, 261, 262, 266, 293
あなたの感情を表現しないための10のもっともな理由　75, 77
あなたの思考とあなたの感情　96
アルコール依存症　245
アルコールの乱用　4
アルコホーリクス・アノニマス　177
アンガー・フォビア　113
怒り　37, 90, 91, 97, 105, 113, 116, 126, 135, 153, 163, 241, 279, 282, 290, 293
怒りへの恐怖症　113
一般化のしすぎ　98, 99, 100, 103, 281
一般的な自虐的思い込み　183
ウェストヘイブン　32
受け入れの逆説　38, 139, 140, 141, 151, 159, 161, 172, 175, 177, 182, 201, 293, 294
うつ　90, 97, 113, 119, 169, 181, 226, 233, 239, 243, 271, 290
うつ状態評価テスト　28
うつ病エピソード　214
エモーションズ・アノニマス　18
エモトフォビア　113, 114

恐れている幻想の技法　28, 142, 168, 210, 213, 214
劣った人　215
思い込み　174, 181, 187, 194, 196, 209, 210, 221, 233, 241

【か】

ガイドライン　2
鏡の技法　171
拡大解釈　99, 100, 281
過小評価　99
過食症　245
家族歴　6
価値のある人　220
悲しみ　50, 163
カルバン主義　201
関係満足度評価　47, 48, 49, 53, 57, 76, 274
感情的決めつけ　98, 99, 103, 244, 281
感情の完全主義　241
感情の共感　66, 71, 72, 93
感情のメリット・デメリット分析　115, 118, 119, 120, 136
感情表出　17
完全主義　39, 122, 147, 187, 190, 195, 233, 234, 238, 239, 240, 242, 243, 245, 249, 250
完全主義者　231, 233, 234, 241, 245
完全主義的思い込み　233

完全主義的態度　234
完全主義の種類　240
管理チェックリスト　6
聞く技法　72
機能の低下　3
気分が良くなるまでのステップ　109
気分障害　3，52，184
気分測定テスト　2，45，48，50，65，78，89，115，135，162，182，203，238，249，273
気分変動　181，203，239
基本データ　5
共感　66，235
業績　190
業績と成功　208
業績の完全主義　240
強迫性傾向　241
強迫的完全主義　234
恐怖　163
恐怖症　118
挙手跳躍運動　174
具体的に考える　139
グループダイナミクス　23
グループリーダー　25
グループ療法　24，37
グループ療法の理解　5
経過記録　74，78
結論の飛躍　30，99
健全な怒り　38，116，117
健全な感情　97，113，114，116，163
健全な恐怖　116，117，118
健全な後悔　116，117，118
健全な自己受容　162，177，182
健全な自尊感情　118
健全な否定的感情　113，135，290，291
抗うつ薬　9
効果的な聞き取りのための3つの秘訣　66，163

肯定的感情　91
行動　249
行動のメリット・デメリット分析　253
傲慢　118，205
合理的思考　107，108，123，124，125，127，144，152，154，155，163，168，171，175，245，257，259，260，276，289，292
声の外在化　161，166，167，168，170，171，177，182，234，283，284，293
呼吸亢進　173
心のフィルター　99，103，244，281
心の読みすぎ　30，99，100，244
孤独感　241，243
言葉を置き換える技法　139，151，282，293
言葉を定義する　138，151，282，293
コンプライアンス　13，17
コンフリクト・フォビア　113

【さ】
罪悪感　27，37，90，91，94，95，119，135，139，290，293
サイコエデュケーショナル・グループ　20
再燃　271，278，279
再燃予防　271，284
先延ばし　39，101，148，223，243，247，249，251，252，253，254，255，256，259，261，265，273，293
先延ばし解決法　266，267
先延ばしテスト　250
先延ばしの隠れたメリット　258
先延ばしのメリット　251
先延ばしのメリット・デメリット分析　252，259，260
先延ばしの理由　250，254
作業志向的な認知　260，262

索　引

作業を妨害する認知　260, 262
先読みの誤り　30, 99, 281
参加者評価用紙　295, 296
3コラム技法　123, 292
3点法評価尺度　89, 115, 135, 162, 182, 203, 238, 249, 273
強いられるという感覚　250
自虐的思い込み　138, 181, 182, 183, 184, 189, 191, 192, 193, 195, 196, 203, 204, 210, 222, 293, 294
自虐的思い込み尺度　190, 197, 203
自虐的行動　43
自虐的態度　122, 181
自己愛　118, 206
思考の共感　66, 71, 72, 93
思考の歪みを取り除く15の方法　134, 136, 150, 156, 164, 165, 280, 281
自己嫌悪　140, 237
自己主張の欠如　250
自己受容　141, 177, 249
自己認識の完全主義　240
自己批判的思考　155
自己評価テスト　2, 16, 48, 65, 78, 89, 115, 135, 162, 182, 203, 238, 249, 273
自己弁護　38, 161, 172, 173, 174, 177, 182, 201, 229, 237, 294
自己防衛　139, 140
自殺衝動　4, 52
自殺評価表　52, 55
自信　206, 229
自責の念　92
事前心理検査　5
自尊感情　22, 36, 37, 38, 50, 58, 114, 134, 138, 140, 155, 172, 173, 175, 177, 193, 195, 196, 199, 201, 202, 204, 205, 206, 207, 208, 209, 210, 214, 215, 220, 222, 225, 226, 229, 238, 243, 286, 287, 290, 294
自尊感情の完全主義　241
実験技法　137, 146, 147, 148, 151, 163, 173, 282, 292
失敗への恐怖　250
失望　162
質問技法　66, 71, 72, 73, 93
支配モデル　250
社会不安　152
社会不安障害　30
ジャンピンジャック　174
重症度　3
集団力学　23
12ステッププログラム　10
宿題のメリット・デメリット分析　59, 60, 64
主張訓練　170, 211
消極的攻撃性　250
条件つきの自尊感情　226, 228, 229, 238, 294
証拠を探す　137, 142, 147, 148, 150, 292
常習性自己批判　233
衝突することへの恐怖症　113
衝突への恐怖　195
承認　190, 203, 209
承認依存度　190, 191
神経症性罪悪感　38
神経症性不安　97, 290
神経症的完全主義　234
身体の完全主義　240
心理的目標　274
心理療法　7, 9, 31, 183, 286, 287
垂直矢印技法　138, 183, 184, 185, 189, 197, 203, 204, 292
スーパーバイザー　23
優れたものを健全に追求すること　234, 239, 240, 250

スピリチュアリティ　234
スピリチュアル　161
スピリチュアル・アウエアネス　245
スピリチュアル・ビリーフ　272，287
「すべき」思考　99，100，139，244，
　　250
精神障害　233
精神的信念　272，287
精神病症状　3
性的履歴　6
責任再配分技法　139，151，283，293
責任の押しつけ　99
絶望感　50，93，190，233，271，279，
　　283，291，293
セルフセルプ・グループ　25
セルフヘルプ課題　2，14，15，43，45，
　　58，59，61，62，74，75，109，129，
　　156，162，178，198，229，244，251，
　　266，275
セルフヘルプ契約書　4，54，58
セルフヘルプの有効性　7
セルフヘルプ用紙　2
全か無か思考　98，99，103，138，216，
　　244，281
全能感　190，241
全米うつ病および躁うつ病の会　24
相互作用　29
喪失　97
ソクラテス式問答法　187

【た】
対決技法　171，283，284
対人関係問題　181，191，196
代替思考　150
態度のメリット・デメリット分析　136，
　　141，143，144，145，146，157，163，
　　164，192，193，195，197，204，208
短期入院施設　26

恥辱　140，234，245，277
TIC-TOC 技法　257，260，261，266，
　　273
長期居住型治療施設　32
調査技法　137，148，292
重複診断　26
直接的アプローチ　136，150，281，292
治療の目標　6
治療を求める理由　5
手助け　68，128，163
同意書　18
動機づけ　233，249
統合失調症　2，3，31，32，33
動揺させるできごと　102，104，122，
　　128，153
東洋的哲学　172
読書課題　14，65，78，90，164，177，
　　182，204，239，250，295
読書療法　7
トラブルシューティング　165
トラブルシューティング・ガイド　126，
　　289

【な】
ナーコティックス・アノニマス　4
難治性うつ　173
二重の基準技法　137，150，167，171，
　　282，283，284，292
日常気分記録表　14，48，100，115，
　　119，122，124，125，126，134，135，
　　149，152，153，154，163，164，165，
　　175，182，184，204，234，235，239，
　　244，250，272，273，276，279，280，
　　288，291
2点法評価尺度　89，115，135，162，
　　182，203，238，249，273
人間関係の完全主義　241
認知行動療法　16，25，26

認知の歪み　98
認知療法　32，34，46，48，75，89，
　　90，91，97，103，113，115，121，122，
　　124，134，163，172，181，202，226，
　　236，289

【は】
パーソナリティ障害　3，235
バーンズうつ状態チェックリスト　47，
　　48，49，50，76，174，237，274，278，
　　282，288
バーンズ不安調査表　47，48，49，53，
　　76，174，274
灰色の部分があると考える　138，151，
　　281，292
敗北感　237，279
暴露　214
パニック症状　174
パニック発作　118，173，184
反先延ばし表　264，266
悲哀　91，93，113，279，290
悲嘆　97
筆記課題　14，47，65，78，149
筆記宿題　204
否定的の感情　37，74，90，94，95，96，
　　98，100，102，106，113，114，118，
　　119，121，122，125，128，153，154，
　　162，205，244，274，279，290，292，
　　293
否定的思考　14，31，43，90，94，95，
　　96，97，98，100，102，103，105，106，
　　107，120，122，123，124，125，127，
　　128，134，136，141，143，145，147，
　　149，152，153，154，155，156，163，
　　164，169，171，174，182，185，187，
　　190，197，201，226，244，250，256，
　　257，258，259，260，276，280，283，
　　284，289，290，292，293，294

否定的反応　74，108，156
非防御的態度　192
病院認定合同委員会　49
不安　90，97，102，113，119，126，
　　135，182，233，239，241，293
不健全な怒り　38，116，117
不健全な感情　97，108，114，116，118，
　　163，291
不健全な罪悪感　116，117，118
不健全な自己受容　162，177，182
不健全な否定的感情　113，115，135，
　　290
不健全な不安　116，117，118
不承認の恐怖　191
武装解除法　66，71，72，76，93，106，
　　108，151，191，192，237，276
物質乱用　233
プレスビテリアン医療センター　8，25，
　　32，49，210，235
プロセスセラピー・グループ　20
報酬の欠如　250
棒線画　106，107，108
棒線画技法　94
ポジティブ・アファメーション　140
補足読書　90，164
本末転倒　250

【ま】
マイナス化思考　99，281
慢性　3
慢性のうつ状態　146
満足度予想技法　282
満足度予想表　138，202，222，223，
　　224，225，226，238，293
3つの聞く技法　68，71，73，93
無価値あるいは劣った人の定義　216，
　　217
無価値感　93，226

無価値な人　215, 216
無条件の自尊感情　226, 227, 228, 229, 238, 294
メリット・デメリット分析　60, 121, 135, 150, 204, 208, 209, 210, 215, 228, 234, 236, 238, 243, 251, 253, 254, 256, 282, 292, 293
メンタルヘルス　25
妄想型統合失調症　92
モチベーション　249

【や】
薬物依存　3, 31
薬物乱用　4, 32, 90, 237, 291
薬物療法　9
役割交替　169, 171, 214
憂うつ　37, 102, 105, 241
優越感　215
歪みを特定する　136, 150, 281, 292
歪んだ思考　97, 123
歪んだ思考リスト　99, 103, 123
歪んだ知覚　104
良いコミュニケーション　70, 163
欲望の欠如　250
預託金制度　11, 13, 50, 65
欲求不満　234, 279
夜と霧　8

【ら】
落胆　104, 244, 282
ラポール　2, 43
リーダー用データシート　12, 50, 65
リカバリー・インク　18
履歴書用紙　5
臨床的うつ　97, 114
レッテル貼り　99, 100, 139
劣等感　27, 31, 92, 104, 141, 211, 215, 220, 221, 233, 276, 279, 291

劣等感のメリット・デメリット分析　221
劣等コンプレックス　220, 229
恋愛の完全主義　241
ロールプレイ　19, 28, 46, 142, 161, 176, 177, 211, 234, 235, 236, 257, 258

【わ】
悪いコミュニケーション　70, 163
悪い人　216

〈欧文索引〉

AA　　4, 10, 18, 21, 25
BAI　　53, 76, 89, 115, 135, 162, 182, 203, 238, 249, 273, 274
BDC　　50, 51, 76, 89, 115, 135, 162, 182, 203, 238, 249, 273, 274, 278, 282, 288
Burns Anxiety Inventory　　53
Burns Depression Checklist　　50
Daily Mood Log　　48
DML　　48, 126, 127, 128
JCAHO　　49, 50
Joint Commission on Accreditation of Healthcare Organization　　49
NA　　4
NDMDA　　24
Relationship Satisfaction Scale　　53
RSAT　　53, 54, 57, 58, 76, 89, 115, 135, 162, 182, 203, 238, 249, 273, 274
Task-Interfering Cognition　　260, 262
Task-Oriented Cognition　　260, 262
TIC　　260, 261, 262, 267
TOC　　260, 261, 262, 267

〈人名索引〉

エリス, アルバート　　128
コレット, ジョージ　　29, 30, 32, 91
ザーン, ブルース　　29, 32, 36, 91
スコギン, フォレスト　　7, 8
ネイメイヤー, ボブ　　24
バーンズ, デビッド D.　　36, 37
フランクル, ヴィクトール　　8
レウィンソン, ピーター　　7

■ 監訳・監修者紹介

野村 総一郎 (のむら　そういちろう)

1949 年	広島生まれ
1974 年	慶應義塾大学医学部卒業，医師資格取得
1977 年	藤田学園保健衛生大学助手
1984 年	同講師
1985-86 年	テキサス大学医学部ヒューストン校神経生物学教室留学
1986-87 年	メイヨ医科大学精神医学教室留学
1988 年	藤田学園保健衛生大学精神医学教室助教授
1993 年	国家公務員等共済組合連合会立川病院神経科部長
1997 年	防衛医科大学校教授（医学博士）

著書　うつ病をなおす（講談社）。こころの医学事典（講談社，共編著）。心の悩み外来（NHK出版）。うつに陥っているあなたへ（講談社，監修）。ぐるぐる思考よさようなら（文春ネスコ）。精神科でできること―脳の医学と心の治療―（講談社）。標準精神医学（医学書院，共編著）。「心の悩み」の精神医学（PHP 研究所）。内科医のためのうつ病診療（医学書院）。疲労外来（講談社）。もう「うつ」にはなりたくない（星和書店）。

訳書　いやな気分よ，さようなら（星和書店，共訳）。不安からあなたを解放する 10 の簡単な方法（星和書店，共訳）。フィーリング Good ハンドブック（星和書店，監訳）。うつ病の再発・再燃を防ぐためのステップガイド（星和書店，監訳）。もういちど自分らしさに出会うための 10 日間―自尊感情をとりもどすためのプログラム―（星和書店，監訳・監修）。

中島 美鈴 (なかしま　みすず)

1978 年　福岡県生まれ
2001 年広島大学大学院教育学研究科を修了後，精神科医療にたずさわり，アメリカ人スーパーヴァイザーの指導のもと，集団認知行動療法を始める。
2006 年 2 月より佐賀県独立行政法人国立病院機構肥前精神医療センターにて開始した集団認知行動療法プログラムは同年 12 月には朝日新聞に掲載され，翌年には書籍『うつを生きる』（朝日新聞出版社，2007）にも掲載されるなど注目を浴び始めた。
2007 年の日本認知療法学会ではこのプログラムの効果研究について報告した。
2009 年 4 月 16 日　東京大学総合文化研究科助教

著書　私らしさよ，こんにちは―5 日間の新しい集団認知行動療法ワークブック―（星和書店）。

訳書　もういちど自分らしさに出会うための 10 日間―自尊感情をとりもどすためのプログラム―（星和書店，監訳・監修）。

■訳者紹介

林 建郎（はやし　たけお）

1948 年	東京に生まれる
1970 年	上智大学外国語学部英語学科卒業
1970-99 年	一部上場企業の海外駐在員として勤務

現在，科学技術専門翻訳家（英語，仏語）

訳書　抗精神病薬の精神薬理（星和書店，共訳）。抗うつ薬の時代（星和書店，共訳）。うつ病の再発・再燃を防ぐためのステップガイド（星和書店）。もういちど自分らしさに出会うための 10 日間―自尊感情をとりもどすためのプログラム―（星和書店）。

■著者紹介

デビッド D．バーンズ（David D. Burns）

　デビッド D．バーンズ博士は，アムハースト大学を卒業した後，スタンフォード大学医学部で医学博士号を取得し，ペンシルバニア大学医学部で精神科の専門医学実習生としての過程を修了した。その後，プレスビテリアン／ペンシルバニア大学医療センターの精神科部長代理及びハーバード大学客員研究員を務め，現在は，スタンフォード大学医学部精神行動医学診療准教授であり，そこで研究と教育に熱心に取り組んでいる。バーンズ博士は数多くの賞を受賞しており，その中には生物学的精神医学会からのA．E．ベネット賞やメディアを通じた卓越した貢献に対する応用予防心理学協会からの表彰が含まれる。1998 年と 2000 年には，スタンフォード大学の精神科専門医学実習生から最優秀教員に選ばれた。

もういちど自分らしさに出会うための 10 日間リーダーズマニュアル

2009 年 4 月 16 日　初版第 1 刷発行

監訳・監修者　野村総一郎・中島美鈴
訳　　　　者　林　建郎
発　行　者　石澤雄司
発　行　所　㈱星和書店
　　　　　　東京都杉並区上高井戸 1-2-5　〒168-0074
　　　　　　電話　03(3329)0031（営業部）／03(3329)0033（編集部）
　　　　　　FAX　03(5374)7186
　　　　　　http://www.seiwa-pb.co.jp

Ⓒ 2009　星和書店　　　Printed in Japan　　　ISBN978-4-7911-0704-9

[増補改訂 第2版] いやな気分よ、さようなら
自分で学ぶ「抑うつ」克服法

D.D.バーンズ 著
野村総一郎 他訳

B6判
824p
3,680円

うつ病のバイブルといわれている書。

フィーリングGood ハンドブック
気分を変えてすばらしい人生を手に入れる方法

D.D.バーンズ 著
野村総一郎 監訳
関沢洋一 訳

A5判
756p
3,600円

「いやな気分よ、さようなら」の続編。より対象を広く、実践的。

もういちど自分らしさに出会うための10日間
自尊感情をとりもどすためのプログラム

D.D.バーンズ 著
野村総一郎、
中島美鈴 監修・監訳
林 建郎 訳

A5判
464p
2,500円

具体的、実際的な認知療法のマニュアル。いきいきとした自分に出会うために。

もういちど自分らしさに出会うための10日間 リーダーズマニュアル
自尊感情をとりもどすためのプログラム

D.D.バーンズ 著
野村総一郎、
中島美鈴 監修・監訳
林 建郎 訳

A5判
368p
3,500円

認知行動療法による10日間のプログラムを行ううえでのセラピストのマニュアル。

私らしさよ、こんにちは
5日間の新しい集団認知行動療法ワークブック

中島美鈴 著

B5判
68p
800円

自尊心をとりもどすためのプログラム。

発行：星和書店　http://www.seiwa-pb.co.jp　価格は本体（税別）です